高等学校物流管理与工程类专业教材

物流系统分析

LOGISTICS SYSTEM ANALYSIS

税文兵　主编

人民交通出版社股份有限公司

北　京

内 容 提 要

本书为高等学校物流管理与工程类专业教材。全书以物流系统认知、物流系统现状分析、物流系统问题的提出、物流系统问题解决方案的确定为线索，系统阐述了物流系统分析的相关理论和方法。其中，物流系统认知主要包括物流系统的环境分析和结构分析；物流系统现状分析包括物流系统成本、服务质量、绩效和风险的分析与评价；物流系统问题的提出包括问题的发现和问题的一般分析框架；物流系统问题解决方案的确定包括方案的设计、方案的可行性分析和方案的比选。本书每章末有复习思考题，以便开展教师讲授和学生探索相结合的启发式教学。

本书可作为高等院校物流管理、物流工程、供应链管理等专业教材，也可供物流行业人员培训使用。

本教材配教学课件，任课教师可加入"物流管理与工程教学研讨群"获取（QQ 群号：593885924）。

图书在版编目(CIP)数据

物流系统分析 / 税文兵主编. — 北京：人民交通出版社股份有限公司, 2023.11
ISBN 978-7-114-19075-9

Ⅰ.①物… Ⅱ.①税… Ⅲ.①物流—系统分析—高等学校—教材 Ⅳ.①F252

中国国家版本馆 CIP 数据核字(2023)第 212086 号

高等学校物流管理与工程类专业教材
Wuliu Xitong Fenxi

书　　名	物流系统分析
著 作 者	税文兵
责任编辑	司昌静
责任校对	赵媛媛　魏佳宁
责任印制	张　凯
出版发行	人民交通出版社股份有限公司
地　　址	(100011)北京市朝阳区安定门外外馆斜街 3 号
网　　址	http：//www.ccpcl.com.cn
销售电话	(010)59757973
总 经 销	人民交通出版社股份有限公司发行部
经　　销	各地新华书店
印　　刷	北京虎彩文化传播有限公司
开　　本	787×1092　1/16
印　　张	16.75
字　　数	402 千
版　　次	2023 年 11 月　第 1 版
印　　次	2023 年 11 月　第 1 次印刷
书　　号	ISBN 978-7-114-19075-9
定　　价	49.00 元

(有印刷、装订质量问题的图书，由本公司负责调换)

前 言
FOREWORD

改革开放40多年来，随着我国现代物流业的高速发展，物流人才的教育与培养实现了从无到有、由少到多的跨越式发展。根据教育部高等学校物流管理与工程类专业教学指导委员会统计，我国高等教育物流类专业点数已经超过700个。在加快建设高水平本科教育的时代背景下，实施一流物流专业建设，打造一流物流专业课程，编写配套的高质量教材，是新时期提高物流人才培养质量的重要推动力量。

系统性是现代物流的突出特性，系统思维能力的培养是物流人才培养的核心目标之一。物流系统分析、物流系统规划、物流系统设计、物流系统运营和管理等共同构成了物流人才系统思维能力培养的核心课程体系。物流系统分析是物流人才系统思维能力培养的先导核心课程，主要任务是培养学生利用系统思维描述物流系统、评价物流系统、发现和分析物流系统问题并设计问题解决方案的能力。

本书是作者在充分吸收借鉴相关教材、资料、研究成果的基础上，结合多年的课程教学经验编写而成，本书有三大特点：一是坚持问题导向，以物流系统问题的发现、分析和解决为主线，组织全书内容；二是坚持系统观念，以培养学生系统思维能力为目标，将系统的思想、观念和方法贯穿全书内容；三是坚持理论联系实际，以理论知识的实际应用为落脚点，提供大量的实际案例以激发学生学习兴趣。

全书共分九章。第一章是绪论，介绍系统与系统分析、物流系统、物流系统分析的相关基本概念和本书的主要内容安排，让读者对全书有一个总体了解。第二章是物流系统环境分析，包括物流系统环境的含义、环境分析的一般过程、物流系统宏观环境分析和微观环境分析，以及物流系统环境分析方法等内容。第三章是物流系统结构分析，介绍了物流系统空间结构分析、时间结构分析和组织结构分析等内容。第四章是物流系统成本分析，包括物流系统成本的认识、成本性态分析、本-量-利分析等内容。第五章是物流系统服务质量分析，重点介绍基于SERVQUAL和满意度两种物流服务质量评价方法。第六章是物流系统绩效分析，包括物流系统绩效目标、绩效指标、绩效标准和绩效评价等方面的内容。第七章是物流系统风险分析，重点介绍物流系统风险识别、衡量和评价的内容与方法。第八章是物流系统问题分析，包括物流系统的常见问题、问题的发现方法、问题分析的一般框架等内容。第九章是物流系统方案分析，包括方案的设计、方案的可行性分析、方案的比选等内容。

本书由税文兵主编。在本书编写过程中，直接或间接参考借鉴了国内外关于物流及系统分析方面的文献。在此向有关作者表示衷心的感谢！研究生李梦夏、邵莉娜、赵惠敏、陈昕睿、郭绍梅、周东民等为本书资料整理和图表录入提供了大力帮助，在此深表谢意！

由于编者水平有限，书中不妥和疏漏之处在所难免，恳请各位读者批评指正。

编　者
2023年5月

课程导学
— COURSE GUIDANCE —

物流系统分析的课程目标是什么？

系统性是现代物流的突出特性，系统思维能力是物流人才必备的核心能力。物流系统分析、物流系统规划、物流系统设计、物流系统运营和管理等共同构成了物流系统思维能力培养的核心课程体系。物流系统分析是物流系统思维能力培养的先导核心课程，主要任务是利用系统思维描述物流系统、评价物流系统、发现物流问题、分析物流问题、设计物流问题解决方案。

物流系统分析课程解决哪些问题？

本课程教学内容主要回答四个方面的问题：一是如何用系统的观念认识和理解物流系统，包括物流系统的定义、目标、构成、环境、结构等；二是如何用系统的方法分析评价物流系统，包括物流成本分析、服务质量分析、绩效分析、风险分析等；三是如何发现并分析物流系统问题，包括物流系统常见问题、发现问题的原则和方法、问题分析的5W1H框架等；四是如何设计并分析物流方案，包括方案的类型、设计原则、目标和任务制定、实施计划、可行性分析等。

如何评价物流系统分析课程学习效果？

通过本课程的学习，应提升以下三方面能力。第一，能够应用数学、自然科学、信息科学、人文科学、社会科学等学科基本原理，识别、表达物流系统存在的问题，并通过文献研究、问卷调查、实地调研等分析复杂物流问题，明确问题研究的重要性、相关利益主体、核心环节、持续时间和产生原因。第二，能够结合社会、健康、安全、法律、文化以及环境等因素，设计针对复杂物流问题的技术方案，并能够在设计环节中体现创新意识。第三，能够基于相关背景知识合理分析、评价物流问题解决方案对经济社会可持续发展、环境、健康、安全等的影响，并理解责任意识的内涵。在学习知识和掌握技能过程中，应具有甄别能力，以践行社会主义核心价值观为指引，关注国内外物流领域发生的变化、带来的问题，以大局观、探索精神思考解决问题的方案。

物流系统分析课程学习资源拓展

为了适应时代发展需要,自主学习、终身学习是新时代大学生必备的基本素养。以下为同学们提供一些与本课程内容相关的拓展学习资源。同学们在自主收集整理拓展学习资源时,应注意内容来源的权威性与科学性。

其他拓展学习
资源清单二维码

拓展学习资源索引

序号	资源类型	资源名称	获取途径
1	党的重要文献	党的二十大报告	中国政府网
2	国家重要文献	国民经济和社会发展第十四个五年规划和2035年远景目标纲要	中国政府网
3	中共中央国务院重要文献	交通强国建设纲要	中国政府网
4	中共中央国务院重要文献	国家综合立体交通网规划纲要	中国政府网
5	国务院办公厅	"十四五"现代物流发展规划	中国政府网
6	国家标准	GB/T 18354—2021 物流术语	全国标准信息公共服务平台
7	国家标准	GB/T 24359—2021 第三方物流服务质量及测评	全国标准信息公共服务平台
8	国家标准	GB/T 37102—2018 物流园区绩效指标体系	全国标准信息公共服务平台
9	行业标准	WB/T 1134—2023 物流企业绿色物流评估指标	全国标准信息公共服务平台
10	行业标准	YB/T 4807—2020 钢铁企业物流成本构成及计算	全国标准信息公共服务平台
11	地方标准	DB 53/T 868—2018 商贸物流服务质量	全国标准信息公共服务平台
12	电台资料	加快推进现代物流体系建设 支撑构建新发展格局	学习强国App
13	专题材料	畅物流 稳生产 保民生	学习强国App
14	文字材料	中欧班列:稳定的是物流,拉动的是民心	学习强国App
15	文字材料	物流指标回升向好 经济恢复"脉动"强劲	学习强国App
16	文字材料	交通物流提速折射经济回暖	学习强国App
17	文字材料	物流保障是产业链稳定的基础	学习强国App
18	主题教育材料	畅物流强基建"流动"中国彰显交通实力	学习强国App
19	文字材料	国家发改委:构建物流大通道 推动现代物流由大到强	学习强国App
20	文字材料	稳链保供畅通物流"大动脉"	学习强国App
21	文字材料	国家邮政局:深化农村寄递物流体系建设 提升农村地区邮政服务水平	学习强国App

目 录
CONTENTS

第一章 绪论 ... 1
    本章导读 ... 1
    第一节 系统与系统分析 ... 2
    第二节 物流系统 ... 8
    第三节 物流系统分析概述 ... 16
    复习思考题 ... 20

第二章 物流系统环境分析 ... 22
    本章导读 ... 22
    第一节 物流系统环境的认识 ... 23
    第二节 物流系统宏观环境分析 ... 25
    第三节 物流系统的微观环境分析 ... 35
    第四节 物流系统环境分析方法 ... 44
    复习思考题 ... 46

第三章 物流系统结构分析 ... 48
    本章导读 ... 48
    第一节 物流系统结构认知 ... 49
    第二节 物流系统的空间结构分析 ... 52
    第三节 物流系统的时间结构分析 ... 58

第四节　物流系统的组织结构分析 ………………………………………… 65

复习思考题 ……………………………………………………………………… 74

第四章　物流系统成本分析　76

本章导读 ……………………………………………………………………… 76

第一节　物流系统成本认识 ………………………………………………… 77

第二节　物流系统成本性态分析 …………………………………………… 84

第三节　物流系统本-量-利分析 …………………………………………… 92

复习思考题 …………………………………………………………………… 100

第五章　物流系统服务质量分析　102

本章导读 ……………………………………………………………………… 102

第一节　物流系统服务质量的认识 ………………………………………… 103

第二节　基于 SERVQUAL 物流系统服务质量评价方法 ………………… 109

第三节　基于满意度的物流系统服务质量评价方法 ……………………… 118

复习思考题 …………………………………………………………………… 130

第六章　物流系统绩效分析　131

本章导读 ……………………………………………………………………… 131

第一节　物流系统绩效的认识 ……………………………………………… 132

第二节　物流系统绩效目标、指标和标准 ………………………………… 134

第三节　物流系统绩效评价 ………………………………………………… 148

复习思考题 …………………………………………………………………… 171

第七章　物流系统风险分析　173

本章导读 ……………………………………………………………………… 173

第一节　物流系统风险的认识 ……………………………………………… 174

第二节　物流系统风险识别 ………………………………………………… 180

第三节　物流系统风险衡量 ………………………………………………… 191

第四节　物流系统风险评价 ··· 196
　　复习思考题 ··· 202

第八章　物流系统问题分析　　204

　　本章导读 ··· 204
　　第一节　物流系统问题的认识 ······································ 205
　　第二节　物流系统的常见问题 ······································ 207
　　第三节　物流系统问题的发现 ······································ 216
　　第四节　物流系统问题分析的一般框架 ························· 220
　　复习思考题 ··· 225

第九章　物流系统方案分析　　227

　　本章导读 ··· 227
　　第一节　物流系统方案的认识 ······································ 228
　　第二节　物流系统方案设计 ··· 231
　　第三节　物流系统方案可行性分析 ································ 241
　　第四节　物流系统方案比选 ··· 246
　　复习思考题 ··· 253

参考文献　　256

第一章 绪论

本章导读

在《中华人民共和国国民经济和社会发展第十四个五年规划和2035年远景目标纲要》(简称"十四五"规划)中,"物流"一词出现了多达20次。"十四五"规划明确提出:"建设现代物流体系,加快发展冷链物流,统筹物流枢纽设施、骨干线路、区域分拨中心和末端配送节点建设,完善国家物流枢纽、骨干冷链物流基地设施条件,健全县乡村三级物流配送体系,发展高铁快运等铁路快捷货运产品,加强国际航空货运能力建设,提升国际海运竞争力。优化国际物流通道,加快形成内外联通、安全高效的物流网络。"

思考:

(1)"物流"一词为什么会在我国"十四五"规划中多次出现?
(2)我们应如何认识和发展现代物流?

第一节　系统与系统分析

一、系统

在自然界和人类社会中，任何事物都是以系统的形式存在的。为了研究和认识问题或对象，可以把每个要研究的问题或对象看成是一个系统。人们在认识客观事物或改造客观事物的过程中，用综合分析的思维方式看待事物，根据事物内在的、本质的、必然的联系，从整体的角度进行分析和研究。所研究的这类事物被看作一个系统。

1. 系统的概念

系统思想由来已久，但是将系统作为一个重要的科学概念予以研究，则是由奥地利理论生物学家冯·贝塔朗菲（Von Bertalanffy）于1937年第一次提出来的，他认为系统是"相互作用的诸要素的综合体"。到目前为止，系统的确切定义依照学科不同、使用方法不同和解决的问题不同而有所区别。我国科学界对系统的一般定义如下：

系统是由相互作用和相互依赖的若干组成部分（要素）结合而成的，具有特定功能的有机整体，而且这个整体又是它从属的更大的系统的组成部分。换句话说，系统是同类或相关事物按一定的内在联系组成的整体，相对于环境而言，系统具有一定目的和功能，并相对独立。

要素是系统最基本的单位，因此是系统存在的基础和实际载体。系统的性质是由要素决定的，有什么样的要素就有什么样的系统。要素的数量、性质不同，其构成的系统也不同，一般可分为以下三种情况：一是不同数量和不同性质的要素，可构成不同的系统；二是相同数量和相同性质的要素，由于其关系的不同，可构成不同的系统；三是相同性质的要素，由于数量的不同，也可构成不同的系统。

在给定的一个系统中，系统要素的相互关系主要有以下三种：一是系统内部各部分（要素、子系统）之间的关系，称之为系统内部关系；二是系统内部每一部分（要素、子系统）与该系统之间的关系，即个体与整体的关系；三是系统本身与外部环境间的关系，即系统内部与外部的关系。这些关系的总和构成了系统的"结构"。

系统功能是系统在与外部环境相互联系与相互作用中表现出来的性质、能力与功效，是系统内部相对稳定的联系方式、组织秩序及时空关系的外在表现形式。简言之，系统功能即系统在特定环境中可能发挥的作用或能力。任何一个系统功能的发挥，不仅取决于这个系统各组成部分或要素对该系统的作用大小，而且也取决于系统的各种关系对该系统所产生的影响大小，更取决于系统的结构和环境，因此，系统功能是要素、结构与环境的函数。同样，一个系统也是其要素、结构、功能和环境的函数，也就是说，系统可以通过要素、结构、功能、环境四个参量来描述。

2. 系统的特征

从系统的概念看，系统应当具备以下五个主要特征。

（1）整体性

系统是由两个以上有一定区别又有一定相关性的要素所组成，系统整体性的主要表现是系统的整体功能。系统的整体功能不是各组成要素的简单叠加，而是呈现出各组成要素所没有的新功能，概括地表述为"整体大于部分之和"。

（2）相关性

各要素组成了系统，是因为它们之间存在相互联系、相互作用、相互影响的关系。这种关系不是简单的加和，即 1 + 1 = 2，而是有可能互相增强，也有可能互相减弱。有效的系统，各要素之间互补增强，使系统保持稳定，具有生命力。而要做到这一点，系统必须有一定的有序结构。

（3）目的性

系统具有能使各个要素集合在一起的共同目的，而且人造系统通常具有多重目的。例如，企业的经营管理系统，在限定的资源和现有职能机构的配合下，它的目的是完成或超额完成生产经营计划，实现规定的质量、品种、成本、利润等指标。

（4）动态性

系统的动态性是指系统处于不断的变化和运动之中，即系统要不断输入各种能量、物质和信息，通过转换处理，系统输出可以满足人们某种期望的要求。系统就是在这种周而复始的运动变化中生存和发展，人们也正是在系统的动态发展中认识和把握系统，以便充分发挥系统的功能。

（5）适应性

系统的适应性是指系统对环境变化的适应程度。环境是指出现在系统以外的事物（物质、能量、信息）的总称，它是系统存在的土壤，是系统活动的空间，相对于系统而言，环境是一个更高级、更复杂的系统，系统时时刻刻存在于环境之中，与环境是相互依存的。因此，系统只有适应外部环境的变化，能够经常与外部环境保持最佳的适应状态，才能得以存在。

3. 系统的一般模式

系统可以描述为具有输入和输出功能的有机整体。其过程是：输入物质、能量、信息，在系统内进行处理；输出新的物质、能量、信息，并通过反馈对系统进行有效控制。这个过程处在一定的环境中，并与环境进行物质、能量、信息的交换。也就是说，任何一个系统都是主要由输入、转换、输出三部分组成，加上约束、干扰和反馈，就构成了一个完备的系统。系统模式示意图如图 1-1 所示。

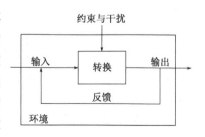

图 1-1 系统模式示意图

(1) 系统的输入和输出

系统的输入是外部环境对系统的直接输入，它是系统处理的对象。系统的输出是系统对环境的直接输出，即输出通过系统的转换处理，是系统转换处理的结果。系统的输出是系统目的性的体现。

(2) 系统的环境

系统的环境是指系统所处的更大的系统，它是系统模式中不可缺少的组成部分，也是系统面对的外部条件。系统与环境之间的相互作用具体表现为系统的输入、输出。

(3) 系统的转换处理

系统的转换处理是指系统本身的转化处理过程，把输入转化成输出的过程，即将输入加工成环境所需的输出，并且对环境进行输出。

(4) 系统的约束、干扰和反馈

系统的约束是环境对系统的间接输入，包括人力、物力、信息、能源以及政治、经济、文化、地理、气候等软硬条件。它们是系统处理的先决条件，是无论系统情愿或不情愿都必须接受的外部条件。系统的干扰是一种偶然的约束，也是一种间接的、强迫性的输入。反馈，主要是信息的反馈，存在于输入过程和输出过程中，在约束或干扰中也有。信息反馈一般都是系统和环境之间的信息反馈。

4. 系统的分类

系统是以不同的形态存在的，系统的形态与其所要解决的问题密切相关。根据产生的原因和反映的属性不同，系统一般分为以下五类。

(1) 自然系统和人造系统

自然系统是自然物等形成的系统。它的特点是自然形成的。自然系统一般表现为环境系统，如生态系统、大气系统、海洋系统、矿藏系统等。人造系统是人类为达到一定的目的，由人类设计和建造的系统，如工程技术系统、经营管理系统、科学技术系统等。

实际上，多数系统是自然系统与人造系统相结合的复合系统，因为许多系统是由人运用科学力量，认识和改造了的自然系统。如社会系统，看起来是一个人造系统，但是它的产生和发展是不以人的意志为转移的，而是有其内在规律性的。随着科学技术的发展，已出现了越来越多的人造系统。

(2) 静态系统和动态系统

静态系统是其固有状态参数不随时间变化的系统。它没有既定的相对输入与输出，表征系统运动规律的模型中不含时间因素，即模型中的变量不随时间而变化，如车间平面布置系统、城市规划布局等。静态系统属于实体系统。动态系统是系统状态变量随时间而改变的系统，它有输入和输出及转换过程，一般存在人的行为因素影响，如生产系统、服务系统、开发系统、社会系统等。

(3) 实体系统和概念系统

实体系统是由矿物、生物、能源、机械等实体组成的系统，它的组成要素具有实体的物质，如人-机系统、机械系统、电力系统等。实体系统是以硬件为主体，以静态系统的形式来表现的。概念系统是由概念、原理、方法、制度、程序等观念性的非物质实体所组成的系统，它是以软件为主体，依附于动态系统的形式来表现的，如科技体制系统、教育系统、法律系统、程序系统等。

（4）封闭系统和开放系统

封闭系统是指与外界环境不发生任何形式交换的系统。它不向外界环境输出，也不从外界环境输入。一般地讲，它是专为研究系统目的而设定的，如封存的设备、仪器以及其他尚未使用的技术系统等。开放系统是指系统内部与外部环境有能量、物质和信息交换的系统，它从环境得到输入，并向环境输出，而且系统状态直接受环境变化的影响。大部分人造系统属于这一类，如社会系统、经营管理系统等。

（5）简单系统和复杂系统

根据系统的子系统种类及其个数的多少、相互之间关系的复杂程度等，系统可分为简单系统和复杂系统两大类。一般认为复杂系统是具有复杂行为的系统，表现在系统的部件之间或子系统之间有着很强的耦合作用，系统具有难以线性化的非线性性质；系统具有高度的不确定性，并具有实时性，而且难以用传统方法建立系统的数学模型。相对于简单系统而言，复杂系统具有以下四个特征：

①复杂系统是由很多子系统组成，系统规模庞大，通常为多级多层次系统。

②复杂系统内外部关系多而且错综复杂，使得复杂系统行为具有多样性，复杂非线性系统的行为可能是静止的、周期的、混沌的或不稳定的。

③复杂系统具有非线性结构，普通线性系统的叠加原理已不再适用。

④由于复杂系统的非线性以及存在大量不确定因素和人为因素的影响，使得人们对复杂系统的认识和掌握的信息总是不完备的。

二、系统分析

系统分析是系统方法在科学决策中的具体应用。它是一个有步骤地探索和分析问题，以寻求解决问题的途径的过程。系统分析涉及的范围很广，需要对大量的信息进行收集、处理、分析、汇总、传递和存储，因此，在系统分析中应用多种数理方法和计算机技术，才能分析和比较实现系统目标的不同方案的效果，为系统决策提供充分的信息资料。

1. 系统分析的概念

"系统分析（systems analysis）"一词最早是在20世纪30年代提出的，当时是以管理问题为主要应用对象。到了20世纪40年代，由于系统分析的应用获得成功，得到了进一步发展。以后几十年，无论是研究大系统的问题，还是建立复杂的新系统，都广泛应用了系统分析的方法。

系统分析是指从系统的最优出发，运用科学的分析工具和方法，对系统的目的、功能、环境、费用和效益等进行充分的调研、收集、比较、分析和数据处理，发现并选择系统中需要解决的关键问题，设计各种可行方案或策略，并进行定性和定量分析，寻求对系统整体效益最佳和有限资源配备最佳的方案，为决策者选择行动方案提供科学依据。

系统分析的目的是向决策者提供可作出正确决策的资料和信息，帮助决策者对所要研究的问题逐步提高认识的清晰度。系统分析的方法是采用系统的观点和方法，用定性和定量的工具，对所研究的问题进行系统结构和系统状态的分析，提出各种可行方案和替代方案，并进行比较、评价和选择。系统分析的任务是向决策人提供系统方案和评价意见以及建立新系统的建议。

2. 系统分析的步骤

根据系统分析的基本概念，系统分析总体上可以分为系统现状分析、系统问题分析和系统方案分析3个阶段，其主要步骤如图1-2所示。

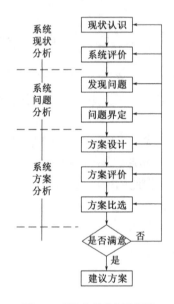

图1-2　系统分析的主要步骤

（1）现状认识

现状认识是指对系统的环境、结构、功能、目标等的理解和描述过程。只有对系统的现状有一个比较全面准确的理解和认识，才能为系统的评价和问题的发现奠定坚实的基础。

（2）系统评价

系统评价是指按照一定的标准，对特定系统的价值或优劣进行评判比较的一种认知过程。系统评价是发现系统问题的主要方法，同时也有助于系统问题解决方案的设计。

（3）发现问题

系统问题即系统的现状与系统目标之间的差距和障碍。发现系统存在的问题是系统分析的关键环节。问题的发现与系统目标的确定有直接的关系。系统的目标既是建立系统的依据，又是系统分析的出发点。只有正确地把握和理解系统的目标和要求，才能为进一步的分析奠定基础，才能使所建系统达到预期的目的。

（4）问题界定

问题界定是指对问题的重要性、发生的时间和地点、相关方、原因等进行详细分析的过程。通过问题的界定，可以进一步明确要解决的问题，以及问题的性质和重点，恰当地划分问题的范围和边界，了解该问题的历史、现状和发展趋势。只有通过问题界定，才能设计出合理的问题解决方案。

（5）方案设计

系统方案是针对已经表现出来或者可以预期的问题所提出的系列策略、方法和计划。方案设计包括方案的目标设置、任务设计、实施计划制订等内容。方案设计是系统分析的核心内容，直接影响系统问题的解决效果。

（6）方案评价

方案评价是指按照一定的标准，对所设计的若干方案的优劣进行评判比较的过程，包括方案实施前的投资必要性、技术可行性、组织可行性，以及实施后的经济效益、社会效益等方面的评价判断。

（7）方案比选

方案比选是指对所设计的多个可行的备选方案，通过选择适当的评价指标和方法，对各个方案的效益进行比较，最终选择出最佳的方案的过程。可替代方案是系统方案优选的前提，没有一定数量、质量的可替代方案，就没有系统的优化。因此在方案设计阶段，应该制订若干已经达到目标和要求的系统可替代方案供分析比较，实现进一步改善系统的目的。

3. 系统分析的原则

在进行物流系统分析时应遵循以下六项原则。

（1）整体性原则

系统分析的首要原则是整体性原则，其基本思想就是将分析对象视为一个整体，从系统整体的角度出发，追求的是整体利益最优而不是局部利益最优。

（2）问题导向与目标导向相结合的原则

问题导向，就是以解决问题为方向和目的，集中全部力量和有效资源攻坚克难，全力化解系统中的突出矛盾和问题。此时，系统分析的问题是已知的，但需要明确问题产生的背景和对系统目标实现的影响程度。目标导向，就是以实现系统目标为方向，确定实现目标的方法和途径。比如，在制订某个地区未来五年的物流业发展规划时，首先要明确该地区物流系统的发展目标，要实现这些发展目标必须要解决一系列的问题。问题导向是为了解决现实问题，目标导向是为了实现系统目标。问题导向和目标导向相结合，就是要在实现系统目标的方向、道路和任务中，不断克服和解决前进中遇到的各种困难和问题，向着既定目标迈进。

（3）层次性与相关性相结合的原则

系统由跨越不同层次的多个要素和环节构成，即系统要素可以是由下一个层次的要素构成的子系统，也可以是更高层次的系统的构成要素，这种相关包含的关系体现系统要素间的层次性。系统与系统之间、系统要素之间、系统与要素之间都是相互联系、相互作用、相互依赖的，这是系统的相关性特征。因此，在系统分析的过程中，需要注意层次间的相互影响和制约关系，注意各要素之间的相关性，从结构的角度分析物流系统。

（4）系统内部要素与外部因素相结合的原则

一个系统不仅受其内部各要素的约束与限制，如企业生产规模、产品技术特征、管理制度和组织关系等的作用，也受系统外部因素的影响，如社会经济发展动向、市场状况、政策法规、与其他系统的关系等。系统内部要素对系统起决定性作用，而外部因素也影响与制约系统的发展。因此，在进行系统分析时，必须将内部和外部的各种相关因素，从时间和空间上进行全方位的考虑，才能揭示系统的内在规律。

（5）当前利益与长远利益相结合的原则

在进行系统分析时，既要考虑当前利益，更要考虑长远利益，最理想的状态是采取的方案对当前和长远利益都有利。但在不同的企业的成长阶段，要根据实际情况调整战略方向，选择是以长期生存为主还是当前利益为主。一般来说，只有兼顾当前利益和长远利益的系统才是好的系统，如果两者发生矛盾，应该坚持当前利益服从长远利益的原则。

（6）定量分析和定性分析相结合的原则

在进行系统分析时，需要选择适当的数学模型和算法，对各项指标进行一定精度的数值分析，最终调整方案使各项指标都达到要求。但是，在系统中存在大量无法量化的影响因素和指标，如政治因素、行为因素、心理因素、社会效果、服务水平等，尽管这些因素是不可控的，但是它们又不容忽视，要依靠分析人员和决策者的经验和判断力进行定性分析。因此，必须将定量分析和定性分析相结合进行综合分析，才能达到系统分析的目的。

第二节 物流系统

一、物流系统的定义

物流作为现代经济的重要组成部分，在国民经济和社会发展中发挥着重要作用。发展现代物流对于提高国民经济运行的质量和效益，优化资源配置，改善投资环境，促进企业结构调整，提高我国经济实力，具有十分重要的意义。在我国，"物流"一词是从日文资料中引进的外来词，源于日文资料中对"Logistics"一词的翻译。我国国家标准《物流术语》（GB/T 18354—2021）对物流的定义如下：

根据实际需要，将运输、储存、装卸、搬运、包装、流通加工、配送、信息处理等基本功能实施有机结合，使物品从供应地向接收地进行实体流动的过程。

上述定义虽然简洁、准确地描述了物流涉及的基本功能和流向，但从系统的角度看是不完整的。系统是由相互作用、相互依赖的若干组成部分结合而成的具有特定功能的有机整体。参照系统的一般定义，物流系统的定义如下：

物流系统指在一定的时间和空间里，由所需位移的物资、包装设备、装卸搬运机械、运输工具、仓储设施、人员和通信联系等若干相互制约的要素所构成的具有特定功能的有机整体。

按照系统的一般分类，物流系统属于典型的人造系统，是实体系统与概念系统的统一体，也是动态的、开放的、复杂的行为系统。从一般系统结构分类看，物流系统同时具有硬结构、软结构和时空混合结构。从一般系统功能看，物流系统的常态功能是在保障社会再生产顺利进行的前提下，以最小的投入实现特定水平的空间效益和时间效益。同时，物流系统有增加就业岗位、吸引资本投入、改善营商环境等非本征功能和软功能。

虽然不同学者对物流系统的概念描述有所不同，但都认为物流系统是社会经济大系统的一个子系统或组成部分。在社会经济活动中，物流系统主要有三种形式：一是生产或流通企业的物流部门，统称为货主企业物流系统；二是第三方物流企业的物流系统，此时整个企业就是一个独立的物流系统；三是由若干货主企业物流系统和第三方物流企业组成的区域或国家宏观物流系统。

二、物流系统的构成要素

物流系统由一般要素、功能要素和物质基础要素构成。

1. 物流系统的一般要素

（1）人

人的要素，即劳动者，是所有系统的核心要素、第一要素。提高劳动者的素质，是建立一个合理化的物流系统并使它有效运转的根本。

（2）财

财的要素，即资金。交换是以货币为媒介，实现交换的物流过程，实际也是资金运动过程。同时物流服务本身也需要以货币为媒介，物流系统建设是资本投入的一大领域，离开资金这一要素，物流不可能实现。

（3）物

物的要素包括物流系统的劳动资料，即各种实物以及劳动工具、劳动手段，如各种物流设施、工具、各种耗材（燃料、保护材料）等。离开了物，物流系统便成了"无本之木"。在物流系统中，物的管理贯穿于物流活动的始末，涉及物流活动的许多要素，例如运输、装卸搬运、配送等。

（4）信息

信息系统是物流系统的神经中枢。信息将物流系统各个部分有效地连接起来，是使其整体达到最优的重要纽带。准确而及时的物流信息是实现物流系统高效运转、整体最优的重要保证。

2. 物流系统的功能要素

物流系统的功能要素是指物流系统所具有的基本能力，这些基本能力有效地组合、联结在一起，形成了物流的总功能，便能有效地实现物流系统的总目的。一般认为物流系统的功能要素有运输、储存保管、包装、装卸搬运、流通加工、配送以及物流信息等。从物流活动的实际工作环节来考察，物流系统由七项功能要素构成，如表 1-1 所示。

物流系统的功能要素及特点 表 1-1

组织环节	主要业务	特点
运输	集货、分配、搬运、中转、装入、卸下以及分散	干线、中间运输、中长距离、少种类大批量、长周期、功能单一
储存保管	接货、入库、拣货、出库、安全保存、库存管理	存储管理、存储决策
包装	工业包装（运输包装）和商业包装（零售包装）	工业包装：方便批量生产；商业包装：方便使用和销售
装卸搬运	装上、卸下，将货物从一个地方搬到另一个地方	装卸：同一场所内；搬运：指定地点
流通加工	生产型加工、促销型加工、物流型加工	生产型加工：在流通过程中进行；促销型加工：在销售过程中进行；物流型加工：在物流场所进行
配送	分货、配货、车辆调度、线路规划、送达	支线、前端或末端运输、短距离、多种类小批量、短周期、功能综合
物流信息	要素信息、管理信息、运输信息、外部信息等	涉及物流组织内部、物流过程与市场、物流环境等信息

（1）运输

运输是物流的核心业务之一，是指用设备和工具将物品从一个地点向另一个地点转移的物流活动，包括集货、分配、搬运、中转、装入、卸下以及分散等一系列操作。运输的主要方式包括供应及销售物流中的公路运输、铁路运输、水路运输、航空运输等，以及生产物流中的管道、传送带等运输。总之，运输解决了物质实体从供应地到需求地之间的空间矛盾，创造了物流的空间效用，实现了物质资料的使用价值。

（2）储存保管

储存保管是指对物资进行保管及对其数量、质量进行管理控制的活动，包括接货、入库、拣货、出库、安全保存、库存管理等活动，是物流中极为重要的功能，与运输构成物流的两大支柱，同处于中心位置。储存保管不但缓解了物质实体在供求之间时间和空间上的矛盾，创造了物流的时间效用，同时也是保证社会生产连续不断运行的基本条件。

(3) 包装

包装是物流活动的起点，具有保护商品、方便物流操作的功能。包装是指在物流过程中为保护产品、方便储运、促进销售，按一定技术方法采用容器、材料及辅助物等将物品包封，并予以适当的装潢和标志的工作总称。简言之，包装就是包装物及包装操作的总称，通常可分为工业包装（运输包装）和商业包装（零售包装）两种。

(4) 装卸搬运

装卸搬运是指在同一地域范围内进行的，以改变物料的存放状态和空间为主要内容和目的的活动。其中，搬运是指在同一场所内，对货物进行以水平移动为主的物流作业；装卸是指在指定地点以人力或机械把货物装入运输设备或卸下，包括堆码拆取作业、分拣配货作业、搬送移送作业等。

装卸搬运是物流各环节连接在一起的接口，是运输、储存、包装等物流活动作业顺利实现的保证。装卸搬运质量的好坏与效率的高低是整个物流运作过程的关键所在。

(5) 流通加工

流通加工是指在物品从生产地到使用地的过程中，根据需要施加包装、分割、计量、分拣、刷标志、贴标签、组装等简单作业的总称。在物流过程中，流通加工使物流过程达到"质"的升华，使流通向更深层次发展，在提高运输效率、改进产品品质等方面起到了重要作用。

(6) 配送

配送是直接面向最终用户提供的物流服务功能，是指从供应者手中接收的多品种、大批量货物，进行必要的存储保管，按用户的订单要求进行分货、配货，并将配好的货物在规定的时间内，安全、准确地送交用户，是一种"门到门"的服务方式。与运输功能相比较，配送更强调顾客服务功能，是集经营、服务、社会集中库存、分拣、流通加工、装卸搬运于一体的综合物流活动。

(7) 物流信息

物流信息是物流活动的内容、形式、过程及发展变化的反映，是由物流引起并能反映物流活动的各种消息、情报、文书、资料数据等的总称。物流信息在物流系统中有着重要的作用，通过信息的指导，保证了物流系统各项活动的灵活运转。物流系统设计得越有效，对信息的准确性越敏感，对物流系统的反馈越及时。

上述功能要素中，运输和储存保管分别解决了供给者及需求者之间场所和时间的分离问题，分别是物流创造"场所效用"及"时间效用"的主要功能要素，因此，其在物流系统中处于核心功能要素的地位。

3. 物流系统的物质基础要素

物流系统的建立与运行，需要有大量的技术装备等手段，这些手段的有机联系，在一定意义上决定了物流系统的运行。物流系统的物质基础要素主要有以下四个。

(1) 物流设施

物流设施是组织物流系统运行的基础物质条件，包括物流站、货站、物流中心、仓库、公路、铁路、港口等。

（2）物流设备

物流设备是保证物流系统开工的条件，包括仓库货架、进出库设备、加工设备、运输设备、装卸机械等。

（3）物流工具

物流工具是物流系统运行的物质条件，包括包装工具、维修保养工具等。

（4）信息设备

信息设备是掌握和传递物流信息的工具，包括通信设备及线路、传真设备、计算机及网络设备等。

三、物流系统目标的特点

系统的目标即系统应该达到的各项要求，目标正确与否直接关系到系统存在的价值。物流系统目标具有多样性、层次性和冲突性特点。

1. 物流系统目标的多样性

物流系统是一个典型的多目标系统，而且不同范围、不同对象的物流系统的具体目标可能相差甚远。但是，从更高一层次的系统来看，所有物流系统的目标可以描述为"以最低的成本提供一定水平的物流服务"或"以一定的成本提供最高水平的物流服务"。因此，物流成本和物流服务水平是物流系统目标的核心构成内容，比如著名的物流系统7R目标和7S目标。

物流系统的7R目标，即优良的质量（Right Quality）、合适的数量（Right Quantity）、适当的时间（Right Time）、恰当的场所（Right Place）、良好的形象（Right Impression）、适宜的价格（Right Price）、适宜的商品（Right Commodity）七项物流目标。其中，适宜的价格属于成本目标，其余六个属于服务水平目标。

从经营者角度出发，物流系统的7S目标主要包括：服务（Service）、速度（Speed）、规模（Scale）、节约（Save）、安全（Safety）、库存控制（Stock）、空间利用（Space）。其中，节约、空间利用、规模属于成本目标，库存控制既属于成本目标也属于服务水平目标，服务、速度、安全属于典型的服务水平目标。

2. 物流系统目标的层次性

一个实际的物流系统通常是由许多子系统组成的，而且这些子系统具有分级分布的特点，即从整个系统的角度来看，是一级一级构成的，同一层级各子系统又是平行分布的。物流系统的层次性特性说明物流系统的目标也是分层次的，不同层次的子系统具有不同的目标。一般来说，下一层次的系统目标是由上一层次的系统目标来决定的，而上一层次的系统目标是由下一层次的系统目标来实现的，由此构成了物流系统的目标体系。

高层次的目标适应范围广、适应时期长；低层次的系统目标比较明确具体，低层次的目标服从于高层次的目标。在审查系统目标的时候，不仅要审查系统的总目标，还要审查子系统的目标，包括目标的科学性、可行性以及完备性等，并且还要考察物流系统的总目标与各层次目标之间是否协调、子系统目标是否矛盾等。

物流系统的目标由上往下可以分为基本目标、战略目标、运营目标。基本目标是物流系统未来发展需要达到的理想状态，也被称为愿景或使命。战略目标是物流系统在实现其基本目标过程中所追求的长期结果，是在一些重要方面对物流系统基本目标的进一步具体化。物流系统的运营目标是战略目标细分之后，各个子系统所要达到的具体的目标。物流系统目标的层次如图1-3所示。

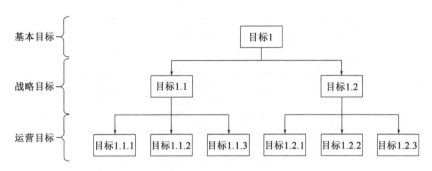

图1-3　物流系统目标的层次关系

物流系统目标的层次性有多种体现，可以按照目标的适用范围和时期划分，也可以按照系统的功能构成划分。总目标是通过一系列的局部目标来实现的，局部目标是对总目标的具体化和定量化。一个系统有多个目标，每个目标又可细分为多个指标来体现，所有这些指标互相联系、互相影响，构成了系统的指标体系或多层次的目标结构。

3. 物流系统目标的冲突性

物流系统是一个链式结构的过程系统，位于物流链不同节点的物流子系统的目标普遍存在冲突。例如，当我们研究一个由工厂、销地配送中心、消费者构成的销售物流系统时，从工厂到销地配送中心的运输子系统追求的目标一般是及时、准确、安全、经济。为达到这样的目标，企业通常会采用批量化的规模运输方案，但在降低运输费用、提高运输效率的同时，可能会导致销地配送中心存储成本的增加。从销地配送中心储存的角度来看，为了达到降低库存水平的目的，企业可能会减少每次收货的数量，增加收货次数，缩短收货周期；或者宁可紧急订货也不愿提前大批量订货，但这样就无法达到运输的经济规模，导致工厂到销地配送中心运输成本的增加。

这种此消彼长、此盈彼亏的现象在物流系统中随处可见，被称为"效益背反"。效益背反的特性体现在物流系统中就是一方利益的追求要以牺牲另一方利益为代价。例如，为了防止不确定因素（比如大量突发性订货、缺货、交货期延迟等特殊原因）而提高安全库存量，在降低采购成本和缺货成本的同时，必然会使得库存成本增加；反之，库存成本将会减少。为减少货物运输的单位成本选择大批量订货，使得企业有足够的货物进行销售来获取收益,但这会增加库存成本;反之,库存成本降低。物流系统的效益背反现象容易导致各环节之间的矛盾和冲突,因此,更需要运用系统、科学的思想和方法,寻求物流系统的整体最优。

四、物流系统的分类

按照不同的标准对物流系统进行分类,可以加深对物流性质、过程的理解和认识,有利于更好地进行物流系统的分析、规划、设计、运营组织与管理。物流系统的一般分类如图1-4所示。

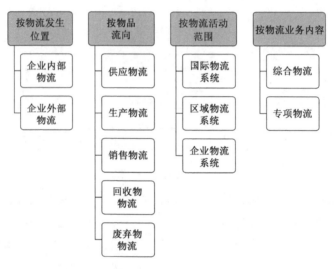

图1-4 物流系统的一般分类

1. 按物流发生位置分类

根据物流发生的位置,物流系统可以划分为企业内部物流系统和企业外部物流系统。

(1) 企业内部物流系统

企业内部物流系统是指制造企业所需原材料、能源、配套协作件的购进、储存、加工直至形成半成品、成品最终进入成品库的物料、产品流动的全过程。

(2) 企业外部物流系统

对于制造企业,物料、协作件从供应商所在地到制造企业仓库为止的物流过程,从成品库到各级经销商,最后送达最终用户的物流过程,都属于企业的外部物流系统。

2. 按物品流向分类

根据物品流向,物流系统可以划分为供应物流系统、生产物流系统、销售物流系统、回收物物流系统和废弃物物流系统。

(1) 供应物流系统

供应物流系统是指从原材料、燃料、辅助材料、机械设备、外协件、工具等从供应商处的订货、购买开始，通过运输等中间环节，直到收货人收货入库为止的物流过程。供应物流系统通过采购行为使物资从供货单位转移到用户单位，一般是生产企业进行生产所需要的物资供应活动。

（2）生产物流系统

生产物流系统从原材料投入生产起，经过下料、加工、装配、检验、包装等作业直至成品入库为止的物流过程。生产物流的运作过程基本上是在企业（工厂）内部完成。流动的物品主要包括原材料、在制品、半成品、产成品等，这些物品在企业（工厂）范围内的仓库、车间、车间内各工序之间流动，贯穿于企业的整个生产过程。辅助生产、附属生产等流程是保证生产正常进行的必要条件。生产物流系统的运作主体是生产经营者，部分生产物流业务可以延伸到流通领域，例如，第三方物流所提供的流通加工。

（3）销售物流系统

销售物流系统是指企业在出售商品过程中所发生的物流活动。从事销售物流运作的经营主体可以是销售者、生产者，也可以是第三方物流经营者。

（4）回收物物流系统

回收物物流系统指物品运输、配送、安装等过程中所使用的包装容器、装载器具、工具及其他可以再利用的物资的回收过程中发生的物流。回收物主要包括边角余料、金属屑、报废的设备、工具形成的废金属和失去价值的辅助材料等。

（5）废弃物物流系统

废弃物物流系统是指对废弃杂物的收集、运输、分类、处理等过程中产生的物流。废弃杂物一般包括伴随产品生产过程产生的副产品、废弃物，以及生活消费过程中产生的废弃物等。废弃物物流通常由专门的经营者经营，国外亦有第三方物流经营者参与废弃物物流作业过程的实例。

3. 按物流活动范围分类

根据物流活动的范围，物流系统可以划分为国际物流系统、区域物流系统和企业物流系统。

（1）国际物流系统

国际物流系统指在国家（或地区）与国家（或地区）之间的国际贸易活动中发生的商品从一个国家或地区流转到另一国家或地区的物流活动。国际物流涉及国际贸易、多式联运和通关方式等多种问题，它需要国际合作，国内各方的重视和积极配合，一般比国内物流复杂得多。

（2）区域物流系统

区域物流系统指以某一经济区或特定地域为主要活动范围的社会物流活动。一般表现为通过一定地域范围内的多个企业间的合作、协作，共同组织大范围专项或综合物流活动的过程，以实现区域物流的合理化。区域物流通常需要地方政府的规划、协调、服务和监督，在促进物流基础设施的科学规划、合理布局与建设发展等方面给予支持。在规划某区域物流系统时，一般需要考虑区域物流设施与企业物流设施的兼容和运作方式等。

全国物流系统可以看作是扩大的区域物流系统，在全国范围进行物流系统化运作时，需要考虑综合运输及运输网络体系、物流主干网、区域物流及运作等。

（3）企业物流系统

企业物流系统指围绕某一企业或企业集团产生的物流活动，它包括企业或企业集团内部物流活动，也涉及相关的外部物流活动，如原材料供应市场和产品销售市场。企业物流系统往往需要考虑供应物流、生产物流和销售物流之间的协调，及相应的一体化规划、运作和经营。

4. 按物流业务内容分类

根据物流业务内容，物流系统可划分为综合物流系统和专项物流系统。

（1）综合物流系统

综合物流系统是包括社会多方经营主体及多种类产品、物料构成的复合物流系统。

（2）专项物流系统

专项物流系统是以某一产品或物料为核心内容的物流活动系统。常见的有粮食、煤炭、木材、水泥、石油和天然气等的物流系统。专项物流往往需要专用设施设备与相应物流过程的配套运作才能完成。

第三节 物流系统分析概述

一、物流系统分析的定义和重要性

1. 物流系统分析的定义

从系统的角度研究物流，既是全面认识和理解复杂现代物流的需要，也是正确解决各种物流问题的内在需求。解决物流系统问题的前提是发现问题和分析问题。只有对物流系统有全面的认识和理解，才能恰当地发现和提出物流系统的问题。本书将系统全面认识物流、发现和界定物流问题、设计物流问题解决方案、物流问题解决方案评价与选择的整个过程称为物流系统分析，具体的定义如下：

物流系统分析是指在一定时间与空间内，将所从事的物流活动及其过程视为一个系统，在选定系统目标和准则的基础上，利用科学的分析工具和方法，分析系统的目的、功能、结构、环境、费用、效益等，发现并选择物流系统中需要解决的关键问题，设计多个问题解决方案，并对方案进行评价和比选的过程。

物流系统分析的对象可以是一项简单的物流作业活动，如装卸、搬运、包装等物流作业活动，也可以是一个复杂的子系统，如供应物流、销售物流、生产物流等，甚至可以是某个区域的整个物流系统，如农村物流、城市物流等。选择物流系统分析对象，本质上是确定系统分析的范围，而合适的系统范围对于物流问题的分析和解决非常重要。

物流系统分析的目的主要包括两个方面：一是为了更清楚地认识系统、理解系统，从系统功能、结构、外部环境、经济效益等方面更加全面地剖析系统、掌握系统；二是为构造或改造物流系统提供科学指导和充分依据，使物流系统的整体效益达到最佳。通过物流系统分析制订解决物流系统问题最优方案的过程，实际上就是通过物流活动管理将不合理的物流资源配置转换为优化后的物流服务的过程。物流系统分析有以下六个基本要素。

（1）问题

在物流系统分析中，一方面，问题代表研究的对象，需要系统分析人员和决策者共同探讨与问题有关的要素及其关联状况，恰当地定义问题；另一方面，问题表示现实状况（现实系统）与希望状况（目标系统）的偏差，这为系统改进方案的探寻提供了线索。

（2）目的及目标

目的是对物流系统的总要求，目标是系统目的的具体化。目的具有整体性和唯一性，目标具有从属性和多样性。目标分析是系统分析的基本工作之一，其任务是确定和分析系统的目的及其目标，分析和确定为达到系统目标所必须具备的系统功能和技术条件。目标分析可采用目标树等结构分析的方法，并要注意对冲突目标的协调和处理。

（3）方案

方案即达到目的及目标的途径。为了达到预定的系统目的，可以制订若干备选方案。通过对备选方案多方面的分析和比较，才能从中选择出最优系统方案，这是物流系统分析中必不可少的一环。

（4）模型

模型是由揭示系统本质的主要因素及其相互关系构成的。模型是研究与解决问题的基本框架，可以起到帮助认识系统、模拟系统和优化与改造系统的作用，是对实际系统问题的描述、模仿或抽象。在系统分析中常常通过建立相应的结构模型、数学模型或仿真模型等来分析各种备选方案。

（5）评价

评价即评定不同方案对系统目标的达到程度，它是在对比实现方案的综合投入（费用）和方案实现后的综合产出（效果）后，按照一定的评价标准，确定各种备选方案优先顺序的过程。进行物流系统评价时，不仅要考虑投资、收益等经济指标，还必须综合评价系统的功能、费用、时间、可靠性、环境、社会等因素。

（6）决策者

决策者作为物流系统问题中的利益主体和行为主体，在系统分析中自始至终具有重要作用，是一个不容忽视的重要因素。实践证明，决策者与系统分析人员的有机配合是保证系统分析工作成功的关键。

2. 物流系统分析的重要性

物流系统分析是认识和改进物流系统的重要手段，能够为决策者提供较为可靠的资料与信息，为最优决策提供依据。物流系统分析对于物流系统的重要性不言而喻，主要体现在以下三个方面。

（1）物流系统分析决定了物流系统的发展方向

物流系统分析是系统设计的第一步，也是最为重要的一步，它决定了系统的前途和方向。物流系统的运行和管理，要求有确定的指导方针。不明确、不恰当的系统目标和功能，往往会给系统的生存带来严重后果。在进行决策之前，必须要有充分的物流系统分析活动，如应明确系统的目标和价值准则、提出众多的可行方案或替代方案、了解各个方案的可行性及其可能产生的结果、对存在的问题有应急计划等，这些都需要通过物流系统分析工作来完成。物流系统分析工作质量的好坏将直接影响到后续决策的质量和水平，而决策提出的最佳方案则进一步决定物流系统问题是否能够解决，甚至影响整个物流系统未来的运行是否能够取得成功。

（2）物流系统分析是进行物流系统决策的基础

物流系统分析的最终目的是为系统的决策服务。物流系统分析要为物流决策提供各种分析数据、各种可供选择方案的利弊分析和可行条件等，使决策者在决策之前做到心中有数，有权衡、选择、比较优劣的可能性，从而提高决策的科学性和可行性。如果说，决策的正确与否关系到物流系统的成败，那么，系统分析则是系统成功的基石。系统分析这一工具可以针对物流系统产生的问题采取更切实际的对策，为企业长期战略提供更好的思路。

（3）物流系统分析是物流系统开拓创新的重要手段

由于物流系统的功能在不断变化，现代经济对于物流的要求越来越丰富，现代化物流也在适应市场预测、技术开发、产品研制、调运储存、流通销售等各个环节的新变化。物流系统分析是发现物流市场新变化的重要方式，从系统工程角度分析，可以多视角地发现更多物流系统整体上存在的问题和突破点，也可以在需求的推动下思考物流系统创新的方向和思路。物流系统分析为物流的发展提供了综合运用辩证思维的方法论，为构思新的物流体系提供了理论基础。

二、物流系统分析的内容

按照系统分析的步骤和物流系统的特点，物流系统分析的内容主要包括如下八个方面。

1. 物流系统环境分析

环境的变化对系统有很大的影响，不能适应环境变化的系统是难以存在的。物流系统环境分析就是对物流系统的宏观环境和微观环境的构成、特点等进行分析，是认识物流系统的重要内容。

2. 物流系统结构分析

系统结构决定了系统功能。物流系统结构是指物流系统内部各组成要素在时间上或空间上排列的具体形式。物流系统结构分析包括物流系统空间结构、时间结构和管理组织结构的分析。

3. 物流系统成本分析

以最低的成本实现既定的系统功能,是几乎所有物流系统追求的主要目标。物流系统成本分析包括成本分类、成本构成、成本性态、本-量-利分析等内容。

4. 物流系统服务质量分析

物流本质上是一种服务,是为满足客户需求所实施的一系列物流活动产生的结果。在一定成本下实现最高的服务质量,同样是几乎所有物流系统追求的目标。物流服务质量分析包括物流服务质量的类别、服务质量的形成原理、服务质量的评价方法等内容。

5. 物流系统绩效分析

物流系统绩效是指物流系统的管理者为了达到物流系统预先设定的目标而采取的各种行为及其结果。物流系统绩效分析是对物流系统的管理组织、部门或个人的绩效构成、绩效目标的完成情况及完成结果进行分析,包括绩效目标分析、绩效指标分析、绩效标准分析和绩效评价等内容。

6. 物流系统风险分析

物流系统风险是指物流系统在未来发展中面临的可能对其系统目标产生不利影响的所有不确定性。物流系统是一个开放的系统,随时面临着各种各样的风险。物流系统风险分析是运用相关信息来确认风险的来源,并对风险进行估计的过程,主要包括物流系统风险识别、风险衡量和风险评价等内容。

7. 物流系统问题分析

物流系统问题是指物流系统现状与物流系统目标之间的差距,以及阻碍物流系统目标实现的主要难点。物流系统问题分析包括问题的发现方法、问题的分析框架等内容。5W1H 是进行物流系统问题分析的方法之一,即从原因(why)、对象(what)、地点(where)、时间(when)、人员(who)、方法(how)等六个方面提出问题进行思考。

8. 物流系统方案分析

物流系统方案是针对物流系统问题所设计的系列策略、方法、计划。物流系统方案分析包括系统方案的设计、方案的可行性分析、方案的比选等内容。

上述内容中,物流系统环境分析和物流系统结构分析属于物流系统现状的认识;物流系统成本分析、物流系统服务质量分析、物流系统绩效分析和物流系统风险分析属于物流系统现状评价。

基于上述物流系统分析的内容,本书的章节安排如图1-5所示。

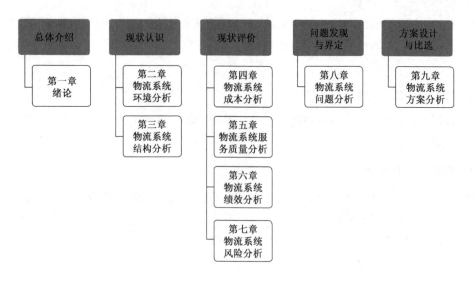

图 1-5 本书的章节安排

复习思考题

1. 简答题

（1）什么是系统？它有哪些特征？

（2）什么是系统分析？其主要步骤有哪些？

（3）物流系统的构成要素有哪些？

（4）物流系统目标有哪些特点？

（5）物流系统分析的定义是什么？其主要内容有哪些？

2. 案例分析

海尔日日顺家电物流四网融合

我国家电行业竞争激烈，不仅体现在家电企业之间的激烈竞争，更体现在制造商与渠道商之间的反复博弈。互联网时代是用户决定企业的时代，企业要跟上用户点击鼠标的速度，并让用户能够持续地点击。只有转型为平台型企业，搭建牢牢黏住上下游资源的物流网络，才能实现企业的快速发展。

为此，海尔日日顺家电物流不断拓展物流网络的深度和广度，努力打造跨组织、跨部门的物流网、营销网、服务网和虚网"四网融合"的交互式物流信息平台（图 1-6），提升前端营销网、后端服务网的竞争力，提高物流服务水平与效率。

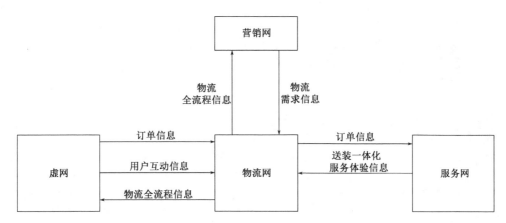

图1-6 "四网融合"交互式物流信息平台示意图

"虚网"即互联网,通过网络社区与用户互动,形成用户黏度。海尔日日顺物流为用户搭建了海尔商城、日日顺商城两大网上交互平台,准确把握用户的个性化需求。日日顺商城是互联网时代虚实融合的智慧开放平台,为用户提供全流程的交互体验,并为用户提供24h "限时送达、送装同步"的最佳服务,用户只要在网上点击下单,即可快速享受到"一站式"解决方案的优质服务。

营销网、物流网、服务网属于"实网"。依托线下"实网"的优势,海尔日日顺物流已成为目前国内最大的全国性物流网络之一,尤其在三四级家电市场占有绝对优势。海尔日日顺物流的使命就是为客户及用户创造价值,成为互联网时代虚实融合下的"即需即供"通路商,并坚持"按约送达,超时免单""一次就好,多次免单""规范服务,违规免单",不断提升客户的满意度。

思考题:
(1) 请论述家电物流对于家电企业的重要性。
(2) "四网融合"对海尔日日顺家电物流系统的影响有哪些?

第二章

物流系统环境分析

本章导读

2016—2021年中国社会物流总费用占国内生产总值（GDP）的比例整体呈现下降趋势，2020年社会物流总费用占GDP的14.7%，与2019年基本持平。2021年我国GDP为114万亿元，社会物流总费用为16.7万亿元，社会物流总费用占GDP的14.6%。普遍的观点是，美国的物流费用约占其GDP的7%，由此得出我国的物流成本很高，物流发展水平较低的结论。

思考：

上述结论是否正确？为什么？

第一节 物流系统环境的认识

一、物流系统环境的含义

系统环境是指存在于系统之外的，系统无法控制的自然、经济、社会、技术、信息和人际关系的总称。系统与环境是依据时间、空间、研究问题的范围和目标划分的，因此系统与环境是相对的概念。在图 2-1 中，S 表示系统，$\bar{S}$ 表示环境，若把它们看作一个整体，就组成了一个新的更大的系统，新系统的环境需要重新确定。系统环境取决于系统边界的确定，要分析系统环境需要首先界定系统的边界。从空间结构看，边界是把系统与环境分开来的所有点的集合。从逻辑上看，边界是系统构成关系从起作用到不起作用的界限，系统从存在到消失的界限。

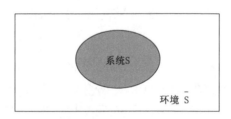

图 2-1 系统与环境的关系

环境的变化对系统有很大的影响，系统与环境是相互依存的，系统必然要与外部环境产生物质、能量和信息的交换。能够经常与外部环境保持最佳适应状态的系统，属于积极的开放系统，而不能适应环境变化的系统是难以存在的。

我们把存在于物流系统周围，影响系统规划、设计、建设、运营及其发展的各种客观因素和力量的总体称为物流系统环境。物流系统环境是一个复杂的系统，具有多层次的结构特征和不断变化发展的属性。由于对环境的研究目的、任务、方式不同，对环境的分类也不同。以时间为标准，可分为过去环境、当前环境和未来环境；以空间为标准，可分为宏观环境和微观环境；以环境对系统的影响程度为标准，可分为直接环境和间接环境，等等。

本书以空间为环境的划分标准，将物流系统环境划分为宏观环境和微观环境。宏观环境是指对物流系统及其微观环境各因素具有重大影响力的客观因素的总体，即物流系统的一般环境；而微观环境则包括直接影响物流系统的各类客观因素，又称为行业环境或具体环境，如图 2-2 所示。

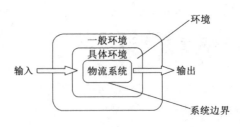

图 2-2 物流系统环境

物流系统的外部环境作为一种客观的制约力量,在与物流系统的相互作用和相互影响中形成了以下三个特点。

1. **差异性**

不同的物流系统所面临的外部环境是各不相同的,外部环境对于不同物流系统的影响也是各有差异的,这就需要在进行环境分析时根据系统的实际情况,具体问题具体分析。例如,当研究对象为企业内部的原材料库存系统时,外部环境因素主要为生产需求、供应商关系、企业资金状况等。如果研究对象为区域物流系统或全国性的物流系统时,外部环境因素包括该区域或国家的自然资源条件、政治、经济、文化、法律、技术等。

2. **变化性**

环境总是在不断变化、不断发展的,而且有些变化是可以预测的,有一定规律可循,而有些变化是不可预测的、具有突发性的。因此,在物流系统的发展过程中,没有一个外部环境因素的影响程度能始终保持不变。外部环境的可变性,要求物流系统的外部环境分析必须是一个与环境变化相适应的动态分析过程。物流系统必须要适应外部环境的变化,跟随其变动的脚步,在变化的外部环境中发现机遇与威胁。

3. **复杂性**

外部环境的复杂性体现在两个方面:一是影响物流系统的外部因素很多,且各因素间彼此相互关联,牵一发而动全身;二是外部环境因素具有多样化的特点,即影响物流系统的外部环境因素种类纷繁、千差万别。一般而言,物流系统作为一个开放系统,它所面临的外部环境因素只会变得越来越多样化、越来越复杂。

二、环境分析的一般过程

物流系统外部环境总是处于不断变化和发展之中。随着社会进步和科技发展,外部环境变化的频率越来越快,影响物流系统的各种因素不仅更加复杂多变,而且数量也在不断增加。外部环境分析已成为物流系统规划、设计、建设和运营过程中的重要环节。因此,物流系统拥有者应对外部环境有一个充分的了解,对环境进行全面而准确的预测和分析。这种分析应当是一个连续的过程,包括搜索、监测、预测、评估四个步骤,如图 2-3 所示。

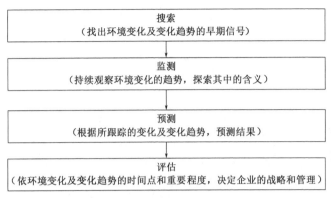

图 2-3 外部环境分析的步骤

1. 搜索

搜索包含了对外部环境各方面的调查研究。通过搜索，能够辨认出总体环境潜在变化的早期信号，了解正在发生的变化。搜索是一项比较烦琐的工作，通常会面对许多意义不明确、不完整或是毫不相干的资料，需要花费大量的时间来整理。环境搜索对那些处于剧烈变化环境中的物流系统尤为重要。

2. 监测

监测是在观察环境变化的过程中，对搜索到的资料进行进一步分析，看是否出现重要的趋势。成功的监测关键在于对不同环境事件的洞察。

3. 预测

预测是指对将来做出预测、分析，得出合理的结论，说明搜索和监测到的变化及变化趋势将会发生的变化和发生的时间。

4. 评估

评估的目的是判断环境变化及变化趋势对物流系统的影响程度。通过搜索、监测、预测，可以大致了解总体环境，而评估就是要明确这些信息对物流系统的影响。

第二节 物流系统宏观环境分析

物流系统宏观环境主要由政治、法律（Political & Legal）环境、经济（Economic）环境、社会文化（Social&Cultural）环境和技术（Technological）环境等外部细分环境相互影响而成，因此，宏观环境分析又称为 PEST 分析，如图 2-4 所示。进行宏观环境因素分析就是确认和评价以上诸多宏观因素会在多大程度上影响物流系统。需要指出的是，图 2-4 只是为物流宏观环境分析提供了框架或思路，在具体应用时需要结合具体物流系统的特征，选择对分析对象有重要影响的指标，切不可生搬硬套。

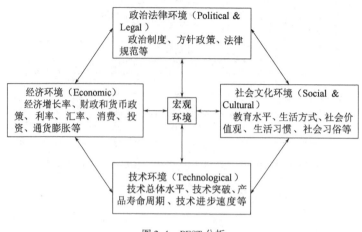

图 2-4　PEST 分析

一、政治、法律环境

1. 政治环境

政治环境是指制约和影响物流系统的各种政治要素及其运行所形成的环境系统，涉及政治制度、社会政治团体、方针政策等。

（1）政治制度

《辞海》对政治制度的解释为，统治阶级借以实现其政治统治和管理社会的原则和方式的总和。广义包括政治领域的各项制度。有时特指国家的政权组织形式，即政体。不同的国家，不同历史时期的国家，其政治制度会有差异。物流业是支撑国民经济发展的基础性、战略性、先导性产业，具有与交通、电力、水利等类似的准公益性特征。不同的政治制度下，物流业的管理和运行模式会有一定的差异。

（2）方针政策

国家的方针政策是在一定阶段内指导国家政治、经济、文化等全局方向性、原则性的战略、策略和规范，因此，物流系统必须遵循这些方针政策，它对物流活动往往具有控制和调节的作用。比如，深化行政管理体制改革政策，加强睦邻友好和区域经济合作政策，等等。

政治环境对物流系统的影响具有直接性、难以预测性和不可逆转性的特点。直接性是指政治环境直接影响物流系统的规划、设计、建设和运营。难以预测性是指对于物流系统的管理者来讲，难以预测政治环境的变化趋势。不可逆转性是指政治环境因素一旦涉及企业物流系统，就会使系统发生十分迅速和明显的变化，而这一变化是系统管理者驾驭不了的。

2. 法律环境

法律环境是指与物流系统相关的社会法制系统及其运行状态，包括国家制定的法律、法规、法令及国家的执法机关等。法律环境包括多种环境因素，但主要的有三种。

(1) 法律规范

法律规范是由国家制定或认可、体现统治阶级意志、由国家强制力保证实施的行为规则。法律规范是一个完整的体系，同物流活动相关的法律规范体系是由不同效力等级的一系列法律所组成，主要有宪法、基本法律、行政法规、地方性法规等，其中与物流相关的法律规范构成物流系统法律环境中最基本的内容。

与管理体制相对应，世界各国并没有制定出集中管理物流业的专门法规，各国物流发展都沿袭以往的各种法律，从各个不同的业务环节来管理物流业。我国政府高度重视物流相关领域的立法工作，先后制定了多部物流领域的法律法规，并加入相关的国际公约。比如，在公路运输方面有《中华人民共和国公路法》《汽车货物运输规则》《集装箱汽车运输规则》《汽车危险货物运输规则》《国际公路货物运输合同公约》《国际公路车辆运输公约》等；在铁路运输方面有《中华人民共和国铁路法》《铁路货物运输管理规则》《国际铁路货物联运协议》《铁路货物运输国际公约》等；在水路运输方面有《中华人民共和国海运条例及实施细则》《水路货物运输规则》等；在航空运输方面有《中国民用航空货物国内运输规则》《中国民用航空货物国际运输规则》等；在多式联运方面有《国际集装箱多式联运管理规则》《多式联运单证规则》等。

(2) 国家司法、执法机关

国家司法、执法机关是指国家设立的法律监督、法律审判和法律执行机关，主要有法院、检察院、公安机关及各种行政执法机关。与物流系统活动关系较密切的行政执法机关有工商行政管理机关、税务机关、物价机关、计量管理机关、技术质量监督机关、专利机关、环境保护管理机关、政府审计机关等。此外，还有一些临时性行政执法机关，如各级政府的财政、税收、物价检查组织等。

(3) 企业法律意识

法律意识是法律观、法律感和法律思想的总称，是指企业对法律制度的认识和评价。因为绝大多数物流系统相关企业都要同与其生产经营活动相关的企事业单位发生经济、技术、贸易关系，这些关系都具有社会经济法律关系的性质。企业的法律意识，最终都会物化为一定性质的法律行为，并造成一定的行为后果，从而构成每个物流系统的相关企业不得不面对的现实法律环境。

综上所述，法律规范是物流系统法律环境赖以存在的基础，国家司法、执法机关及其活动是物流系统法律环境健康生长的保证，企业的法律意识是物流系统相关企业参与法律环境和感受法律环境的重要媒介。

法律环境对物流系统的影响方式由法律规范的强制性特征所决定，具有刚性约束的特征。针对经济法律规范所调整的不同的经济法律关系，其刚性又有程度上的差异，不同的法律形式对它的调整对象采取不同的调整手段和作用方式。良好的法律环境对物流系统的成长、发育有着积极促进的作用；不健康的法律环境不利于物流系统的生存和发展。

政治法律环境具有很大的可变性。尤其是当研究对象是国际物流系统时，其物流链延伸到国外一个或多个国家与地区，各个国家或地区的政治法律环境又各不相同，这些环境因素都会给物流系统功能的正常发挥带来潜在风险，为了防范、控制风险，必须要对这些因素进行监测和分析。

二、经济环境

经济环境是指构成物流系统生存和发展的社会经济状况及国家经济政策。企业经济环境是一个多元动态系统，主要由社会经济结构、经济发展水平、经济体制和宏观经济政策等要素构成。与其他环境因素相比，经济环境对企业的经营活动有更广泛、更直接的影响。

1. 社会经济结构

社会经济结构又称国民经济结构，是指国民经济诸要素的排列次序、空间配置、聚集状态、构造方式以及各要素之间相互联系、相互作用的内在形式。

一般而言，社会经济结构主要包括五个方面的内容，即产业结构、分配结构、交换结构、消费结构、技术结构，其中最重要的是产业结构。产业结构对物流的供给、物流的需求、物流的成效等都有显著的影响。比如，当第一产业在国内生产总值中占主导地位，第二产业处于成长期，第三产业弱小时，区域物流需求结构表现为低附加值产品的物流需求占主导地位，物流活动以运输和仓储为主，对物流服务水平要求低，物流需求实物量大，单位物流需求价值量小。当第二产业在国内生产总值中占比最大，第一产业占比迅速下降时，高附加值产品的物流需求迅速增加，要求更具有专业化和综合化特征的物流服务。在物流需求实物量继续增加的同时，物流需求价值量随之明显提高。当第二产业增长相对减缓，第三产业在国内生产总值中占比迅速上升时，物流服务从简单的运输、仓储逐步转变为更加复杂的综合物流服务，对物流服务质量的要求越来越高。

2. 经济发展水平

经济发展水平是指一个国家经济发展的规模、速度和所达到的水准。反映一个国家经济发展水平的常用指标有国内生产总值、国民收入、人均国民收入、经济发展速度、经济增长速度等。

在众多衡量经济发展水平的指标中，国内生产总值是最常用的指标之一。它是衡量一国或一个地区经济实力的重要指标，其总量及增长率与工业品市场购买力及其增长率有较高的正相关关系。

除了国内生产总值外，可支配收入和恩格尔系数也是很重要的经济发展水平指标。可支配收入决定了社会和个人的购买能力，社会和个人的购买能力决定了潜在市场容量，潜在的市场容量决定了潜在的物流需求量。除了可支配收入的总量之外，可支配收入的分配结构将决定具体行业所面临的市场容量和市场分布结构，影响行业结构和行业布局。可支配收入的发展速度和发展稳定性也对物流发展有重大影响，特别是对消费品行业物流系统更是影响深远。

德国统计学家恩格尔发现，当家庭收入增加时，用于购买食物支出的比例会下降，而用于服装、交通、保健、文娱、教育的开支及储蓄的比例将上升，这就是恩格尔定律。衡量一个国家、地区、城市家庭生活水平高低的重要参数就是恩格尔系数。按联合国划分富裕程度的标准，恩格尔系数在60%以上的为饥寒；在50%~60%之间的为温饱；在40%~50%之间的为小康；在40%以下的为富裕。恩格尔系数的高低在一定程度上反映了一个国家或区域物流需求的结构特征。

3. 经济体制

经济体制是指某一地区（通常是一个国家）制定和实施经济决策的各种机制的总和，通常是一个国家国民经济的管理体制和运行模式。经济体制规定了国家与企业、企业与企业、企业与各经济部门的关系，并通过一定的管理手段和方法，调控或影响社会经济流动的范围、内容和方式。经济体制还包括各行各业，如农业、工业、商业、交通运输等领域各自的管理体制。此外，不同企业的企业管理体制也属于经济体制的范围。经济体制的不同，体现为社会制度的不同，而社会制度的不同决定了经济体制的不同。

物流是多个产业、多个行业共同参与的产业，本身没有明显的产业界限，是一个复合产业，涉及的领域和范围很广，难以建立一个专门机构来统一进行管理。因此，各国政府并没有对物流业进行集中管理，而是通过物流各个环节相对应的不同政府部门分别实施管理，物流各管理环节适用各自法规。各国物流管理的统一性主要是通过国家物流发展规划以及物流相关各部门间的协调、配合实现的。

我国目前的物流管理是一种"多元化"或"分散化"的管理体制。中央层面，物流业管理涉及发展改革、商务、交通、铁路、民航、工信、公安、财政、海关、工商、税务、质检、标准等部门；地方层面，物流管理体制差别很大，但总体上也呈分散状态。"分散化"管理体制下，如果各部门和不同层级之间能够进行密切的配合和协同，同样能够实现物流管理上的分工与合作，从而形成全国统一的政府物流管理体系。

4. 宏观经济政策

宏观经济政策是指国家或政府按照确定的经济目标，为解决社会经济发展过程中所出现的各种问题而采用的各种手段，具体包括方针、战略、原则、规章、条例、法令、通知、通告、办法、措施等。财政政策、货币政策、产业政策、人力政策、收入政策、增长政策等都属于宏观经济政策。

产业政策是国家为了促进市场机制的发育，纠正市场机制的缺陷及其失败，对特定产业活动以干预和引导的方式施加影响，进而促进国民经济快速协调增长的、带有宏观性和中长期性的经济政策，包括产业结构政策、产业组织政策、产业技术政策和产业布局政策等。与财政政策、货币政策以需求总量调整为主要特征不同，产业政策总是着眼于供给能力的提高和供给结构的改善，因此被学术界称为供给指向型经济政策。

（1）*产业结构政策*

产业结构政策是指政府依据本国或本地区在一定时期内产业结构的现状，规划产业结构逐渐演进的目标，并分阶段确定重点发展的战略产业，引导国家的经济向新的广度和深度发展的政策。按照政策目标和措施的不同，可以划分为主导产业选择政策、战略产业扶植政策、衰退产业撤让政策、产业可持续发展政策等。

比如，2019年国家发展和改革委员会发布的《产业结构调整指导目录》明确将现代物流业列为鼓励类产业,包括重要商品现代化物流设施建设、物流公共信息平台开发及建设、物流枢纽建设与运营等。2020年公布的《鼓励外商投资产业目录（2020年版）》中,自动化高架立体仓储设施,包装、加工、配送业务相关的仓储一体化设施建设、经营等被纳入全国鼓励外商投资产业目录。2021年发布的《西部地区鼓励类产业目录（2020年本）》中,口岸物流设施（物流仓库、堆场、装卸搬运工具、多式联运转运设施以及物流信息平台等）建设及经营；村级快递物流综合服务站建设及运营被列入西藏、新疆、云南等地新增鼓励类产业。鼓励类产业企业将享受所得税等方面的优惠政策。

(2) 产业组织政策

产业组织政策是指为了获得理想的市场效果,由政府制定的干预市场结构和市场行为、调节企业间关系的公共政策。产业组织政策的实质是协调竞争与规模经济之间的矛盾,以维持正常的市场秩序,促进有效竞争态势的形成。从政策取向来看,已有的产业组织政策可分为两大类：一类是鼓励竞争、限制垄断的竞争促进政策（即垄断、反托拉斯和反不正当竞争行为的政策),它着眼于维持正常的市场秩序；另一类是鼓励专业化和规模经济的产业合理化政策,它着眼于限制过度竞争。

目前我国物流业作为新兴的复合型服务产业,仍处于数量扩张的粗放式经营阶段,行业准入门槛低,监管分散,"小、散、差、弱"的主体格局制约了行业整体竞争力的提升。因此,我国对物流业主要采用的是鼓励专业化和规模经济的产业合理化政策。比如,2009年国务院发布的《物流业调整和振兴规划》提出,"到2011年,培育一批具有国际竞争力的大型综合物流企业集团"；2011年发布的《关于促进物流业健康发展政策措施的意见》提出,"促进符合条件的物流企业加快规模化发展,支持大型优势物流企业通过兼并重组等方式,对分散的物流设施资源进行整合"；2022年,中共中央、国务院发布的《关于加快建设全国统一大市场的意见》提出,"大力发展第三方物流,培育一批有全球影响力的数字化平台企业和供应链企业"。

(3) 产业布局政策

产业布局政策一般是指政府机构根据产业的经济技术特性、国情国力状况和各类地区的综合条件,对若干重要产业的空间分布进行科学引导和合理调整的相关措施,主要包括地区产业发展重点的选择和产业集中发展战略的制定。产业布局政策主要是规划性的,同时也包括一定意义上的政府直接干预。

比如,2009年国务院发布的《物流业调整和振兴规划》,根据市场需求、产业布局、商品流向、资源环境、交通条件、区域规划等因素,将全国分为九大物流区域：以北京、天津为中心的华北物流区域,以沈阳、大连为中心的东北物流区域,以青岛为中心的山东半岛物流区域,以上海、南京、宁波为中心的长江三角洲物流区域,以厦门为中心的东南沿海物流区域,以广州、深圳为中心的珠江三角洲物流区域,以武汉、郑州为中心的中部物流区域,以西安、兰州、乌鲁木齐为中心的西北物流区域,以重庆、成都、南宁为中心的西南物流区域。

再如,2018年国家发展改革委和交通运输部发布了《国家物流枢纽布局和建设规划》,将国家物流枢纽分为陆港型、港口型、空港型、生产服务型、商贸服务型和陆上边境口岸型，依据区域经济总量、产业空间布局、基础设施联通度和人口分布等，统筹考虑国家重大战略实施、区域经济发展、产业结构优化升级等需要，结合"十纵十横"交通运输通道和国内物流大通道基本格局，选择127个具备一定基础条件的城市作为国家物流枢纽承载城市，规划建设212个国家物流枢纽，包括石家庄、保定等41个陆港型，天津、唐山等30个港口型，北京、天津等23个空港型，杭州、宁波等47个生产服务型，上海、南京等55个商贸服务型和黑河、丹东等16个陆上边境口岸型国家物流枢纽。

（4）产业技术政策

产业技术政策是指国家对产业技术发展实施指导、选择、促进与控制的政策的总和。产业技术政策的主要内容包括以下三个方面。

①产业技术的发展目标和具体计划。包括制定各种具体的技术标准、技术发展规划，公布重点发展的核心技术和限期淘汰的落后技术项目清单等。

比如，2018年实施的《物流园区分类与规划基本要求》（GB/T 21334—2017）国家标准，规定了我国物流园区的分类和总体规划要求；2019年实施的《物流中心分类与规划基本要求》（GB/T 24358—2019）国家标准，规定了我国物流中心分类、总体规划要求，以及仓库、道路、堆场、停车场、铁路专用线、专用码头信息化平台等设施的规划要求；2021年国家市场监督管理总局和国家标准化管理委员会发布的最新版《物流术语》（GB/T 18354—2021）国家标准，等等。

②产业技术开发政策。主要包括技术开发的鼓励与保护政策，如鼓励新技术的发明和创造政策、知识产权保护政策、专利政策等；促进新技术传播和扩散政策；协调基础研究、应用研究和发展研究的政策；促进高新技术开发政策；提高新技术、新工艺、新产品普及率政策等。

比如，2011年国务院发布的《关于促进物流业健康发展政策措施的意见》明确提出，"加强物流新技术的自主研发，重点支持货物跟踪定位、无线射频识别、物流信息平台、智能交通、物流管理软件、移动物流信息服务等关键技术攻关；适时启动物联网在物流领域的应用示范；加快先进物流设备的研制，提高物流装备的现代化水平"。

2019年国家发展改革委联合22个部委发布的《关于推动物流高质量发展促进形成强大国内市场的意见》提出，"加大重大智能物流技术研发力度，加强物流核心装备设施研发攻关，推动关键技术装备产业化；开展物流智能装备首台（套）示范应用，推动物流装备向高端化、智能化、自主化、安全化方向发展；大力发展数字物流，加强数字物流基础设施建设，推进货、车（船、飞机）、场等物流要素数字化；加强信息化管理系统和云计算、人工智能等信息技术应用，提高物流软件智慧化水平；支持物流园区和大型仓储设施等应用物联网技术，鼓励货运车辆加装智能设备，加快数字化终端设备的普及应用，实现物流信息采集标准化、处理电子化、交互自动化"。

③产业技术转移政策。包括技术引进政策、技术扩散政策、技术开发扶植政策。技术引进政策是后发国家通过直接引进别国的成熟技术赢得后发优势的重要手段。但仅有引进技术是不足以摆脱技术落后状况的，必须在鼓励技术引进的同时，重视对引进技术的消化、改造和提高。

比如，我国商务部、国家发展改革委等多个政府部门在2006年颁布的《关于鼓励技术引进和创新，促进转变外贸增长方式的若干意见》中指出，重点支持企业引进电子通信、生物技术、民用航空航天、机械制造、石油化工、清洁发电、新材料、节约能源、环境保护等具有市场潜力且在未来竞争中将取得优势的或对国计民生具有重大意义的技术。2010年，为有效引导企业引进国外先进适用技术，并对引进技术进行消化吸收再创新，推动产业技术进步，提高企业自主创新能力和技术竞争力，商务部发布了《关于鼓励引进技术消化吸收再创新的指导意见》。

产业政策的实现手段通常可分为直接干预、间接诱导和法律规制三大类型。直接干预包括政府以配额制、许可证制、审批制、政府直接投资经营等方式，直接干预某产业的资源分配与运行态势，及时纠正产业活动中与产业政策相抵触的各种违规行为，以保证预定产业政策目标的实现；间接诱导主要是指通过提供行政指导、信息服务、税收减免、融资支持、财政补贴、关税保护、出口退税等方式，诱导企业在有利可图的情况下自主决定服从政府的产业政策目标；法律规制通常适用比较成熟和比较稳定的产业政策，主要是以立法方式来严格规范企业行为、政策执行机构的工作程序、政策目标与措施等，以保障产业政策目标的实现。

比如，2007年国务院出台了《关于加快发展服务业的若干意见》，重申加大政策支持力度，推动服务业加快发展，并提出了对物流企业实行财政优惠的具体政策。2008年初国家又出台了税费调整和土地管理政策，提出要对物流业发展给予更大力度的支持，实行有利于服务业发展的土地管理政策，完善服务业价格、税收等政策，积极扩大包括现代物流业在内的生产性服务业的税收优惠政策。国家有关部门还解决了物流企业重复纳税及其营业税缴纳和增值税抵押等方面存在的问题。一些地方政府向物流企业和物流园区提供土地、财税、融资及通关等方面的便利和优惠，设立专项基金支持现代物流发展。

5. 经济发展理念

经济发展理念是一个国家或地区政府对该区域的经济发展所持有的深刻观点，决定了经济发展的方向、道路、模式和方针。理念是行动的先导，一定的发展实践都是由一定的发展理念来引领的。发展理念是否合适，从根本上决定着发展的成效乃至成败。党的十八大以来，习近平总书记深刻总结国内外发展经验，把握发展大势，汲取理论精华，针对中国发展具体问题创造性地提出创新、协调、绿色、开放、共享的新发展理念。新发展理念是"十三五"乃至更长时期我国各种物流系统建设发展的理论指导和行动指南。

创新是我国物流系统建设发展的基本动力，包括物流战略创新、物流技术创新、物流模式创新、物流管理制度创新等。协调是物流系统建设发展的基本手段。城乡物流、区域物流、国内外物流、生产性物流与生活性物流、物流需求与物流供给等都需要协调发展。绿色是物流系统建设发展的基本要求。近年来，在绿色发展理念和相继出台的绿色低碳发展政策引导下，我国绿色物流呈现较快发展态势，正在向低污染、低消耗、低排放、高效能、高效率、高效益的现代化物流转变。开放是物流系统建设发展的基本途径，不仅包括不同地区、不同行业的物流市场开放，也包括不同物流系统之间的互联互通。共享是物流系统建设发展的根本目标，让所有人都能享受到现代物流带来的便利。

党的十九大报告提出了高质量发展的理念。高质量发展，意味着我们不是单纯追求经济发展的速度和规模,而是要通过转变发展方式、优化经济结构、转换增长动力,坚持创新发展、协调发展、绿色发展、开放发展、共享发展相统一,追求以质量和效益为首要目标的发展。物流业是支撑国民经济发展的基础性、战略性、先导性产业。物流业的高质量发展是经济高质量发展的重要组成部分,也是推动经济高质量发展不可或缺的重要力量。

三、社会文化环境

社会文化环境是指一定时期整个社会发展的一般状况,主要包括社会结构、社会风俗和习惯、人的价值观念、宗教信仰、文化传统、人口变动趋势、生活方式和行为规范等。影响物流系统的社会文化环境因素主要有以下四个方面。

1. 人口

人口构成了大多数产品的消费市场,是决定市场规模的重要因素,也是决定物流需求特征的重要因素。总人口、人口的地理分布和密度、家庭数量、年龄构成及人口增长率对物流系统需求都有显著的影响。

(1) 人口规模

人口规模影响市场的容量,增长率影响未来市场的增长情况。我国作为世界上人口最多的国家,其消费品物流市场发展潜力巨大。

(2) 人口年龄结构

人口年龄结构影响市场需求结构。不同年龄段的人对产品的需求有很大差别。儿童需要玩具、学习用品和营养食品;青少年需要图书、运动用品和时装;老年人需要保健食品和怀旧商品。不同的产品需求会直接导致物流需求结构差异,而不同年龄段的人对物流服务的需求也有明显的不同。截至2022年底,全国60周岁及以上老年人超过2.8亿,占全国总人口的19.8%,其中65周岁及以上老年人达2.1亿,占全国总人口的14.9%。

(3) 家庭规模

家庭规模影响家庭购物和消费模式。一般来说,大家庭需要大体积的用具、大包装的食品,而小家庭则需要小型的家用设备和小包装的食品。根据《中国婚姻家庭报告2023版》,1949年以来,我国家庭规模的总趋势是不断缩小的:1953年家庭规模平均为4.30人,1964年为4.29人,1982年为4.41人,1990年为3.96人,2000年为3.44人,2010年为3.10人,2020年只有2.62人。家庭规模变化特征是我国快递物流高速发展的一个重要原因。

2. 教育水平和人口素质

一般而言,消费者受教育程度越高,对产品的鉴别能力、接受能力越强,购买的理性程度越高,对产品质量和服务(包括物流服务)就越挑剔。

教育水平和人口素质是相互联系的,整个社会的教育水平高,对企业物流系统来说就可以获得高质量的人力资源;反之,若教育水平低下,劳动力素质低,很难适应企业的生产经营活动,就会影响物流系统功能的有效发挥。

第七次全国人口普查数据结果显示,近十年来我国人口受教育水平明显提高,人口素质不断提升。以 2010—2020 年为例，15 岁及以上人口的平均受教育年限从 2010 年的 9.08 年提高至 2020 年的 9.91 年，16—59 岁劳动年龄人口平均受教育年限从 2010 年的 9.67 年提高至 2020 年的 10.75 年。文盲率从 2010 年的 4.08% 下降为 2020 年的 2.67%。教育水平和人口素质的提升对我国现代物流业的发展有重大的促进作用。

3. 文化传统

文化传统是一个国家或地区长期形成的道德、习惯、思维方式的总和。文化因素强烈地影响着人们的购买决策和企业的经营行为。不同国家有着不同的文化传统，也有不同的亚文化群、不同的社会习俗和道德观念。通过分析文化传统，了解行为准则、社会习俗、道德态度等，可指导对具有不同文化传统的人采取不同的方法进行经营管理。

4. 社会心理

社会心理对人们的行为起支配作用。例如，一个民族精神比较强的民族，人们会自觉地维护民族利益。其行为特征是个人利益服从民族利益，局部利益服从整体利益。在企业经营中表现为以企业利益为重，容易形成有巨大凝聚力的企业精神。社会心理还可以体现为人的价值观取向、对物质利益的态度、对新生事物的态度、对企业经营风险的态度、对社会地位的态度等，这些都会给物流系统带来影响。

四、技术环境

技术环境是指物流系统所处的宏观环境中的科技要素及与该要素直接相关的各种社会现象的集合，包括社会科技水平、社会科技力量、国家科技体制、国家科技政策和科技立法等。

社会科技水平是构成科技环境的首要因素，它包括科技研究的领域、科技研究成果门类分布及先进程度、科技成果的推广应用三个方面。社会科技力量是指一个国家或地区的科技研究与开发的实力。国家科技体制是一个国家社会科技系统的结构、运行方式及其与国民经济其他部门的关系状态的总称，主要包括科技事业与科技人员的社会地位、科技机构的设置原则和运行方式、科技管理制度、科技成果推广渠道等。国家的科技政策和科技立法是国家凭借行政权力和立法权力，对科技事业履行管理、指导职能的途径。

我国科学技术在近十年来获得了飞速发展，在信息技术、生物技术、新材料技术、新能源技术、空间技术及海洋开发技术等领域都取得了重大成就。科学技术的发展，促进了我国劳动生产率的提高和生产力的迅猛发展，推动着我国信息工业、电子计算机工业、激光工业、高分子化学工业、新型材料工业等一批新兴工业的发展，也促使我国产业结构向高级化方向发展。新技术的不断涌现加速了现代物流业的发展，使得整个物流系统逐步从机械化迈向自动化、数字化和智能化。这些技术包括互联网、移动互联、二维码、全球定位系统、物联网、大数据、云计算、区块链、人工智能等。

科学技术贯穿于物流活动的全过程之中，其水平的高低直接关系到物流活动各项功能的有效实现和物流服务效率的高低。物流技术可按照其形态分为物流硬技术和物流软技术。物流硬技术是指组织实物流动所涉及的各种机械设备、运输工具，各种仓库建筑、站场建筑，以及服务于物流活动的电子计算机、通信联络设备、人工智能设备等。物流软技术是指以提高物流系统整体效益为中心的技术方法，具体来讲，就是各种物流设备的最合理调配使用；物流中心、储运中心、运输终端的合理配置，物流路径的最佳选择等。物流软技术是使物流硬技术的应用取得最好经济效果的技术。

物流技术在现代物流产业发展中的作用主要体现在：①物流技术是现代物流运作的基础；②物流技术保证了物流服务能够实现高效、快捷、准时、优质；③物流技术的应用可以实现物流的安全运行和增值服务。只有充分认识、把握和利用最新技术，才能制定正确的物流系统发展战略并有效地贯彻实施。

第三节 物流系统的微观环境分析

微观环境即物流系统的行业环境，是物流系统外部环境的重要组成部分。相对宏观环境而言，微观环境同物流系统的关系更直接、更具体。所谓行业是指生产或提供同类具有高度替代关系的产品或服务的企业在同一市场上的集合，也称之为产业。产业既可以指国民经济中的各个产业部门，如工业、农业、服务业等，也可以指具体的行业部门，如钢铁业、纺织业、食品业等。

物流行业（产业）是由一大批提供物流相关产品或服务的企业组成的，简称物流业。现代物流业具有很强的产业关联度和带动效应。它不仅涉及公路、铁路、水路、航空、管道等运输业经营企业，还涉及交通、运输、通信、仓储、包装等设备的制造和经营企业；不仅涉及农业、工业、货运代理、仓储包装、电子商务、通信、邮政、银行、保险等生产经营和物流服务企业，还涉及政府、税收、海关、检验检疫等管理部门。因此，现代物流业几乎涵盖了一、二、三产业的所有领域和部门，无论在广度还是深度上都具有很好的发展前景，是国民经济的综合性和支柱性产业之一。

在我国，物流行业是一个新兴的产业。2006年3月通过的《中华人民共和国国民经济和社会发展第十一个五年规划纲要》提出"大力发展现代物流业"，首次正式确立了物流的行业地位。国务院《物流业发展中长期规划（2014—2020年)》又进一步将物流业定位为"融合运输、仓储、货代、信息等产业的复合型服务业，是支撑国民经济发展的基础性、战略性产业"。物流行业或子行业中的每一个物流企业就是一个物流系统。因此，物流系统的微观环境分析，可以理解为物流企业或企业物流部门的行业环境分析，主要包括行业生命周期分析、行业关键成功因素分析和行业竞争结构分析。

一、行业生命周期分析

行业生命周期分析是分析行业发展状况的常用方法。通过该分析，可以识别行业正处于生命周期的哪个阶段。企业只有了解某行业目前所处的生命周期阶段，才能决定是应该进入、维持还是撤退。对于一项新的投资，只有把握了行业生命周期阶段，才能进行正确的决策。另外，一个企业可能跨越多个行业，只有对其所在的每个行业性质都有深入的了解，才能确定恰当的业务组合，避免过高的风险，从而提高整体盈利水平。

行业的生命周期是指行业从出现到完全退出社会经济活动所经历的时间。行业的生命周期分为幼稚期、成长期、成熟期和衰退期四个阶段，如图2-5所示。下面分别介绍行业生命周期四个阶段的特征。

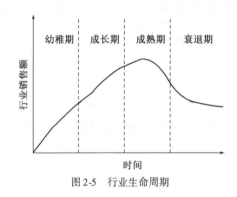

图2-5　行业生命周期

1. 幼稚期

在行业的幼稚期，产品设计尚未定型，销售增长缓慢，产品开发和推销成本高，利润低甚至亏损，竞争较少，但风险很大。处于幼稚期的行业中一般只有少数几家企业，因为产量和技术方面的问题，使得产品成本高，售价也高。在行业的幼稚期，企业必须积极做好新产品的宣传工作，把销售力量直接投向最有可能的购买者，尽量缩短幼稚期的时间。幼稚期行业进入壁垒较低。

2. 成长期

在行业的成长期，顾客认知迅速提高，销售和利润迅速增加，需求高速增长，技术渐趋定型，行业特点、行业竞争状况及用户特点已比较明朗，行业进入壁垒提高，产品品种和竞争者数量增多。

3. 成熟期

在行业的成熟期，重复购买成为顾客行为的重要特征，销售趋向饱和，利润不再增长，生产能力开始过剩，竞争激烈，买方市场形成，行业盈利能力下降，新产品和产品的新用途开发更为困难。这时企业应着力改良产品和市场，以延长行业成熟期。成熟期行业进入壁垒很高。

4. 衰退期

在行业的衰退期，销售和利润大幅度下降，生产能力严重过剩，竞争的激烈程度由于某些企业的退出而趋缓，企业可能面临一些难以预料的风险，必须认真研究采取什么决策及何时退出行业。

识别行业生命周期所处阶段的主要指标包括市场增长率、需求增长率、产品品种、竞争者数量、进入或退出壁垒、技术变革、用户购买行为等。常用产品销售增长率的数据划分不同的生命周期阶段，即用 ΔY（销售量增量）/ΔX（时间增量）来判断。当 $\Delta Y/\Delta X$ 的比值大于10%时，属于行业成长期；当 $\Delta Y/\Delta X$ 的比值处于0.1%~10%，属于行业成熟期；当 $\Delta Y/\Delta X$ 的比值小于0.1%或出现负值时，属于行业衰退期。

行业生命周期在运用上有一定的局限性，因为生命周期曲线是一条经过抽象化了的典型曲线，各行业按照实际销售量绘制出来的曲线远不是这样光滑、规则，因此有时候要确定行业发展处于哪一阶段是困难的，识别不当，容易导致企业在战略上出现失误。影响销售量变化的因素很多，关系复杂，整个经济中的周期性变化与某个行业的演变也不易区分。另外，有些行业的演变是由集中到分散，有的行业是由分散到集中，无法用一个战略模式与之对应，因此应将行业生命周期分析法与其他方法结合起来使用，才不会导致分析的片面性。

二、行业关键成功因素分析

一个行业的关键成功因素（Key Success Factor，KSF）是指最能影响行业内的企业取得竞争优势的主要因素，如产品的属性、资源、竞争能力等。回答下面三个方面的问题有助于确认行业的关键成功因素。

第一，顾客在行业内各个竞争产品之间选择的根据是什么？

第二，行业内一个企业要想取得成功必须做什么？需要什么资源和竞争能力？

第三，行业内一个企业要想取得持久的竞争优势必须采取什么样的措施？

要回答第一个问题，需要详细深入地分析这个行业的顾客，并把他们看成行业得以存在的理由和利润的来源，而不是把他们看成一种讨价还价的力量，更不能看成是对企业盈利能力的威胁。企业必须识别谁是企业的顾客，识别他们的需求，并找出在行业内各个竞争产品之间顾客选择的优先级顺序是什么？如果顾客最看重的是价格，那么其关键成功因素当然是低成本。

要回答第二个问题，需要对整个行业的竞争进行分析：竞争的激烈程度如何？竞争的关键维度（如产品档次、地区等）是什么？企业应如何获得竞争优势？

要回答第三个问题，需要对企业内部的资源及竞争能力进行分析：企业在研发、技术、生产制造、市场营销、管理、品牌等方面具有哪些优势？

识别关键成功因素的基本框架如图2-6所示。

例如，在啤酒行业，其关键成功因素是充分利用酿酒能力（以使制造成本保持在较低的水平上）、强大的批发分销商网络（以尽可能多地进入零售渠道）、上乘的广告（以吸引饮用人购买某一特定品牌的啤酒）。在服装生产行业，其关键成功因素是吸引人的设计和色彩组合（以创造购买者的兴趣）及低成本制造效率（以便定出吸引人的零售价格和获得较高的利润率）。在铝罐行业，由于空罐的装运成本很大，所以其中的一个关键成功因素就是将生产工厂置于最终用户的近处，从而使工厂生产出来的产品可在经济的范围之内进行销售。

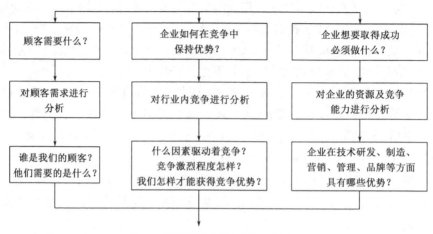

图 2-6 识别关键成功因素的基本框架

三、行业竞争结构分析

行业的竞争结构分析有助于识别行业中企业的关键成功因素。一个行业的竞争,不仅存在于竞争对手之间,还存在于供应商、购买者、潜在加入者、替代品生产商这些"延伸的竞争对手"之间,即行业中存在 5 种基本竞争力量:行业中现有企业间的竞争、潜在加入者的威胁、供应商讨价还价的能力、购买者讨价还价的能力和替代品的威胁,具体如图 2-7 所示。

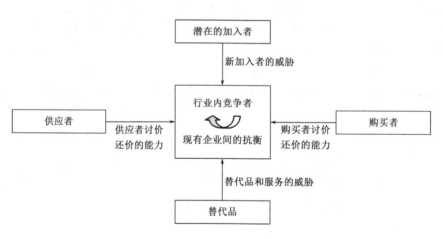

图 2-7 行业竞争结构

五种竞争力量的状况及其综合强度决定了行业的竞争激烈程度及行业获得利润的能力。不同的行业其竞争力量是不同的,最终利润潜力即长期投资回报也会不同。在竞争激烈的行业中多数企业获利较低,而竞争相对缓和的行业和企业获利相对丰厚。又如,某个行业的产品科技含量虽然很高,但是却面临着供应商强大的讨价还价能力或者被其他产品替代的威胁,那么这一行业中的企业就面临较大的竞争压力,比如我国的智能手机制造行业。

对于不同行业或某一行业的不同时期,五种竞争力量的作用是不同的,常常是一种力量或两种力量起支配作用，其他竞争力量处于较次要的地位。应该指出的是，尽管行业结构对行业的竞争强度和获利能力具有决定性的影响，但是企业也不是无能为力的，它们可以通过制定适当的战略来谋求相对优势的地位，从而获得更高的利润。不仅如此，行业内的企业，尤其是处于领先地位的企业还可以通过战略调整改变行业的竞争结构。下面对五种基本竞争力量进行简要的论述。

1. 行业中现有企业间的竞争

行业中现有企业间的竞争是最直观、最直接也是最重要的威胁因素，它往往构成了行业竞争结构中最强的一种力量。行业中现有企业间的竞争手段多种多样，一般围绕价格、质量、产品的性能、顾客服务、广告、促销、经销商网络、产品创新等方面展开。不同行业现有企业间的竞争激烈程度是不一样的，有的比较缓和，有的比较激烈。竞争程度的强弱主要受以下六个因素影响。

（1）行业中现有企业的数量与力量对比

行业中企业数量越多，集中度越低，竞争越趋于激烈，因为每一个企业都想改善其竞争地位，而且都认为它的单独行动不会引起其他竞争对手较大的反应；行业内企业数量不多，集中度中等，但每个企业都处于势均力敌的地位，实力不相上下，由于它们都有支持竞争和进行激烈反击的资源，也会导致行业内企业竞争激烈；行业内仅有一个或少数几个大型企业主宰市场，行业集中度高，行业内其他企业与这几个大型企业实力上有相当的差距，因此行业内竞争不激烈。

（2）行业发展速度

当行业快速发展时，行业总体市场需求扩大，各企业都有进一步发展的空间，各企业都可以从快速发展中获益，因而行业中竞争相对不激烈。在发展缓慢的行业中，现有企业为了争取更高的市场占有率，容易发生价格战和促销战，竞争变得异常激烈。例如我国的纺织行业，不仅厂商众多，生产能力过剩，设备落后，而且竞争激烈，利润水平低下。

（3）固定费用和存储费用的高低

固定费用高的行业迫使企业要尽量充分地利用其生产能力。当市场需求不足时，企业宁愿削价扩大销售量也不愿让生产设备闲置，因而使企业间竞争加剧。在存储费用高或产品不易保存的行业，企业急于把产品卖出去，也会使行业竞争加剧。

（4）产品差异性和转换成本

如果行业中产品之间的差异性较高，那么消费者大多会根据偏好或忠诚度来购买产品，企业之间的竞争就会较少。但是，如果产品同质性较高，购买决策主要基于价格，就容易导致企业之间的直接对抗，竞争就会激烈。同样，当转换成本较低时，购买者在选择上有更多自由，也会使竞争趋向激烈。高转换成本至少能在一定程度上保护企业，抵消竞争对手吸引顾客的能力。

（5）行业中生产能力大幅度提高

如果由于行业的技术特点和规模经济的要求，行业中企业生产能力大幅度提高，这样就会打破行业的供需平衡，使行业产品供过于求，从而迫使企业不断降价销售，这样就会加剧现有企业之间的竞争。

(6) 退出障碍

所谓退出障碍，是指企业退出某个行业时要付出的代价。当退出障碍较高时，经营不好的企业也很难退出行业，只有继续经营，从而使行业内竞争加剧。常见的退出障碍有以下五种。

①专用性资产。只在特定的产品或地区有价值的资产，撤出时会因清算价值降低而蒙受损失。

②退出的固定费用高。如劳动合同费、职工安置费等都很高。

③战略相关性。退出某一行业会使企业形象、声誉、市场营销能力、设备能力受到很大影响。

④感情障碍。退出某一行业会影响到员工的事业前途及忠诚度等。

⑤政府和社会的约束。如政府出于对失业和对地区经济影响的关注，对企业的退出行为进行劝阻，甚至否决。

尽管进入障碍和退出障碍是两个不同的概念，但它们之间却有密切的联系，如图2-8所示。对于企业而言，最好选择进入障碍高而退出障碍低的行业，这时新进入者将受到抵制，而经营不成功的企业会离开本行业；反之，进入障碍低而退出障碍高是最不利的情况，这时新进入者很容易进入，而当行业不景气时又很难退出，从而加剧行业的竞争程度。

图2-8　行业退出障碍和进入障碍的联系

2. 潜在加入者的威胁

高额利润永远是企业追求的目标。当某个企业尤其是某个新兴行业可以获得高额利润时，不仅会刺激行业内的现有企业增加投资来提高生产能力，而且会吸引行业外的潜在加入者进入该行业。潜在加入者，可以是一个新办的企业或者是一个采用多元化战略的企业。潜在加入者将给这个行业带来新的生产能力，并要求取得一定的市场份额。对于一个行业来说，潜在加入者的威胁大小取决于两个因素：行业的进入障碍和行业内现有企业对进入者的反击强度。行业进入障碍的高低主要取决于以下八个因素。

(1) 规模经济

规模经济是指在一定时期内，企业所生产的产品或提供的服务的绝对量增加时，其单位产品成本趋于下降。这里所说的"经济"是节省、效益的意思，具体来说，就是单位产品成本的下降。用西方经济学的概念来表述，规模经济就是规模的收益递增现象。

规模经济的存在阻碍了对产业的侵入，因为它迫使进入者或者一开始就以大规模生产并承担遭受原有企业强烈抵制的风险，或者以小规模生产而接受产品成本方面的劣势，这两者都不是潜在进入者所期望的。例如，冷链设施、设备、市场开发等方面的规模经济可以说是冷链物流行业的关键壁垒。

（2）品牌忠诚度

在一个存在产品差异的行业中，行业内现有企业享有品牌认知和顾客忠诚的优势，它是通过长期以来的广告宣传、客户服务、产品差异等途径形成的差异优势。新进入者进入后必须要用很大的代价来树立自己的信誉和克服现有用户对原有产品和品牌的忠诚。我国消费者不仅对家用高档消费品形成了品牌忠诚（如汽车、家用电器等），对一些一般家用消费品也形成了品牌忠诚（如香烟、服装、牙膏、洗涤剂、皮鞋等），因此新进入者必须花巨资投入广告和促销，消除顾客对原有品牌的忠诚，增加顾客对新品牌的认知，逐渐挤占原有企业的市场，这些努力会给企业带来极大的风险，同时在初始阶段也会造成亏损。

（3）资金需求

如果生产某种产品需要大量的资金，或者因为竞争需要而要投入大量的资金，那么这种资金需求就是一种进入障碍。对资金密集型行业来讲，资金需求形成了潜在加入者的进入障碍，如汽车业、石油化工业、钢铁业、航空业、远洋运输业、电力行业等对资金的需求都非常大，因而进入壁垒很高，限制了潜在加入者的进入，所以在这种资金密集型行业中的企业数量较少。相反，在资金密集度较低的行业，如日用品、餐饮、美容美发、旅游等行业，由于所需资金量较少，因而企业数量较多。

（4）转换成本

转换成本是指购买者变换供应者所需支付的一次性成本，包括重新培训雇员的费用、购买新的附加设备、对新供应商的产品重新检测的费用及建立新关系需付出的心理代价。例如，一次性静脉注射器替代传统静脉注射器时，遇到了来自护理界的较大阻力，还增加了患者的费用。又如，微软公司的Windows操作系统可能不是最好的操作系统，但转换操作系统的成本可能是很高的。一般来说，现有供应关系越稳定，转换成本越高。

（5）销售渠道

对于一个新的产品生产厂家而言，它们必须改变原有经销商的偏好，使自己的商品能够通过他们进入销售渠道，这样就形成了进入障碍。对于大多数新进入者来讲，这可能是最大的进入壁垒。由于分销渠道容量有限，分销一种新产品的固定成本较高，同时分销商也要规避由于分销新产品所带来的风险，因此分销商一般不愿意经销新进入者的新产品，这时新进入者只能采用降价、分担广告费用等各种方法，使分销商获得更多的利益，促使分销商愿意接受其产品。这样就会降低企业利润水平，甚至新进入者要独立建立自己的销售渠道，营销自己的产品，这样就使成本大量增加，这些都会成为新进入者的进入壁垒。

（6）学习或经验曲线效应壁垒

行业中现有企业，随着工人生产经营经验的增多，单位产品成本将下降。这种学习曲线效应的优势是新进入者不能获得的，行业中现有企业比新进入者更有经验，所以它们的成本能控制得更低。比如，在半导体这样的行业中，生产过程的学习或经验曲线效应非常明显，累计产量增加一倍，单位生产成本往往会降低20%左右。学习或经验曲线效应越大，企业在大规模生产中获得的成本优势就越明显。如果一个行业具有学习或经验曲线效应的特征，行业中的成员会被驱使追求较高的销售量而降低成本。一个行业的学习或经验曲线效应和规模效应越大，相互竞争的企业就越有必要制定扩大销售量和市场份额的战略。

（7）资产专用性或专有技术壁垒

如果行业内企业资产专用性非常强，则该行业对潜在进入者的吸引力可能会减少。例如石油开采设备资产专用性较强，因此潜在进入者很难进入石油采掘业。如果行业内现有企业持有专利或专有技术，将阻止新进入者自由进入行业。例如，药品的专利主要预防新进入者对新药品的仿造，在专利保护期内不允许其他组织和个人袭用已有的创造和发明。

（8）政府政策及有关法律限制的壁垒

政府的政策及有关法律是一种最有效的进入壁垒，如银行业、保险业、电信业、广播业，进入这些行业都要求有政府颁布的执照。国家对某些原材料进行严格控制也能形成重要的进入壁垒。另外，国家控制环境污染的法令、水资源保护、森林资源保护、矿产资源保护等法令都有阻止新进入者进入相关行业的作用。

除了上述进入障碍外，行业内现有企业对潜在加入者的反应也是决定进入威胁大小的重要因素之一。行业原有企业会采用降价、增加广告费、扩大生产规模、促销或者诉讼等措施阻止新进入者，使新进入者处于进退两难的尴尬境地，或迫使新进入者由于惧怕原有企业的报复行动而放弃进入该行业。

3. 供应商讨价还价的能力

五种竞争力量模型的水平方向是对行业价值链的描述，反映的是产品或服务从获取原材料到最终的产品分配和销售的过程。供应商产品价格及质量的高低，对下游买方的盈利能力将产生直接的影响。供应商讨价还价的能力表现在要求提高原材料或其他供应品的价格，减少紧俏资源的供应或降低供应品的质量等，从而谋取更多的利润。供应商讨价还价的能力主要取决于以下六个因素。

（1）供应商的集中度相对于买方的集中度大小

市场集中度是衡量某一市场竞争程度的主要标志，是通过市场参与者的数量和参与程度来反映竞争或垄断程度的基本概念。市场集中度可以分为卖方集中度和买方集中度。

行业集中度指数一般以某行业排名前 n 位的企业的销售额（或生产量等数值）占行业总的销售额的比例来度量。行业集中度指数越大，说明这一行业的集中度高，市场竞争趋向垄断竞争；反之，集中度低，市场竞争趋向完全竞争。

如果供应商集中程度较高，即本行业原材料的供应完全由少数几家企业控制，但是本行业集中程度较低，即少数几家企业供给行业中众多分散的企业，则供应商通常会在价格、质量和供应条件上对购买者施加较大的压力。例如，在美国生产糖精的企业很多，而它们的主要客户却只有两家——可口可乐公司和百事可乐公司。这样，可口可乐公司和百事可乐公司可以挑选任何一家糖精生产商作为其供应商，而糖精生产商的主要客户却只有两个，所以没有讨价还价的能力。

（2）供应商产品的可替代程度

如果存在合适的可替代品，即使供应商很强大，它们的竞争能力也会受到牵制。例如当年我国不能制造彩电，国外进口彩电价格很高；而现在我国制造的彩电质量好，价格便宜，因此国外彩电企业的竞争能力受到牵制。

（3）供应商产品的差异化程度

如果供应商的产品是高度差异化甚至是独一无二的，则企业很难找到其他的供应来源，或者转换成本很高，那么企业对供应方的依赖性就很大，供应方的议价能力就强。

（4）供应商的产品对本行业生产的重要性

如果供应商的产品对本行业的产品质量、性能有重要影响，就会提高供应商的讨价还价能力。

（5）供应商前向一体化的可能性

如果供应商向前发展进入买方所在的行业，自己进行产品的深加工或者产品销售，这时供应商就有能力不依赖于买方，从而在与买方的讨价还价中占据主导地位。

（6）供应商掌握的信息多少

如果供应商掌握着更多的市场供求信息及其他有用的买卖信息，相对于买方而言，它就拥有了更强的讨价还价力量。

4. 购买者讨价还价的能力

购买者对本行业的竞争压力表现为要求产品价格更低廉、质量更好、提供更多的售后服务等。前面所探讨的供应商议价能力强的情形，实质上就是购买者讨价还价力量弱的情形。影响购买者讨价还价能力的因素主要有以下五个。

（1）购买者的集中度相对于供应商的集中度大小

如果购买者的集中度相对较高，购买者的购买量占据行业总购买量的比重与供应商的供应量占据总供应量的比重相对更高，这时购买者由于控制了较大的购买比重，在购买条件上就有了较高的讨价还价力量。

（2）购买者从本行业购买产品的标准化程度

如果购买者购买的是标准化产品，就有更大的自由度来选择对自己更有利的供应商，他们就能够在讨价还价中持强硬态度。如果购买者购买的是差异化产品，在其他供应商处很难买到这种产品，供应商就会具有较高的讨价还价力量。例如，生产螺钉、螺母等标准化程度很高的机械零配件的企业很多，购买者选择的余地大，购买者的议价能力就较强；化妆品、酒等消费品，取决于购买者的偏好和忠诚，购买者对这种产品的选择余地较小，购买者的议价能力也就相对较弱。

（3）转换成本

如果购买者要改变供应商需要付出很高的转换成本，如更新设备或者失去供应商提供的相关服务，这样购买者的讨价还价能力就较低；相反，如果购买者的转换成本低，就具有较高的讨价还价能力。

（4）购买者形成后向一体化的可能性

如果购买者可以自己通过后向一体化战略的选择，进入供应商的产业，自己生产供应商生产的产品，这样购买者由于自己拥有供应品，因而在与供应商进行讨价还价时就拥有了较高的议价能力。例如，汽车制造厂原来是要汽车发动机专业厂来提供发动机的，现在汽车制造厂决定自己制造发动机，这对汽车发动机行业来说，自然会增大其竞争压力。

（5）购买者掌握的信息多少

如果购买者拥有更多的有关供应商的生产和供货信息，就可以在讨价还价时拥有较强的议价能力。

5. 替代品的威胁

替代品是指那些与本行业的产品具有同样功能或者说功能可以相互替代的产品。替代品往往是新技术与社会新需求的产物，如计算机代替人工计算、电子邮件代替电报、信函、传真，网络营销代替部分传统营销等。

对于现有的行业来说，替代品的威胁是不言而喻的。当企业产品存在替代品时，生产替代品的企业就与本行业企业形成了相互竞争的局面。如果替代品的价格很低，质量很高，用户转换成本很低，这种替代品的威胁就会很大。替代品的存在限制了产品的潜在回报，因为替代品为本行业企业设定了价格上限。如果替代品在价格上很有吸引力，则本行业企业的盈利空间就很小。可以说，替代品与本行业的产品是一个淘汰与反淘汰的过程。正因为如此，本行业与生产替代品的其他行业进行对抗常常使本行业企业采取共同措施，集体行动。当然，如果替代品是一种顺应时代发展潮流的产品，并且具有强大实力，此时与替代品抗衡就是不现实的。

如何判断替代品竞争力量的强弱呢？一是要看替代品的盈利能力。如果替代品拥有更低的成本优势或者更高的差异化优势，具有更强的盈利能力，那么替代品就具有较强的替代能力。二是要看生产替代品的企业所采取的经营战略。如果生产替代品的企业采取的是积极扩大生产规模、拓展市场的进攻型战略，那么替代品就会带来较强的威胁。三是要看用户的转换成本。如果现有企业拥有很强的顾客吸引力和顾客忠诚度，那么顾客转移到替代品的转换成本就很高，替代品的替代能力就不强。

第四节 物流系统环境分析方法

一、外部因素评价矩阵

外部因素评价矩阵（External Factor Evaluation Matrix，EFEM）是一种评价外部环境机会与威胁的综合方法。利用 EFEM 可以帮助物流系统分析人员归纳和评价经济、社会、文化、人口、环境、政治、政府、法律、技术和竞争等多方面的信息。建立 EFEM 的步骤如下。

第一步：通过调查研究列出在外部分析过程中确认的外部环境因素。

因素总数在 10~20 个之间为宜，因素包括影响物流系统和物流产业的各种机会和威胁。

首先列举机会，然后再列出威胁。要尽量具体，尽可能利用百分数、比率和对比数字。

第二步：通过德尔菲法给每个因素分配权重，范围在0（不重要）~1（非常重要）之间。

权重大小意味着该因素对物流系统的影响程度。机会的权重常常高于威胁，但当威胁因素特别严重时也可取得高权重。确定恰当权重的方法包括对成功的系统和不成功的系统进行比较，以及通过集体讨论达成共识，所有因素的权重加起来必须等于1。

第三步：用头脑风暴法或德尔菲法对关键因素进行专家评分。分数用1~4的一个自然数表示，分别表示主要威胁、一般威胁、一般机会和主要机会。

第四步：将每个因素的权重与相应原评分值相乘，从而得到各因素的加权分。

第五步：将所有因素的加权评分加总，得到物流系统外部环境机会与威胁的综合加权评分。

不管EFEM所包含的关键外部因素数量有多少个，一个物流系统面临的外部环境的总加权分数最高为4.0，最低为1.0，平均总加权分为2.5。总加权分为4.0表示系统将能够对外部环境中的机会和威胁做出最有利的反应；而总加权分为1.0则表明系统无法利用外部环境中的机会，也无法规避外部环境中的威胁。如果总加权分大于2.5，则说明系统在利用外部机会和规避外部威胁方面具有优势。

表2-1是建立绿色物流系统的外部环境分析矩阵。由表2-1中计算结果可知，建立绿色物流系统在利用外部机会和规避外部威胁方面是有利的。

外部因素评价矩阵表 表2-1

关键外部因素	权重	评分（分）	加权评分（分）
环境保护法	0.4	3	1.2
国家"节能减排"要求	0.3	4	1.2
人们环保意识的提高	0.1	2	0.2
物流技术的进步（如包装）	0.2	2	0.4
合计	1.0	—	3.0

二、问题优先矩阵

物流系统面对的外部环境因素很多，除政治法律环境、经济环境、社会文化环境和技术环境四大类因素外，还有很多其他因素。这么多的因素，应监控跟踪哪些呢？

面对相同的环境变化，各个物流系统的反应大不一样，这是因为系统管理人员在认知和理解外部环境因素方面的能力存在差异。只有极少数系统能成功监测所有重要的外部因素。虽然管理者认为战略重要性决定了哪些变量要持续跟踪，但他们有时候也会错过或选择忽略某些关键的新进展。物流系统管理者的个人价值观和当前战略的成功，可能会使他们对于理解什么是外部环境监测的重要内容以及阐释所感知的内容产生偏见。倾向于拒绝不熟悉的和负面的信息，这种倾向被称为战略近视症。

识别与分析外部环境因素的一种方法是问题优先矩阵，如图2-9所示。问题优先矩阵有助于管理者决定哪些环境趋势只要简单分析（低优先度），哪些要作为重要因素监测（高优先度），其步骤如下。

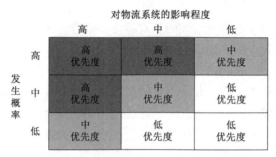

图 2-9　问题优先矩阵

第一步，识别出当前外部与产业环境中众多可能的发展趋势或因素。重要的环境问题或趋势如果发生，将决定物流系统未来的状况。

第二步，评估这些趋势实际发生的概率（从低到高排列）。

第三步，合理判断每个发展趋势对物流系统的可能影响（从低到高排列）。

第四步，根据概率和影响的高低，将这些因素描绘在图 2-9 的适当位置。

第五步，对具有"高优先度"的因素进行重点监控和跟踪。

复习思考题

1. 简答题

（1）简述物流系统环境的含义及特点。

（2）简述物流系统环境分析的一般步骤。

（3）简述物流系统宏观环境分析的含义及主要内容。

（4）简述产业结构对物流系统的影响。

（5）物流行业竞争结构分析包括哪些内容？

（6）简述外部因素评价矩阵的步骤。

2. 案例分析

深圳机场航空物流业务发展环境分析

（1）深圳机场航空物流现状

深圳机场于 2000 年正式成为民航局确定的全国首批四个航空货运枢纽之一，自此深圳机场的货运业务取得突飞猛进的发展。2021 年度是"十四五"规划的开局起步之年，深圳机场取得了货邮吞吐量 156.8 万吨的好成绩，其中国际及地区货量达到 65.0 万吨。目前，深圳机场正在建设第三跑道，这对于满足货邮吞吐量 210 万吨的保障目标起到很好的助推作用。

货运航线网络初步构建。2020年以来，引进了运营全球最长直航航班的新加坡航空和亚洲最大的航空公司之一全日空航空两家全球五星航空公司，新增开或陆续加密深圳至美国芝加哥、欧洲卢森堡等8个主要国际货运服务航点，国际及地区货量占比达36.7%。深圳机场持续扩大对外国际航空物流市场，其中2021年，全货机在深圳机场运营的航空公司共有17家，全货机航线新开通及加密了12个国际货运航点。目前，深圳至东南亚的货运班机遍布吉隆坡、新加坡市、马尼拉、克拉克、沙巴州、胡志明市等，班机次数达到60班左右。另外，深圳机场还在不断拓展至欧美航班，为建立与欧美重要国际物流枢纽的航班联系，新开辟由深圳飞往洛杉矶和科隆等城市的国际货运航班，推动粤港澳大湾区经济蓬勃发展。当前，深圳机场国际和地区全货机通航点增加至51个。

（2）深圳机场航空物流发展情况

①物流基础设施完备

深圳机场现有货运区分为东、南、东北、北四个货运区，所有货运区用地面积合计约96万m^2，建筑面积合计约68万m^2。2020年建成的B2航空货站建筑面积为95249m^2，增加年货邮保障能力45万t，在T3国内新货站投产后，设计保障能力将达300万t，其中，国内通道设施的保障能力为185万t，国际通道设施的保障能力为115万t。

②物流环境利好不断

支持性政策相继出台。"十三五"期间，深圳机场航空货物发展速度和发展质量获得国家和业界的一致认可，功能定位得到逐步提升。国家"十三五"期间，重点明确深圳机场为国际航空运输中枢；2018年《国家物流枢纽布局和建设规划》重点明确深圳市为空港型国家物流运输中心，并作为深圳市支撑工程重点建设项目之一；2020年《民航局关于深圳宝安国际机场总体规划的批复》明确指出，深圳机场定位为立足粤港澳大湾区、面向亚太、辐射全球的国际航空枢纽和航空物流枢纽，粤港澳大湾区世界级机场群的核心枢纽和粤港澳大湾区重要的国际性综合交通枢纽。

航空物流综合试点工作稳步推进。深圳机场先后开展了优质内含锂电池产品差异化安检、协助顺丰物流配送实施了全货机已知托运人试点、快件安全检查差异化试点等工作，分别累计发运2500t和4132t货物，试运行情况良好；内含锂电池差异化安检，共完成15000t货物的运输；完成华为终端、华为技术总计6000余种产品型号备案工作。

航空物流安检业务信息化水平逐步提高。深圳机场按统筹规划、分步实施的原则，在原有系统的基础上快速推进航空物流信息化建设工作，现有深圳机场海关空港物流管理系统、深圳海关快件业务信息管理系统、天信达管理系统、国际货站Hermes等系统以及货邮安检信息系统、货物分类分级系统等，实现深圳机场各货运系统间的互联互通，全面提升差异化安检的安全管控能力。

思考题：

结合案例和查阅资料，从宏观和微观角度分析深圳机场航空物流系统的发展环境。

第三章
物流系统结构分析

本章导读

京东集团2007年开始自建物流，2017年4月正式成立京东物流集团。京东物流建立了包含仓储网络、综合运输网络、最后一公里配送网络、大件网络、冷链物流网络和跨境物流网络在内的高度协同的六大网络。在全国布局了超过600个仓库，包括中心仓、区域仓、城市仓、本地仓、前置仓等规模不一、不同层级的仓库，在各城市群中形成了"一主多辅"的多层布局形态。

思考：

京东物流为什么要划分仓库层级？这些仓库与六大网络是什么关系？

第一节 物流系统结构认知

一、物流系统结构的含义

系统是由两个或两个以上的要素构成的有机整体。系统各要素间的联系和作用是在整体的框架内进行的。系统结构指的是系统各要素间相互联系、相互作用的方式或形式，即各要素之间在时间或空间上排列和组合的具体形式，是使系统保持整体性且具有一定功能的内在依据。结构是系统的普遍属性，没有无结构的系统，也没有离开系统的结构。无论是宏观世界还是微观世界，一切物质系统都无一例外地以一定结构形式存在着、运动着和变化着。

参照系统结构的定义，物流系统结构是指物流系统内部各组成要素在时间上或空间上排列的具体形式，物流系统结构反映的是物流系统各要素内在的有机联系形式，其主要特性有以下四个方面。

1. 稳定性

稳定性是物流系统的一个基本特点。系统中各要素只有在稳定联系的情况下，才构成系统的结构。当物流系统受到外界环境的干扰时，有可能使物流系统偏离某一状态而产生不稳定，但一旦干扰消除，物流系统又可恢复原来的状态，继续保持稳定。物流系统结构的稳定性，就是指物流系统总是趋向于某一状态。

物流系统属于一类非严密结构的系统，系统组成要素及其相互关系总是处于不断变化的状态之中，且各要素对外界环境总是保持着一定的活动性，不断与外界环境进行着物质能量和信息的交换。例如，港口物流系统中的装卸子系统，由于货物到港规律有一定的随机性，装卸作业活动也呈现很大的随机性。为了掌握要素之间的有机联系，可以通过数理统计方法从整体上求出随机现象所呈现的规律，这种联系方式也是系统结构稳定性的一种表现。物流系统与社会系统、经济系统、企业系统等人造系统都属于动态稳定型的非平衡结构系统。

2. 层次性

物流系统由一系列子系统构成，子系统又由更低一层次的子系统构成。处于最高层次的是社会物流系统，处于最低层次的是静态结构系统。层次性是物流系统空间结构和时间跨度的特定形式，对分析系统结构要素之间的横向联系和纵向关系及对各要素进行协调和管理具有重要作用。

3. 开放性

在系统世界中，任何类型的系统结构都不会是绝对封闭和绝对静态的，任何系统总存在于环境之中，总要与外界进行能量、物质、信息的交换，系统的结构在这种交换过程中总是由量变到质变，这就是系统结构的开放性。物流系统结构也是开放的，系统要素与不断变化着的外部环境相互作用，导致物流系统不断变化和发展。

4. 相对性

系统结构的层次性决定了系统结构和要素之间的相对性。在物流系统结构的层次中，高一级系统内部结构的要素，又包含着低一级系统的结构；复杂系统内部结构中的要素，又是一个简单的结构系统。结构与要素是相对于系统的等级和层次而言的。物流系统结构的层次性，决定了物流系统结构与要素的相对性。在分析物流系统时，既要将一个子系统当作高层次系统结构中的一个要素来对待，以求得统一和协调，又要考虑子系统不仅是大系统的一个要素，它本身还包含着复杂的、特殊的结构，应予以区别处理。高一级的结构层次对低一级的结构层次有制约作用，而低一级结构又是高一级结构的基础，同时又反作用于高一级的结构层次。因此，它们之间具有辩证的关系。

物流系统功能的实现依赖于物流系统的结构，不同结构的物流系统，或是其功能不同，或是虽然功能相同，但其功能实现的效率不同，如航空运输和铁路运输都能够实现物质要素的位置移动，但是其在成本、速度、可靠性等方面均有不同。物流系统作为人造系统，其存在也往往是为实现某特定功能而建立的，如企业的入厂物流系统，是为了将原材料输送到生产环节，逆向物流系统是实现退货产品的回收，或是要将产品使用后产生的废弃物回收再利用或销毁。

物流系统结构是一种他组织和自组织共生的结构。物流系统作为一个人造系统，是由组织或个人根据需要对各种物流要素实施的一种有机组合，具有他组织的特点。同时由于构成物流系统的要素之一"人"的主动适应性，使物流系统具有自我学习、适应环境、自我调整的自组织特性。物流系统的自组织特性使物流系统的演化具有了自觉性，只要环境或上一层系统或组织者，能够给予适当的引导、约束，物流系统就能够向着组织者所希望的方向发生自发的演化，反之，当引导、约束不当时，这种自发的演化则会向着相反的方向进行。因此，物流系统的控制与运作需要更多地尊重物流系统自身的特性、规律，顺势引导，而不能施以粗暴、不符合物流系统规律的方式进行干涉和强制。

二、物流系统结构的基本类型

根据物流系统要素的关联关系，可以将物流系统结构划分为并联、串联和网络三种结构。

1. 并联结构物流系统

并联结构物流系统是指构成系统的各要素之间，特别是主体要素、流动要素之间存在并列关系，物流系统中有多个通路可以完成相类似的物流运作。如有多个配送中心的连锁企业，当允许两个以上的配送中心为同一家门店配送商品时，就形成了并联结构的配送系统；再如当货主企业将物流业务分包给两个以上的物流企业时，形成的也是并联结构的物流系统。

并联结构的物流系统如图 3-1 所示。如果把它看作连锁企业的配送系统，则 S_5 是配送系统的门店，S_2、S_3、S_4 是同时为该门店配送商品的三个配送中心；如果把它看作供应物流系统，则 S_5 可以看作货主企业，S_2、S_3、S_4 是同时承担该货主企业物流业务的三家物流企业。

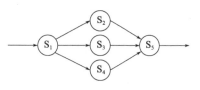

图 3-1　并联结构物流系统

并联结构的物流系统可靠性较高，当某家门店预定的配送中心无法及时供货时，可以由其他配送中心替补，大大减少门店发生断货的可能性。企业同时选择多家物流供应商，也能够避免突发情况对物流业务的影响。但由于业务分散，并联结构物流系统的成本一般会比较高。

2. **串联结构物流系统**

串联结构物流系统是指构成系统的各要素划分为层级结构，物流系统的运作是一个单一的链条。如一个企业的仓储系统划分为中央仓库、区域仓库、地方仓库，产品和零部件的调配与申请需要按照中央—区域—地方的层级进行，就构成了一个串联的物流系统。再比如公铁联运中，公路和铁路运输就形成了前后衔接的串联结构的多式联运系统。

串联结构的物流系统如图 3-2 所示。如果将其看作生产企业的仓储系统，则 S_1 可以看作原材料或零部件仓库，S_2 是工厂成品仓库或中央仓库、S_3 是区域仓库、S_4 是地方仓库或市级仓库、S_5 是商店或县级仓库。

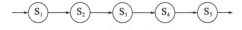

图 3-2　串联结构物流系统

串联结构物流系统的管理控制简单、成本低，但受突发因素的影响大，当物流链条中一个环节发生中断，则整个物流运作就可能中断，弥补成本会很高。

3. **网络结构物流系统**

实际运作中，更多的是网络结构物流系统，即构成物流系统的各要素之间既有串联又有并联关系，可以根据实际需要随时调整各要素之间的运作关系，或者说物流系统中的同类要素可以互相补充。显然，网络结构物流系统的稳定性要好于串联结构，而成本则会低于纯并联结构，但是其复杂性也大大增加，对物流系统控制管理的难度增加。随着物流地域的扩大，构建网络化的物流系统是物流系统结构发展的一种趋势。

网络结构物流系统如图 3-3 所示。在该物流网络结构中，仓库系统共分为三个层次，第一层是生产仓库，1 个；第二层为中央仓库，2 个；第三层为分销仓库，6 个。分销仓库直接为位于居民区的零售店提供配送服务。其中，2 个中央仓库以及 6 个分销仓库之间是并列关系，生产仓库、中央仓库、分销仓库之间是串联关系。

物流系统的结构与物流系统的运作效率密切相关，若希望加强系统的稳定性，可以选择并联的系统结构；若希望加强系统的管控性，可以采用串联的系统结构，并尽量采用扁平结构的物流系统，减少物流系统的层次；若要兼顾系统的稳定性和管控性，则需要采用网络化的物流系统结构。

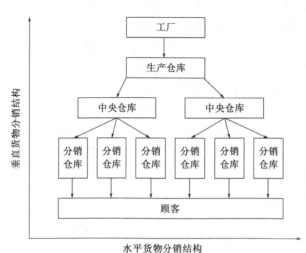

图 3-3 网络结构物流系统

物流系统构成要素及要素之间的联系方式可以组成很多不同的结构类型，比如物流系统的功能结构、流体结构、空间结构、时间结构、组织结构等。物流系统的空间结构、时间结构、组织结构对物流系统功能发挥有极为重要的作用，因此本书将重点介绍这几种结构的分析。

第二节 物流系统的空间结构分析

一、物流系统空间结构的构成要素

空间结构是城市规划、城市地理、城市设计、建筑学等众多学科的核心概念。但在经济系统中，空间结构是指人类经济活动作用于一定地域范围所形成的组织形式，可以理解为一定的经济系统中各个子系统、各要素之间的空间组织关系，包括要素在空间中的相互位置、相互关联、集聚程度和集聚规模，体现了经济活动的空间属性和相互关系。本书将物流系统空间结构定义为物流的实体要素在一定空间范围内的分布特征和组合关系，又称为物流系统网络结构。根据空间范围的不同，物流系统空间结构可以分为较大空间范围的区域物流系统空间结构和较小空间范围的节点内部物流系统空间结构。比如城市、区域和国家范围的物流系统空间结构属于前者，工厂内部的生产物流系统、物流中心内部的仓储物流系统空间结构属于后者。

根据上述物流系统空间结构的定义，其构成要素包括物流实体要素的种类、位置、数量、规模及这些实体要素之间的联系。一般而言，物流企业，物流设施、设备、工具，物流人、财、物、信息等都可以看作是物流系统实体要素。实体要素之间的联系既包括连接这些物流实体要素的物理通道，比如连接两个物流中心的运输通道，也包括其他的联系，比如实体要素之间的物流量、物流信息等。区域物流系统空间结构和节点物流系统空间结构的实体要素及要素之间的联系显著不同。

对于区域物流系统空间结构的构成要素，目前还没有形成统一的认识。但大多数学者认为物流节点和物流线路是区域物流系统空间结构的基本构成要素。

1. 物流节点

物流节点是仓储、装卸、搬运、流通加工、物流信息等物流设施，以及物流相关企业在空间地域上的集结地，也是物流线路的起点、终点或交会点。物流节点是物流系统功能作业的空间集聚场所，在物流节点整合了物流系统的指挥、管理、通信、机械装备和人才力量，整个物流系统的运转都需要依靠物流节点进行衔接。对于区域物流节点的分析，主要包括物流节点的等级、职能、空间分布等方面的内容。

在同一经济区域内，由于各地区的经济发展水平、社会经济条件各不相同，物流节点在区域物流体系中的地位也就因之而异。这些地位、规模、功能、物流水平、服务范围各不相同的物流节点就构成了一个等级比较分明的区域物流节点体系。

（1）区域物流节点体系

从区域的角度，如果以城市为基本单元，根据各个城市的产业特点、发展水平、设施状况、功能定位、交通优势、辐射能力的强弱等，物流节点自上而下可划分为全国性物流节点城市、区域性物流节点城市和地区性物流节点城市。全国性和区域性物流节点城市由国家确定，地区性物流节点城市由地方确定。比如在 2009 年国务院发布的《物流业调整和振兴规划》中，全国性物流节点城市包括：北京、天津、沈阳、大连、青岛、济南、上海、南京、宁波、杭州、厦门、广州、深圳、郑州、武汉、重庆、成都、南宁、西安、兰州、乌鲁木齐共 21 个。区域性物流节点城市包括：哈尔滨、长春、包头、呼和浩特、石家庄、唐山、太原、合肥、福州、南昌、长沙、昆明、贵阳、海口、西宁、银川、拉萨共 17 个。

（2）城市物流节点体系

从城市范围的角度，将城市局部放大，就是物流枢纽、物流园区、物流中心、区域配送中心、配送中心等层次的物流节点。不同层次物流系统节点设施所具有的服务功能，通常具有自上而下的兼容性。在同一空间范围内布局的不同层次物流系统节点设施，其数量、规模、选址建设条件要求、服务功能等，都有显著的区别和差异。一般而言，层次越高者设置数量越少、规模越大、选址建设条件越复杂、服务功能越综合、齐全。我国国家标准《物流术语》（GB/T 18354—2021）对物流枢纽、物流园区、物流中心、区域配送中心、配送中心分别给出了明确的定义：

物流枢纽是指具备较大规模配套的专业物流基础设施和完善的信息网络，通过多种运输方式便捷地连接外部交通运输网络，物流功能和服务体系完善并集中实现货物集散、存储、分拨、转运等多种功能，辐射较大范围物流网络的公共物流节点。

物流园区是指由政府规划并由统一主体管理，为众多企业在此设立配送中心或区域配送中心，提供专业化物流基础设施和公共服务的物流产业集聚区。

物流中心是指具有完善的物流设施及信息网络，可便捷地连接外部交通运输网络，物流功能健全，集聚辐射范围大，存储、吞吐能力强，为客户提供专业化公共物流服务的场所。

区域配送中心是指具有完善的配送基础设施和信息网络，可便捷地连接对外交通运输网络，配送及中转功能齐全，集聚辐射范围大，存储、吞吐能力强，向下游配送中心提供专业化统一配送服务的场所。

配送中心是指具有完善的配送基础设施和信息网络，可便捷地连接对外交通运输网络，并向末端客户提供短距离、小批量、多批次配送服务的专业化配送场所。

从上述定义可以看出，物流园区是物流中心、区域配送中心或配送中心的聚集，因此其层级高于后者；物流中心的功能健全，区域配送中心突出其配送功能，因此物流中心的层级高于区域配送中心；区域配送中心主要向下游配送中心提供专业化统一配送服务，因此其层级高于配送中心。物流枢纽功能健全，但更强调多种运输方式的衔接。当一个物流园区能够通过多种运输方式便捷地连接外部交通运输网络时，它同时也是一个物流枢纽。因此，物流园区和物流枢纽是一个层级的城市物流节点。

我国国家标准《物流园区分类与规划基本要求》（GB/T 21334—2017）根据物流园区的依托对象将其分为货运服务型、生产服务型、商贸服务型、口岸服务型、综合服务型五大类，我国物流园区的分类及要求如表3-1所示。其中，货运服务型物流园区又分为空港物流园区、港口物流园区、陆港（公路港、铁路港）物流园区。空港物流园区依托机场，以空运、快运为主，衔接航空与公路转运；港口物流园区依托海港或河港，衔接水运、铁路、公路转运；陆港物流园区依托公路枢纽或铁路场站，衔接公路与铁路转运。

我国物流园区的分类及要求 表3-1

序号	物流园区类型	要求与特征
1	货运服务型	①依托空运、水运或陆运节点（枢纽）而规划建设； ②为大批量货物分拨、转运提供配套设施； ③主要服务于区域性物流转运及运输方式转换
2	生产服务型	①依托经济开发区、高新技术园区、工业园区等制造业聚集园区而规划建设； ②为生成企业提供一体化物流服务； ③主要服务于生产企业物料供应、产品生成、销售和回收等
3	商贸服务型	①依托各类批发市场、专业市场等商品集散地而规划建设； ②为商贸流通企业提供一体化物流服务及配套商贸服务； ③主要服务于商贸流通业商品集散
4	口岸服务型	①依托对外开放的海港、空港、陆港及海关特殊监管区域和场所而规划建设； ②为国际贸易企业提供国际物流综合服务； ③主要服务于进出口货物的报关、报检、仓储、国际采购、分销和配送、国际中转、国际转口贸易、商品展示等
5	综合服务型	具备上述两种及两种以上服务功能的物流园区

根据《物流中心分类与规划基本要求》（GB/T 24358—2019），物流中心按服务对象可分为自用型和公共型；按货物属性可分为专业型和通用型；按服务功能可分为仓储型和集散型。

2. 物流线路

物流线路是各个物流节点之间的物资流动联系，包括基础设施联系、流量联系、信息联系等。物流线路一般依托物流节点而存在，承担着物流节点之间物资流、资金流、人力流及信息流的运输、交换和融合功能。

基础设施联系构成了节点间物流联系的必要条件，主要表现为物流节点间连接的交通运输线路。交通运输线路包括两个方面的含义：一是物理线路，由公路、铁路、航空、水运、管道以及城市道路等多种运输线路组成；二是服务线路，由车次、班列、航班、班轮等组成。物理线路一般由政府负责建设，服务线路一般由企业负责运营。交通运输线路是运输工具的载体和通过的途径。物流活动中货物的空间转移是通过运输工具在运输线路上的移动来实现的。没有交通运输线路，物流就是空中楼阁，无法发挥其空间效用的功能。

货物的流动是物流节点间物流量联系的核心。物流量主要表现为节点间的货物交流量，即货运量。货运量的大小反映了物流节点间物流联系的强弱。实际操作中，不论货物的种类和运距的长短，一律按实际重量统计，以"吨"数表示。货运量按运输方式分为铁路货运量、公路货运量、水运（包括内河、沿海、远洋）货运量、民航货运量和管道运输量等。

物流企业是从事物流基本功能范围内的物流业务设计及系统运作，具有与自身业务相适应的信息管理系统，实行独立核算、独立承担民事责任的经济组织。物流企业主要在区域内或区域间组织物流活动，在某种意义上物流企业的空间网络决定了物流企业的运营能力。因此，区域物流节点间的物流联系是通过物流企业内部和企业间联系得以最终实现的。

二、物流系统空间结构的分析方法

物流节点和物流线路结合起来就形成了网络状的物流系统空间结构，因此可以借助社会网络分析方法进行分析。社会网络是指社会行动者（节点）与他们之间关系的集合，即由多个社会行动者和各社会行动者之间的连线（关系）组成的集合。行动者可表示任何社会单位，可以是个体，也可以是一个企业、学校、园区、城市、国家等。社会网络分析法是对社会网络的关系结构及其属性加以分析的一套规范和方法，又称为结构分析，因为它主要分析的是不同社会单位所构成的社会关系的结构及其属性。社会网络分析法通过对网络中的个体属性及网络整体属性分析，探讨网络的结构及属性特征。

1. 物流空间结构网络规模

物流空间结构网络的规模是指物流网络中所有节点的数目 n，通常情况下空间结构网络的规模越大，该网络的复杂程度越高。不同的物流系统，其空间网络结构规模差异很大。比如，区域物流系统的网络规模相比于城市范围物流系统的网络规模，就要小很多。

2. 物流空间结构网络密度

物流空间结构网络密度是用来测量物流系统空间结构网络中各个节点之间关系紧密程度的指标，它反映了实际网络图与完备图（每个节点对都互相连接）之间的差距。网络密度越大，说明物流系统内部各节点间的关系越紧密。

物流空间结构网络属于有向网络（两个节点之间的连线存在指向性），整体网络密度的计算公式如下：

$$D = \frac{m}{n(n-1)} \tag{3-1}$$

其中，n 为物流网络中的节点数；$n(n-1)$ 表示各节点间最大可能关系数；m 为物流网络中实际包含的节点间关系数（边数）。

物流空间结构网络属于有权网络，即网络中连接两个节点的关系强度有强弱之分，每条边都赋予相应的权值。比如假设两个物流节点之间有公路、铁路、空运 3 种运输线路相连，则这两个节点之间的关系数为 6（连接的每一种运输方式对应 2 个关系），每种运输方式的运量就是两个节点间边的权重。

3. 物流空间结构网络中心性

网络中心性指标能够反映物流系统内空间交互作用，也能够反映物流节点在网络内交流活动中的地位。网络中心性可以分为点度中心性、中间中心性和接近中心性三个方面。反映中心性的指标包括中心度和中心势：中心度测量社会网络中一个节点与所有其他节点相联系的程度，体现了节点在网络中所处地位，包括绝对中心度和相对中心度；中心势测量的是一个网络在多大程度上围绕某个或某些特殊点建构起来，反映网络图的整体中心性。

（1）点度中心性指标

点度中心度反映物流节点 i 在网络中的中心地位。以 $C_{AD}(i)$ 表示绝对中心度，$C_{AD}(i) = i$ 点的点入度 $+ i$ 点的点出度。其中，点入度是指进入到该点的其他点的关系数，点出度是指从该点出发连接到其他点的关系数。相对点度中心度是指节点的绝对点度中心度与网络中节点的最大可能度数之比。设网络中共有 n 个物流节点，则相对点度中心度 $C_{RD}(i) = C_{AD}(i)/(2n-2)$。在相对点度中心度基础上，整个网络的点度中心势 C 的计算表达式为：

$$C = \frac{\sum_{i=1}^{n}[C_{RDmax} - C_{RD}(i)]}{\max\{\sum_{i=1}^{n}[C_{RDmax} - C_{RD}(i)]\}} \tag{3-2}$$

其中，C_{RDmax} 为各节点相对点度中心度的最大值。不同的网络图有不同的中心势。在星型图中，中间节点的中心度为 $n-1$，其他节点的中心度为 1，最大度数与最小度数相差很大，整个星型网络有最强的中心势；在完备网络中，所有节点的中心度都为 $n-1$，度数之间没有差别，整个完备网络图的中心势为 0。

（2）中间中心性指标

中间中心度是指该点处于多少对点的捷径（最短的路径）上，反映的是行动者对网络资源的控制能力,度数越高其控制能力就越强,在网络中的地位就越重要。设 g_{jk} 为节点 j 与节点 k 之间存在的捷径数,$g_{jk}(i)$ 为节点 j 与节点 k 之间存在的经过节点 i 的捷径数,则有 $b_{jk}(i) = g_{jk}(i)/g_{jk}$,$b_{jk}(i)$ 表示节点 i 处于节点 j 与 k 之间捷径上的概率。节点 i 的绝对中间中心度 $C_{AB}(i)$ 的计算表达式如下:

$$C_{AB}(i) = \sum_{j}^{n}\sum_{k}^{n} b_{jk}(i) \tag{3-3}$$

相对中间中心度 $C_{RB}(i)$ 表达式如下:

$$C_{RB}(i) = \frac{2C_{AB}(i)}{C_{ABmax}} \tag{3-4}$$

其中,C_{ABmax} 为各节点绝对中间中心度的最大值。若该点的相对中间中心度趋于 0,说明该点在网络中处于比较边缘的位置,不能控制其他的节点;若该点的相对中间中心度趋于 1,说明该点在网络中处于比较核心的地位,该点的控制力较强,拥有较大的权力。在网络图中,中间中心势的计算方法为:

$$C_B = \frac{\sum_{i=1}^{n}[C_{RBmax} - C_{RB}(i)]}{\max\{\sum_{i=1}^{n}[C_{RBmax} - C_{RB}(i)]\}} \tag{3-5}$$

其中,C_{RBmax} 为各节点相对中间中心度的最大值。

(3)接近中心性指标

节点的接近中心性是从"距离"来考虑节点在交流活动中不依赖于其他节点的程度。当节点 i 距离网络中其他节点较近时,就更容易与其发生物资、信息、资源等的交流,并且这种交流较少依赖于其他节点"是否允许其通过"。因此,节点 i 的接近绝对中心度可以表示为:

$$C_{AP}(i) = \frac{1}{\sum_{j=1}^{n} d_{ij}} \tag{3-6}$$

其中,d_{ij} 为节点 i 到节点 j 间的捷径距离。接近绝对中心度越大,则该点在网络中越处于中心,地位、权力、威望以及影响力都越高。相对接近中心度与网络规模有关,计算方法如下:

$$C_{RP}(i) = \frac{n-1}{\sum_{j=1}^{n} d_{ij}} \tag{3-7}$$

与其他中心势计算公式类似,接近中心势的计算公式为:

$$C_C = \frac{\sum_{i=1}^{n}[C_{RPmax} - C_{RP}(i)]}{\max\{\sum_{i=1}^{n}[C_{RPmax} - C_{RP}(i)]\}} \tag{3-8}$$

其中,C_{RPmax} 为各节点接近中心度的最大值。

第三节 物流系统的时间结构分析

系统运行过程中呈现出来的内在时间节律,如地月系统的周期运动、生物钟等,称为系统的时间结构。物流系统同样具有时间结构,是指运输、装卸、搬运、储存、包装、流通加工、配送、信息处理等物流活动根据不同需要而形成的先后时间次序的状态。

一、物流系统时间结构的理解

物流系统时间结构的基本功能是把物流的不同活动或环节结合成在时间上先后有序、上下衔接紧密的时序过程,使其具有更高的效率和效益。多个物流活动的有序组合也称为物流流程。所谓流程,就是指一系列的、连续的、有规律的活动,这些活动以特定的方式进行,并导致特定结果的产生。物流流程是指为完成某一目标或任务而进行的一系列连续的逻辑相关的物流活动的有序集合。因此,本书将物流系统时间结构的分析等同于物流系统流程分析。

物流流程可以分解为由动素、动作、作业和工作四个基本活动层面,如图3-4所示。动素是指为完成某项工作,人的身体或身体的某一部分的活动。动作是指相关动素在时间和空间上组成的序列,即单个或特定的运动或运动方式,即操作方法。作业是指相关动作在时间和空间上组成的序列。工作是指由在时间、空间等方面有相对固定的顺序和因果关系的相关作业围绕核心作业组成的作业序列。工作是通过某些作业或工作方式而形成的结果。

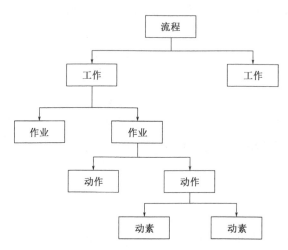

图3-4 物流流程分解示意图

物流流程一般包括运输、储存、包装、装卸、流通加工、信息处理等工作环节,如果把其中的运输环节看成一项工作,则运输环节又由组配、装车、驾驶、卸货等作业组成,以上作业又可以划分为具体的动作,如组配作业可以划分为集中货物、发运单、办理托运、确定装车时间、货物集中五个动作。

二、物流系统时间结构的构成要素

物流系统时间结构的构成要素即物流系统流程的构成要素。一个完整的流程一般应具备客户、过程、输入、输出、供应商、执行者六大基本要素，如图3-5所示。

图3-5　流程的基本构成要素

1. 客户

所谓流程的客户，是指使用流程产出的个人或单位，他们是流程服务的对象，流程的客户可能是一个，也可能是多个。在界定流程客户时，需要不断提问：

①是谁从这个流程中受益？

②是谁直接或间接在使用该流程的产出或服务？

③如果这个流程运作效果差，将对谁有影响？

④谁是这个流程的直接客户（直接受益者）？谁是这个流程的间接客户（间接受益者）？

⑤谁是这个流程的主要客户？谁是这个流程的次要客户？

⑥谁是流程的外部客户？谁是流程的内部客户？

应在严格完整界定各客户的基础上，分别分析各客户的需要，以便能更好地理解流程。客户导向是我们分析流程的出发点。有时流程的客户界定可能比较困难或模糊，特别是当流程的范围、规模比较大时，更应该不断提出上述问题。例如：

①订单管理流程，其客户可以界定为公司和生产计划部，因为公司依靠订单获得收入，而生产计划部则需要依靠订单管理来获得产品需求信息。

②采购管理流程，其主要客户可以界定为生产计划部、制造部（车间）、质量部、财务部；他们分别从时间、数量、地点、质量、成本等方面提出要求。

③配送管理流程，其主要客户是最终顾客，顾客希望能有较高水平的配送服务；同时公司也是该流程的次要客户，要求以合适的成本完成配送任务。

2. 过程

过程是指为了满足客户需求必须进行的相关作业活动的集合。这些活动对流程输出来讲，是核心的、关键的、不可缺失的、有增值效果的。从流程优化的思路来讲，过程才能为组织创造价值，因此必须尽量减少一切不必要的非增值环节，提高流程的质量和效率，使流程路径最短、效率最高。

一般而言，过程活动是有着严格的前后顺序和逻辑关系的。上一个活动的产出就是下一个活动的输入，这些活动对应着不同的职能部门。因此在进行流程优化时，我们必须明确相关部门在这些流程活动中所要扮演的角色和承担的责任。

同时，根据流程的划分层次不同，过程活动也呈现层级化的趋势。往往高一级流程中的某一个过程活动，可以细化为一个完整的低一级流程。比如运输是大多数物流系统流程都具备的过程活动，而运输自身又可以单独成为一个运输流程。

3. 输入

输入是指流程活动或其中某项活动过程中所需要或涉及到的物料或数据（信息）。输入是流程得到最终产出所不可缺少的。一般将输入界定为整个流程消耗或使用的东西。当我们在进行输入要素分析时，关键是看这些输入要素是否影响流程运行过程，以便能找到办法对这些输入因素进行控制。在物流流程中，物料、设备、工具、人员、信息等，均可能对流程运行过程造成重大影响，因此这些要素都需要作为输入来对待。

4. 输出

输出就是指流程的最终产出结果。它可分为硬件和软件两部分，硬件主要指生产制造过程中所生成的各种产品，软件就是相关的信息或者服务。物流流程的输出以服务为主，主要体现为物资的空间效用和时间效用。输出是否合格，最终需要由客户进行判断，看输出是否与自身需求吻合。

同一个流程可能有几种不同的产出，对应着不同的客户需求，这些客户之间的需求可能会存在一定程度上的矛盾或者冲突。比如，传统物流运输系统流程的输出对于货主可能是物资的空间效用，而对于经济社会则可能是交通拥堵、环境污染等。

5. 供应商

供应商是指为流程活动提供相关物料、信息或其他资源的个体或部门。在日常的流程运作中，供应商可以有一个，也可以有多个。我们在进行流程分析时，一般只需要列出关键供应商即可。供应商作为流程组成的基本要素之一，所提供的物料、信息或资源对流程运作将产生重要影响。

6. 执行者

执行者就是指具体的流程过程活动的实施者，它既包括个体，也包括部门。在一个流程中，可能只有一个执行者，也可能包括多个执行者。执行者的识别与各个部门在流程中所扮演的角色和流程本身的层级划分有着重要关系。

三、物流系统时间结构的分析方法

物流系统时间结构分析即物流系统流程分析，包括物流系统流程的描述和现状分析两部分内容。

1. 物流系统流程的描述

我们常用流程图来描述流程。流程图是指一种用图形描述原有的或拟议中的流程的方法，它运用简单的符号、线条和语言，以图形展示流程中的作业及其先后次序。通过流程图我们可以了解、分析和研究物流系统的相关流程活动，发现流程运作中的薄弱环节，从而确定改进的具体方向和措施，提高效率。

流程图的绘制需要运用各种流程符号，如图3-6所示。这些符号代表着特殊的含义，通过其排列顺序说明流程步骤之间的逻辑关系。

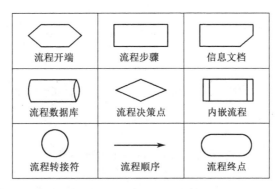

图3-6 各种流程符号

运用以上相关符号进行流程描述时，应注意以下事项：

①注意相关流程步骤的先后顺序，避免逻辑关系错误。

②流程逻辑线条不宜交叉太多，容易造成流程阅读者误解。

③流程步骤描述不宜文字太多，如需详细说明，可以放在流程说明中另外阐述。

④运用决策点符号对流程流向进行判断时，在其前面都应有相应的流程步骤作为前期活动。在做出判断的情况下，原则上下方或右方连接"是"的情况，上方或左方连接"否"的情况，当然也可以根据流程实际进行调整。另外，每个判断做出后至少会存在两种结果："Y"或者"N"。在有些流程中，做出判断后会存在超过两个结果，比如：检验人员对来料检验后可能会存在合格或不合格两种结果，对不合格的物料会有三种处理方式，即报废、退货和降级使用。

⑤每个流程都有完整的起点和终点，对于某些可循环运作的流程，需要分清相关的截止区间。

⑥每个流程可能只有一个起点，也可能有多个起点，同样可能只有一个终点，也可能有多个终点。

⑦如果流程步骤较多，用一页纸不能描述需要跨页，这时候就可以用流程转接符进行链接。另外，如果出现流程图中步骤连接线交叉情况，也可以用流程转接符进行链接。

⑧流程的描述一般要配备相关文档说明资料，而且应尽量明确和清晰。

一张流程图显示了如何将输入转化成输出的全部相关过程。根据系统的特点和要求，常见的流程图包括框图、工作流程图、职能流程图和地理流程图。

（1）框图

框图又叫方框流程图，是最简单、最常用的一种方法，用于快速、简洁地描述流程的运作状况，主要使用方框和箭头两种符号来描述流程。其中，方框表示相关作业活动；箭头表示作业活动之间的关系，或者是信息流动的方向。通过使用框图可以将大型的、复杂的流程进行逐级细化描述。比如，配送中心基本作业流程可以用图 3-7 所示的框图描述，其中进货作业流程可进一步用图 3-8 描述。

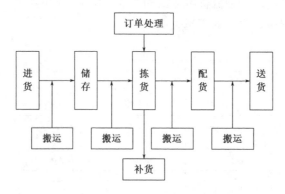

图 3-7　配送中心基本作业流程框图

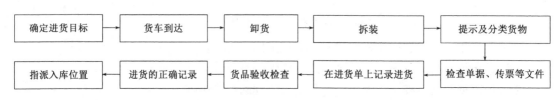

图 3-8　配送中心进货作业流程框图

（2）工作流程图

工作流程图就是利用基本流程语言对某项工作的逻辑关系进行描述，用工作流程图描述流程所使用的流程符号可参考图 3-6。比如，图 3-9 是某企业的采购入库工作流程图，除了用到方框表示作业活动外，还用到了菱形表示判断和决策。

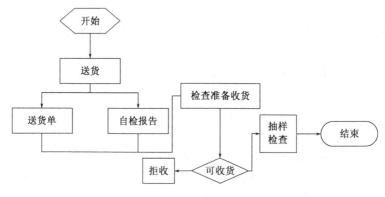

图 3-9　某企业的采购入库流程

（3）职能流程图

职能流程图，绘制时需要对每个部门或个人在流程中所承担的角色和职能用相互隔离的区域进行设计和说明，就像游泳池里的独立泳道一样，因此又称为泳道图。运用泳道图可以更为有效地对跨部门职能运作进行分析，是目前比较理想的流程图绘制方式。图 3-10 是某物流企业配送部的职能型工作流程图，其中配送部经理负责审核，仓储部负责建立台账、进货、存储、拣货等活动，配送部负责制订配送计划、装卸搬运、验收等活动，业务部负责订单处理。

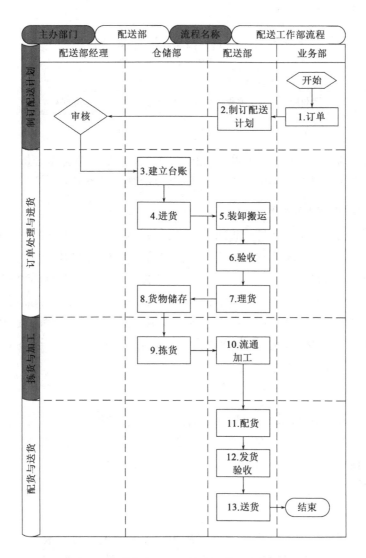

图 3-10　某物流企业配送部的职能型工作流程图

流程图绘制一般要求简洁、清晰。在实际用泳道图进行流程绘制时，为了对相关步骤进行更为详尽的说明，除了需要将流程步骤在图表中设计出来以外，还需要对每个流程步骤编号，并在流程图附页说明。

（4）地理流程图

地理流程图常用来进行分析作业活动的实物流向。它的表现比较直观，作业活动的开展情况一目了然，有助于减少工作产出或资源在作业活动中流动所浪费的时间。比如，某装备制造企业的生产物流流程如图 3-11 所示，其中箭头反映了实物的流向，方框表示了实物的起点或终点，也是装卸、搬运等物流活动发生的地方。该图是基于如下约定绘制的：原料库根据调度指令给车间送料；车间加工后送至半成品库；总装车间根据调度指令到半成品库取料；总装车间装配后送至成品库；成品库对成品测试合格后送至交付库。如发生质量故障由故障发现处退回其上一级。

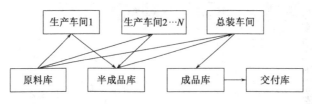

图 3-11　某装备制造企业生产物流流程图

地理流程图能够清晰地反映出实物的流向，因此在物流系统流程分析中有广泛的应用。但该流程图无法有效针对企业内部的管理活动、管理程序进行描述。

2. 物流系统流程的现状分析

从企业管理的角度，物流系统流程属于业务流程，同时主要涉及部门级和岗位级流程。比如供应物流系统、生产物流系统、销售物流系统的流程属于部门级流程，而装卸搬运流程属于岗位级流程。物流系统流程的现状分析主要是为了发现已有流程存在的问题或薄弱环节，以便对物流流程再造或重组。流程问题发现方法有很多，比如流程绩效分析、文档查阅、管理成熟度分析、研讨会法、测时法、现场模拟、实际参与、流程节点时间分析、标杆对比分析、作业现场调查分析、作业成本分析、作业质量分析等。以下对其中几项进行介绍。

（1）流程绩效分析法

流程绩效分析首先需要识别与流程相关的绩效指标，然后通过绩效数据的分析，发现流程存在的问题。比如，配送流程的绩效指标包括配送完成量、配送服务质量等；仓库管理流程的绩效指标包括仓库周转量、设施空间利用率等。物流流程绩效指标的选取在本书后续章节会进行详细介绍。

（2）文档查阅法

在对流程开展调研的同时，应该收集与流程运作有关的制度、表单、文件、方案等文档，这些材料是支撑流程运行的基础。通过分析上述材料所记录的数据、规定、事件，可以推断流程实际运作的有效性。同时，文档本身是否合理、是否充分满足了流程环节监控与管理需求、所需数据是否记录全面等问题，也会对流程有影响。

（3）研讨会法

召集与业务流程相关的部门和人员，大家共同对实际运作中存在的问题进行描述、分析，有助于避免由于个人偏见造成的片面认识和理解，信息收集将更加真实和全面，同时也有助于提高各部门对流程系统运作的认识，增强相互协作和配合的能力。

（4）管理成熟度分析

业务流程管理成熟度（Business Process Management Maturity，BPMM）分析是通过对流程管理活动、流程中的角色认知与履行、流程文化、IT对流程管理的支持、流程团队成员的流程管理技能、各级管理者对流程管理的看法及参与程度等多个维度进行评价，从而评估企业流程管理能力。企业流程管理成熟度可以分为经验级、职能级、规范级、绩效级和标杆级，见表3-2。

业务流程管理成熟度分级　　　　　　　　表3-2

成熟度级别	级别定义
标杆级	改进已经成为全体员工的习惯，最佳的综合改进过程，证实达到了最好的结果
绩效级	分析确认上下游工作的需求，并对过程进行不断改进，保证结果良好且保持改进趋势
规范级	管理系统基于过程方法的应用，管理体系有相对完整的规划性，但仍处于系统改进的初级阶段，可获得符合目标的数据和所在的改进趋势方面的信息
职能级	能对管理运作过程遇到的问题做出反应，但处于就事论事阶段，只是基于问题或纠正的反应式系统方法，改进的结果很少以数据或总结形式反映解决的方法和过程
经验级	企业管理没有采用系统方法的证据，没有结果或结果不好，处于非预期结果阶段，充满突发性错误，危机四伏，管理人员"忙"而"盲"

（5）测时法

测时法就是通过对流程过程中每个步骤实际耗时进行测量与记录，然后分析用时最长的环节及浪费时间最多的环节，从而发现影响流程效率的环节及原因。

（6）作业现场调查法

作业现场调查主要是用来对运作类流程进行诊断的一种方法。通过观察实际作业活动、记录活动耗费时间、对作业现场环境进行查看、询问相关作业操作人员等手段，对流程运作的基础进行了解。

一个流程的所有活动可以分为关键活动、非关键活动、增值活动、非增值活动等，在进行流程现状分析的时候，首先需要关注关键活动、增值活动的状态。另外，在物流流程现状分析的过程中，还需要重点思考各个角色在流程过程中的定位与职责履行状况，这就涉及物流系统的管理组织结构设计。

第四节　物流系统的组织结构分析

物流系统组织是指为了实现物流系统的目标，互相进行协作并与外界相联系的人群集合体。物流系统的组织结构是物流系统组织各组成部分的排列顺序、空间位置、聚集状态、联系方式以及相互关系的一种模式。组织各要素之间的相互关系，即组织的责、权、利的分配关系，是由组织的分工协作引起的。合理的组织结构对完成系统目标有很好的促进作用，不合理的组织结构将会增加系统的内耗，不利于系统目标的实现。由于宏观物流系统是由很多企业物流系统构成的，因此本书将重点对企业物流系统的组织结构进行分析。

一、物流系统组织结构的构成要素

物流系统组织结构的构成要素包括实现劳动分工的职务范围，明确决策权利分配的职权和职责，确定组织层级数量和部门规模的管理跨度，实现规模经济和范围经济的工作部门，促使雇员发挥主动积极性的激励方式，依据决策权力的分配和分工情况而建立的信息沟通系统，体现企业工作分工、部门建立、激励方式和权力分配的持久性和稳定性的正规化程度的规章制度，以及体现企业特征的企业文化。

1. 职务范围

实现企业内劳动分工的主要手段是确定雇员的工作任务内容。任务类型越单一，分工的程度越高，反之亦然。分工可以提高雇员操作的熟练程度和工作效率，所以早期的企业主和管理者都设法将其组织中的职务设计得尽可能简单，即将职务划分为细小的、专业化的任务。但是过分的专业化又会导致雇员对工作产生反感、消极、厌烦，从而导致工作效率的下降。为此需要定期不定期地让雇员们互换工作（即职务轮换）、增加雇员的任务种类（即扩大职务范围）、增加雇员对其工作的控制（即职务丰富化）等来克服过度分工导致的消极影响。职务范围确定既是实现分工经济又是克服工作中的消极惰性、发挥主动积极性的主要手段，它是构建企业组织结构最基本的要素。

2. 职权和职责

职权是指管理职位所固有的发布命令和保证命令得到执行的权力。职权是把企业组织紧密结合起来的"黏结剂"。每个管理职位都具有某种特定的、内在的权力，任职者可以从该职位的等级或头衔中获得这种权力。职权可以向下委托，但要与职责的向下委托结合起来，即职权与职责要对等。

职权可以分为直线职权和参谋职权，前者指给予一位管理者指挥下属工作的权力，正是这种上级对下级职权关系贯穿着组织的最高层到最低层，从而形成所谓的指挥链；后者指支持、协助直线指挥者，并为其提供建议和收集信息等的权力。同样，职责也分成执行职责和最终职责，前者是指可以伴随着职权的下放而下放的责任；后者是指不能够随着职权下放的责任，它必须由管理者自己承担，如管理者应当承担接受其授权的下属行动的最终责任。

3. 管理跨度

管理跨度是指一个管理者能够有效地监督指挥的下属的数量。管理跨度主要是由管理者的有限理性、雇员任务的性质和雇员的工作熟练程度决定的。古典学者主张窄小的管理跨度以便对下属保持紧密的控制，这主要是由于当时的管理者缺少先进和科学的管理方法和手段，雇员任务没有标准化到一定高度以及雇员往往缺少工作经验和知识等导致的。随着管理者管理知识和手段的发展、雇员工作技能和知识经验的积累、标准化作业的推广，管理跨度日益扩大。另外，随着管理者在组织中职位的提高，其工作任务的异常性和非规律性增多，所以高层管理者的管理跨度比中层管理者的小，中层管理者的管理跨度比基层监督人员的小。

管理跨度是决定组织单位规模、数量以及组织层级的主要变量。在组织任务、雇员数量和劳动分工既定的情况下，管理跨度越大，组织的纵向层级和横向单位数量越少，每个单位的规模就越大。

4. 工作部门

通过职务范围确定了雇员的工作内容，从而确定了劳动分工的程度；通过管理跨度确定了系统组织纵向层级和横向单位的数量。按照管理职能、企业任务流程、产品服务种类以及地区分布等将企业任务、雇员以及单位组织在一起就形成了不同的部门。一般有按照职能划分的职能部门，按照产品划分的产品部门，按照顾客划分的顾客部门，按照地区划分的地区部门，按照企业任务流程划分的过程部门等。

企业工作部门的划分主要是为了在时空上和工作关系上拉近相关雇员和单位的距离以提高沟通效率，实现知识共享、规模经济和范围经济，并降低企业内部交易费用。

5. 激励方式

激励方式有物质激励和精神激励以及二者之间的结合。物质激励主要有支薪制、分享制和支租制。支薪制是指由雇员领取固定工资，雇主占有企业剩余的一种激励方式；分享制是由雇员和雇主按一定比例分享企业利润的一种激励方式；支租制是指由雇员占有企业全部剩余，雇主领取固定收入的一种激励方式。

究竟采取哪一种物质激励方式，是由工作任务的不确定性和企业成员的风险意识决定的。风险意识越强，任务的不确定性越大，越应该选择获取企业剩余的激励方式；反之，应该选择获取固定收入的激励方式。

由于采取支租制容易引起"雇主搭雇员便车"和采取支薪制容易引起"雇员搭雇主便车"的机会主义行为并由此导致企业经营效率的下降，所以往往选择分享制的激励方式。分享制往往是一种合作博弈，它要求确定"仲裁原则"，而"仲裁原则"往往具有文化和伦理道德性，所以要建立企业文化，使其成为约束和激励的补充形式。

另外，按照马斯洛的需求层次论，人除了有生存和安全等基本的需要之外，还具有社会交往、寻求尊重、追求成就的自我实现需求，所以除了从经济上满足雇员的生存和安全需求外，还要从精神上满足雇员更高的需求。激励双因素理论认为，使雇员产生满意或良好感觉的因素与产生不满意或厌恶感觉的因素是不同的。前者往往与工作内容联系在一起，后者则与工作环境联系在一起。改善了导致雇员产生不满意的环境条件，并不能使雇员变得满意，不能激发他们的工作积极性，这类因素称为保健因素，而能够使雇员产生满意感觉并促进工作效率提高的因素称为激励因素。营造激励因素的方法是尽量让雇员完成一项完整的和具有同一性的任务，突出雇员工作的重要性，留给雇员完成任务的自主决定权，并加强为雇员提供完成任务所需信息以及雇员工作结果信息的反馈。保持保健因素的方法主要有精神激励、文化熏陶和企业制度约束。

6. 信息沟通渠道

信息沟通渠道是企业纵向层级之间、横向单位之间以及雇员之间关于工作任务、工作者以及企业内外环境信息的传递方式，它是企业正常运转的前提。企业内的信息交流有按照制度规定的正式的交流方式和不受制度限制的非正式信息交流。

企业组织中的信息交流方向有向下的、向上的、双向的或越级的四种类型。向下交流是指管理者沿着权力层次结构向下传递信息，向下交流通常用于通知、命令、协调、管理和评估下属。向上交流主要依靠下属来获得信息，报告通常是沿着权力层次结构向上来汇报当前工作的进展和出现的问题，向上交流可以使管理者了解雇员对他们工作的看法，以及他们的同事和整个组织的情况。向上交流的程度取决于组织的文化。横向交流是在任何层次上发生的，同一水平层次上的人员之间的交流，同层次交流常常可以节省时间和方便协调工作。越级交流是发生在跨越职能部门和权力层次的信息交流，这种交流的主要问题是偏离了正常的命令下达程序，但越级交流在某些情况下可以加快工作的进行，能够避免信息传递失真和滞后。

交流网络，是指组织成员和单位之间水平和垂直交流所形成的各种各样的模式。一般有五种常用的交流网络，他们分别是链型、倒Y型、轮盘型、环型和全通道型，如图 3-12 所示。

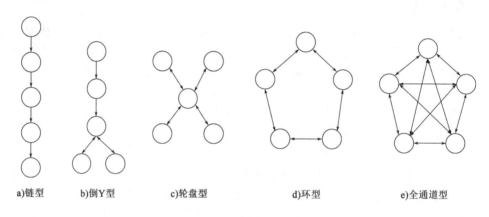

图 3-12　组织结构中的信息交流网络类型

（1）链型

链型网络代表的是五个垂直层次的结构，交流只是向上或向下进行。这种情况可以发生在一个只有直线型权力结构而没有任何其他关系的组织中。

（2）倒 Y 型

倒 Y 型网络是 2 个下属向其经理报告，在这个经理的上面有两级管理层，因此这实际上是一个有三个层次的结构。

（3）轮盘型

轮盘型网络是指代表车轮的 4 个下属向他们的经理报告，4 位下属之间没有相互的联系，所有交流都是通过经理进行的。

（4）环型

环型网络允许每一个成员自由地与其相邻成员交流，但不允许其他交流，它可以表示一种有三个层次的结构，其中垂直交流可以在上下级之间进行，而水平交流则只能在最底层进行。

（5）全通道型

全通道型网络允许每一个成员自由地与其他四位成员交流，交流没有任何限制，所有的成员都是平等的。

不同信息交流网络的交流效果如表3-3所示。

不同信息交流网络的交流效果 表3-3

交流效果	交流网络				
	链型	倒Y型	轮盘型	环型	全通道型
速度	中	中	快	慢	快
准确性	高	高	高	低	中
领导者涌现数量	中	中	高	无	无
士气	中	中	低	高	高

7. 企业规章制度

企业规章制度是指由企业权力部门制定、颁布和推动执行的正式条文，它是企业日常经营活动的依据，规范着企业内成员的行为。企业规章制度包括两部分，一部分是确定企业组织结构构成要素的制度，另一部分是指导和规范企业日常经营活动和雇员行为的制度，它是前一部分制度的补充。企业规章制度规范不到的领域由各级管理者和普通雇员自己处理和控制。

8. 企业文化

企业文化是企业长期生产、经营、建设、发展过程中所形成的管理思想、管理方式、管理理论、群体意识以及与之相适应的思维方式和行为规范的总和。企业文化的核心内容是企业价值观、企业精神、企业经营理念的培育，是企业职工思想道德风貌的提高。通过企业文化的建设实施，使企业人文素质得以优化，从而促进企业竞争力的提高和经济效益的增长。

二、物流系统组织结构的类型

组织结构的形式是物流系统组织各个部分及其与整个企业经营组织之间关系的一种模式。从经营主体的角度可以将物流系统分为货主企业物流系统和物流企业物流系统。由于物流系统在这两类企业中的地位的差异，导致两种物流系统的组织结构有显著的不同。

1. 货主企业物流系统组织结构类型

货主企业主要包括生产企业和流通企业，其物流系统组织的结构形式是与企业经营发展的不同阶段、管理机构的复杂程度及整个企业经营管理组织形式的特征相适应的。最初，大多数的物流活动从属于传统的生产、采购、销售等职能部门。随着企业对物流重要性认识的增强，企业内部专业的物流管理组织机构开始出现，并逐步发展成为与生产、销售、财务等部门并列的专业化物流综合管理机构。货主企业物流系统组织结构类型主要有以下三种。

（1）分散型企业物流系统组织结构

生产部门、销售部门和财务部门是各类企业最基本、最传统的部门。在物流的战略地位未被确认前，物流活动一直未受到应有的重视，人们对物流的认识不全面、不系统，各种物流活动一直分散在各个独立的部门中，分别受到生产、市场和财务部门经理的管理并由上层经理加以协调，如图3-13所示。由于物流职能分散在其他部门中，因此对于物流活动没有明确的目标，也不做统一的规定、设计和优化，而只是被看作各部门的必要活动，配合各部门目标的实现。

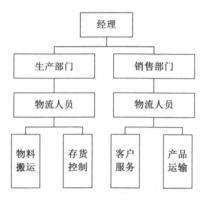

图3-13　分散型企业物流系统组织结构

分散型物流系统组织结构存在许多问题，主要表现为物流活动的目标冲突和物流活动的效益低下。企业中的各个部门大多存在明确的经营目标，总的经营目标分解成各种活动的分目标。在传统企业中，由于各部门的经营目标不一致，往往导致各部门的物流活动之间存在冲突的现象。比如财务部门希望较低的存货水平，而营销部门希望较高的存货水平，如表3-4所示。

分散型企业物流系统组织结构的目标差异　　　表3-4

部门	营销部门	财务部门	制造部门
职能领域和活动	客户服务 需求预测 仓库选址 产品运输 仓储	订单处理 通信 采购 存货政策制定 资金预算	存货控制 物料搬运 工厂选址 包装 原材料运输 生产计划
目标	较高的存货水平 分散化的仓库 高频率、短生产周期 快速反应 在线信息处理	较低的存货水平 较少仓储点 降低成本 恰当的信息系统	较长的生产周期

物流活动的分散带来的另一个问题是业务运作的相互牵制，物流效率低下，如采购部门所采购的货物已经到达仓库，但由于采购部门未及时对其验收并且进行正式入库处理，而使

销售部门无法配送。

(2) 职能型企业物流系统组织结构

在职能型物流系统组织结构中，企业独立设置物流管理部门，与生产、销售等传统部门并列，并由专门的物流经理负责，如图 3-14 所示。职能型物流系统组织结构的优点是物流经理全权负责所有的物流活动，不再有互相牵制的现象，物流活动的效率提高，权责更为明晰。

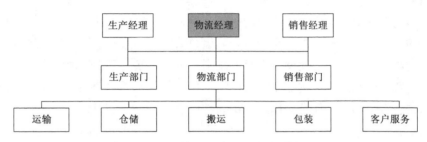

图 3-14　职能型企业物流系统组织结构

(3) 部分职能型企业物流系统组织结构

部分职能型企业物流系统组织结构是结合了职能型和分散型物流系统组织结构的特点。在这种组织结构中，物流系统的运输、仓储、搬运等功能仍由生产、销售或采购部门的物流人员承担，而企业物流系统整体的综合分析、规划、协调和技术研发工作由专门的物流部门管理人员负责，如图 3-15 所示。

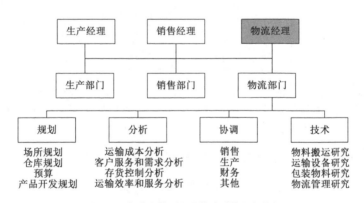

图 3-15　部分职能型企业物流系统组织结构

2. 物流企业物流系统组织结构类型

物流企业同样具有生产、销售、财务等传统的企业部门，但由于其主要业务是提供物流服务，因此其物流系统的核心部门是直接提供物流服务的生产部门，包括运输部门、仓储部门、配送部门等，财务、销售、采购等是物流系统的支持部门。整个物流企业就是一个大的物流系统，因此，物流系统的组织结构就是物流企业的组织结构。物流企业不同的资源整合和物流服务模式，会导致不同的组织结构。常见的物流企业组织结构有直线型、职能型、事业部型、矩阵型组织结构。

(1) 直线型物流企业组织结构

直线型是一种最古老的组织结构,也是最简单的组织结构形式。突出特点是,企业的一切生产经营活动均由企业的各级主管人员直接进行指挥和管理,不设专门的参谋人员和机构,企业日常生产经营任务的分配与运作都是在企业负责人的直接指挥下完成的。

这种组织结构的优点在于其结构简洁,管理权集中,权责清晰,指令统一。但它的缺点也很明显:当物流企业发展到一定规模的时候,所有的管理职能都归集于一个人承担,增大了管理失误的可能性。因此,直线型物流企业组织结构形式只能适用于那些经营规模小、经营对象简单的小型物流企业。我国物流行业刚刚起步的时候,由于规模较小,经营活动业务相对简单,直线型组织结构被物流企业所广泛采用。但是随着经济和技术水平的不断发展,这种组织结构逐渐被淘汰,而且使用这种组织结构的物流企业也因为不能适应市场的发展而退出市场。

(2) 职能型物流企业组织结构

职能型结构是最为基本的一种组织结构形式。物流企业从下至上按工作性质相同或类似的原则将各种活动组合起来,即企业的组织结构从企业高层到基层均是按照职能部门化设立的,如图3-16所示。这是目前我国大多数中小型物流企业通常采用的组织结构。

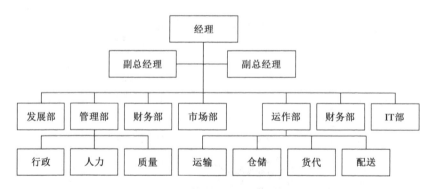

图3-16 职能型物流企业组织结构

物流企业中许多业务活动都需要有专门的知识和能力,通过将专业技能相同或相似的业务活动归类组合到一个部门,有利于促进深层次知识和技能的提高,形成职能部门的规模经济,减少重复建设和浪费。同时,各职能部门围绕物流企业总体目标开展工作,职责划分明确。但这种组织结构也有明显的缺点:各职能部门自成体系,往往不重视工作中的横向信息沟通,可能会引发组织运行中的各种矛盾和不协调现象,对企业生产经营和管理效率造成不利影响;而且这种组织通常弹性不足,对环境变化的反应比较迟钝。因此,这种组织结构适用于外部环境稳定,物流企业只提供单一或少数服务种类,或者服务的提供方式简单,市场区域又大体一致时。

(3) 事业部型物流企业组织结构

事业部结构是为了满足企业规模扩大化和多样化经营而提出的一种组织设计。在总公司领导下设立多个事业部，各个事业部有各自独立产品（服务）和市场，实行独立核算。各事业部内部在经营管理上拥有自主权和独立性。公司总部对各事业部提供支援服务，同时协调和控制各事业部的活动。事业部结构最突出特点是：集中决策，分散经营。

对物流企业而言，事业部结构通常有三种形式。当物流企业按照所提供的物流服务的类型来组织事业部时，采取的是产品结构；当物流企业按照经营运作所在国家或全世界的区域来组织事业部时，采取的是地域结构；当物流企业按照他们针对的顾客类型来组织事业部时，采取的是市场（顾客）结构。有些大的物流企业产品（服务）种类很多，市场分布很广，因此，它们往往采用的一种混合型事业部制，在整个组织结构中，既有按产品（服务）划分的事业部，又有按地区划分的事业部，如图 3-17 所示。

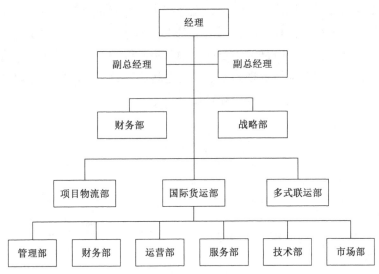

图 3-17　事业部型物流企业组织结构

这种类型的优点是企业适应性好，灵活性强，对市场的变化能做出迅速的反应，而且物流企业最高管理部门可以摆脱日常行政管理事务，专注于长远战略规划。这种组织结构的主要缺陷是，由于每个事业部均有完备的职能部门，资源重复配置，管理费用较高。另外，各事业部之间的相互支持与协调比较困难，限制了组织资源的共享，容易出现各自为政的部门主义倾向，这势必导致组织总体利益受损，从而影响组织长期目标的实现。事业部型组织结构特别适合于提供多种产品（服务）或服务多个市场的大型物流企业。

(4) 矩阵型物流企业组织结构

矩阵型结构由纵横两套管理系统交错而成的组织结构。把按职能划分部门和按项目划分部门相结合，使同一小组人员既同原职能部门保持业务和组织上联系，又与按项目划分的小组保持横向联系，形成一个矩阵，如图 3-18 所示。

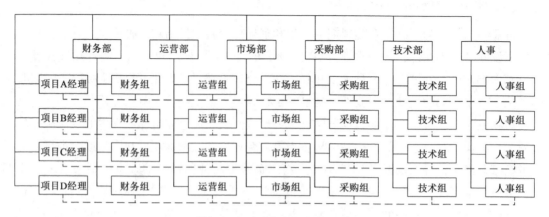

图3-18 矩阵型物流企业组织结构

矩阵结构使物流企业能满足来自物流服务的和职能的双重要求。资源可以在不同地区之间灵活分配，专业人员和专用设备能够得到充分利用，物流企业能不断适应外界要求。矩阵结构的缺点在于突破了统一指挥原则，创造了双重指挥链，员工要面对双重领导，这使执行人员需要出色的人际交往和解决冲突的技能。如解决不好，会带来混乱，并给员工带来较大压力。为了避免冲突，要对项目经理和职能经理进行明确分工，需要权力的平衡。此外，项目经理和职能经理二者之间要加强沟通和合作。

复习思考题

1. 简答题

（1）简述物流系统结构的定义及特征。
（2）物流系统结构有哪些类型？分别有哪些特点？
（3）简述物流系统空间结构的构成要素及分析方法。
（4）物流系统时间结构的构成要素有哪些？
（5）简述常见的物流系统流程图的特点。
（6）物流系统组织结构的构成要素有哪些？

2. 案例分析

H物流公司组织结构优化

（1）公司简介

H物流公司涵盖的领域包括沿海运输、场站服务等，服务网络遍及华南大部分主要港口，旨在成为网络覆盖中国南方沿海的综合物流企业。其主要的经营范围包括货物专用运输（集装箱）；货物装卸、搬运；货物仓储（国家专项审批除外）、分拣、包装、简单加工整理和分拨业务（不含按国家规定须经审批的项目）；国际货运代理。

（2）公司组织结构

H 物流公司的日常管理工作主要由五个部门协同完成。H 物流公司业务部门主要负责物流对接，进行订单管理和分派工作，同时负责维护供应商及运输单位之间的关系；后勤部门主要负责日常用品采购、运输工具维护、卫生清洁等工作，同时参与员工福利、活动等筹划工作；财务部门主要负责根据财务预算的物流费用定额，制订公司采购供应发展规划，审议采购供应年度计划，维护与供应商、物流运输单位业务关系等；人力管理部门的主要业务范围为员工聘用等；运输部门主要由运输工人组成，其主要职责包括货物包装、运输、仓储，部分小额订单对接及执行工作；监事主要负责监督订单执行，存货仓储监管等工作。H 物流公司组织结构如图3-19所示。

图3-19 H 物流公司组织结构

（3）公司组织结构优化措施

H 物流公司发现公司的组织结构存在部门间职责交叉重叠、资源整合效率低下等问题，为提高公司运作效率，H 物流公司需要合理地开展组织结构优化工作。

重组组织结构：基于工作分析，合理地开展公司组织结构优化工作，从根本上处理部门之间职能权责重叠的情况。

划清岗位职责：对岗位的职能权责、内容流程、绩效指标等进行统一的说明。

搭建沟通渠道：设立科学的竞聘机制和考核制度，优化 H 物流公司里的全部部门、人员岗位之间的信息交互通道。

确立岗位分工模式：结合公司实际情况设立多层次的组织结构模式。

H 物流公司组织结构的优化，从提高工作效率、降低工作处理风险、缩短过程成本、提高客户满意度和设备资源整合度等方面为企业发展提供切实有效的帮助，助力 H 物流公司在物流行业提升核心竞争力。

思考题：

（1）简述 H 物流企业的物流系统组织结构及判断的依据。

（2）结合 H 物流公司案例，试分析优化后物流企业的组织结构。

第四章 物流系统成本分析

本章导读

根据中国物流与采购联合会发布的我国2021年物流运行数据，社会物流总费用达到16.7万亿元，同比增长12.5%。从结构看，运输费用9.0万亿元，增长15.8%；保管费用5.6万亿元，增长8.8%；管理费用2.2万亿元，增长9.2%。同时，物流业总收入实现较快增长，2021年物流业总收入为11.9万亿元，同比增长15.1%。

思考：

社会物流总费用含义是什么？与物流业总收入是什么关系？

第一节 物流系统成本认识

一、物流系统成本含义

在《物流术语》（GB/T 18354—2021）中，物流成本被定义为"物流活动中所消化的物化劳动和活劳动的货币表现"，即产品在实物流动过程中，如包装、运输、储存、流通加工、物流信息等各个环节所支出的人力、物力和财力的总和。物流系统成本是物流系统完成各种物流活动所需的全部费用。

1. 宏观物流成本与微观物流成本

不同的物流系统，其物流成本的具体含义和构成有较大的差异。当研究对象是一个区域或国家的物流系统时，此时的物流系统成本常被称为社会物流成本或宏观物流成本。按照《社会物流统计制度及核算表式（试行方案）》中的定义，社会物流成本是指：

一定时期内，国民经济各方面用于社会物流活动的各项费用支出。包括：支付给运输、储存、装卸搬运、包装、流通加工、配送、信息处理等各个物流环节的费用；应承担的物品在物流期间发生的损耗；社会物流活动中因资金占用而应承担的利息支出；社会物流活动中发生的管理费用等。

社会物流成本是核算一个国家在一定时期内发生的物流总成本，是不同性质企业微观物流成本的总和。当研究对象是货主企业（包括制造企业和商品流通企业）的物流系统，以及物流企业的物流系统时，此时的物流系统成本常被称为企业物流成本或微观物流成本。按照《企业物流成本构成与计算》（GB/T 20523—2006），企业物流成本是指：

物流活动中所消耗的物化劳动和活劳动的货币表现，即产品在包装、运输、储存、装卸搬运、流通加工、物流信息、物流管理等过程中所耗费的人力、物力和财力的总和，以及与存货有关的资金占用成本、物品损耗成本、保险和税收成本。

这里与存货有关的资金占用成本包括负债融资所发生的利息支出（显性成本）和占用自有资金所产生的机会成本（隐性成本）两部分内容。

2. 货主企业物流系统成本

这里所说的货主企业主要是指制造企业和商品流通企业。总体来说，制造企业物流是物流业发展的原动力，而商品流通企业是连接制造业和最终客户的纽带，制造企业和商品流通企业是物流服务的需求主体。

制造企业的生产目的是将生产出来的物品通过销售环节转换成货币，为了销售生产经营的需要，制造企业所组织的物品实体应包括产成品、半成品、原材料和零配件等，其物流过程具体包括从生产企业内部原材料和协作件的采购、供应开始，经过生产制造过程中的半成品存放、搬运、装卸、成品包装及运输到流通领域，进入仓库验收、分类、储存、保管、配送、运输，最后到消费者手中的全过程。这些过程发生的所有成本就是制造企业物流成本。

商品流通企业的经营活动就是对组织现有的商品进行销售来获取利润，其业务活动相对于制造企业较为简单，以进、存、销活动为主，不涉及复杂的生产物料组织，物品实体也较为单一，多为产成品。典型的商品流通企业有商业连锁超市、商贸企业、部分电子商务企业等。商品流通企业的物流成本从物流环节上看，包括运输成本、仓储成本、配送成本、管理成本等，从成本项目的角度看，商品流通企业物流成本的基本构成有：企业员工工资及福利费；支付给有关部门的服务费，如水电费等；经营过程中的合理消耗费，如储运费、物品合理损耗及固定资产折旧等；支付的贷款利息；经营过程中的各种管理成本，如差旅费、办公管理费等。

3. 物流企业物流系统成本

大部分货主企业的物流业务并不一定全部由自己完成，或多或少总有外包部分，这就出现了对专业性物流服务企业的需求。由专业的物流企业来参与物流的运营管理，是社会专业化大生产的必然结果，也是提高物流效率、降低物流成本的有效途径。

根据物流服务企业提供的服务类型，可以把物流企业分为两类。第一类是提供功能性物流服务业务的物流企业，这类企业在整个物流服务过程中发挥着很大的作用。这类企业一般只提供某一项或者某几项主要的物流服务功能，如仓储服务企业、运输服务企业、快递服务企业等。第二类是提供一体化物流服务的第三方物流企业，这类企业一般是综合性的物流服务公司，能为客户提供多种物流业务。尽管目前第三方物流和一体化物流的趋势十分明显，但是功能性物流服务企业的存在还是必要的，它可以发挥专业化的优势，与第三方物流企业一起，共同完成客户的物流服务需求，达到降低成本、提高物流效率的目的。

物流企业在运营过程中发生的各项费用，都可以看成物流成本。因此，可以说物流企业的物流成本包括了物流企业的所有成本和费用。实际上，从另一个角度看，当货主企业把物流业务外包给物流企业运营时，物流企业发生的各项支出构成了它的物流成本，而物流企业向货主企业的收费（包括了物流企业的成本费用、税金及一定的利润）就构成了货主企业的物流成本。

在进行物流系统成本分析时，应首先明确分析的系统是属于社会物流系统还是企业物流系统，是货主企业物流系统还是物流企业物流系统。商品流通企业的物流可以看成制造企业物流的延伸，而物流企业主要是为商品流通企业和制造企业提供服务的。物流企业物流成本可以看成货主企业物流成本的组成部分，而社会宏观物流成本则是货主企业物流成本的综合。

二、物流系统成本的构成

1. 企业物流成本的基本构成

企业物流成本构成包括企业物流成本项目构成、企业物流成本范围构成和企业物流成本支付形态构成三种类型，如图4-1所示。

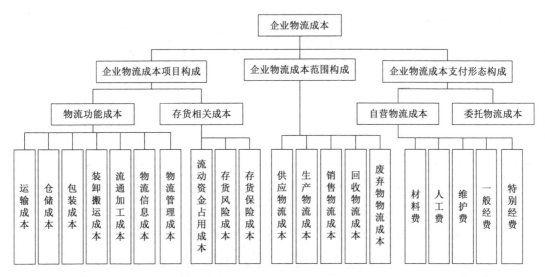

图 4-1 企业物流成本构成

(1) 企业物流成本项目构成

按成本项目划分，物流成本由物流功能成本和存货相关成本构成，如表 4-1 所示。其中物流功能成本包括物流活动过程中所发生的运输成本、仓储成本、包装成本、装卸搬运成本、流通加工成本、物流信息成本和物流管理成本；存货相关成本包括企业在物流活动过程中所发生的与存货有关的流动资金占用成本、存货风险成本、存货保险成本。

企业物流成本项目基本构成　　　　表 4-1

	成本项目	内容说明
物流功能成本	物流运作成本	
	运输成本	一定时期内，企业为完成货物运输业务而发生的全部费用，包括从事货物运输业务的人员费用，车辆（包括其他运输工具）的燃料费、折旧费、维修保养费、租赁费、养路费、过路费、年检费、事故损失费、相关税金等
	仓储成本	一定时期内，企业为完成货物储存业务而发生的全部费用，包括仓储业务人员费用，仓储设施的折旧费、维修保养费、水电费、燃料与动力消耗费等
	包装成本	一定时期内，企业为完成货物包装业务而发生的全部费用，包括包装业务人员费用，包装材料消耗，包装设施折旧费、维修保养费，包装技术设计、实施费用以及包装标记的设计、印刷等辅助费用
	装卸搬运成本	一定时期内，企业为完成装卸搬运业务而发生的全部费用，包括装卸搬运业务人员费用，装卸搬运设施折旧费、维修保养费、燃动力消耗费等
	流通加工成本	一定时期内，企业为完成货物流通加工业务而发生的全部费用，包括流通加工业务人员费用，流通加工材料消耗，加工设施折旧费、维修保养费、燃料与动力消耗费等
	物流信息成本	一定时期内，企业为采集、传输、处理物流信息而发生的全部费用，指与订货处理、储存管理、客户服务有关的费用，具体包括物流信息人员费用、软硬件折旧费、维护保养费、通信费等
	物流管理成本	一定时期内，企业物流管理部门及物流作业现场所发生的管理费用，具体包括管理人员费用、差旅费、办公费、会议费等

续上表

存货相关成本	流动资金占用成本	一定时期内，企业在物流活动过程中负债融资所发生的利息支出（显性成本）和占用内部资金所发生的机会成本（隐性成本）
	存货风险成本	一定时期内，企业在物流活动过程中所发生的物品跌价、损耗、毁损、盘亏等损失
	存货保险成本	一定时期内，企业支付的与存货相关的财产保险费以及因购进和销售物品应交纳的税金支出

（2）企业物流成本范围构成

按物流成本产生的范围划分，物流成本由供应物流成本、生产物流成本、销售物流成本、回收物流成本以及废弃物物流成本构成，如表4-2所示。

企业物流成本范围构成表　　　　　　　　　　　　　　　　　表4-2

成本范围	内容说明
供应物流成本	指经过采购活动，将企业所需原材料（生产资料）从供给者的仓库运回企业仓库为止的物流过程中所发生的物流费用
生产物流成本	指从原材料进入企业仓库开始，经过出库、制造形成产品以及产品进入成品库，直到产品从成品库出库为止的物流过程中所发生的物流费用
销售物流成本	指为了进行销售，产品从成品仓库出库开始，经过流通环节的加工制造，直到运输至中间商的仓库或消费者手中的物流活动过程中所发生的物流费用
回收物流成本	指退货、返修物品和周转使用的包装容器等从需方返回供方的物流活动过程中所发生的物流费用
废弃物物流成本	指将经济活动中失去原有使用价值的物品，根据实际需要进行收集、分类、加工、包装、搬运、储存等，并分送到专门处理场所的物流活动过程中所发生的物流费用

（3）企业物流成本支付形态构成

按物流成本支付形态划分，企业物流总成本由自营物流成本和委托物流成本构成，如表4-3所示。其中，自营物流成本按支付形态分为材料费、人工费、维护费、一般经费和特别经费。

企业物流成本支付形态构成表　　　　　　　　　　　　　　　　表4-3

成本支付形态		内容说明
自营物流成本	材料费	资材费、工具费、器具费等
	人工费	工资、福利、奖金、津贴、补贴、住房公积金等
	维护费	土地、建筑物及各类物流设施设备的折旧费、维护维修费、租赁费、保险费、税金、燃料与动力消耗费等
	一般经费	办公费、差旅费、会议费、通信费、水电费、煤气费等
	特别经费	存货资金占用费、物品损耗费、存货保险费和税费
委托物流成本		企业向外部物流机构所支付的各项费用

2. 制造企业物流成本的构成

制造企业物流是指单个制造企业的物流活动，是微观物流的主要形式。制造企业物流是从原材料采购开始，经过基本制造过程的转换活动，形成具有一定使用价值的产成品，直到把产成品送给中间商（商业部门）或用户全过程的物流活动。按照物流的定义，制造企业物流包括原材料（生产资料）供应物流、生产物流、销售物流以及废弃物回收物流几个方面。与物流系统流程相对应，制造企业的物流成本也包括供应物流成本、生产物流成本、销售物流成本与废弃物回收物流成本四个方面。

（1）供应物流成本的构成

制造企业供应物流是指经过采购活动，将企业生产所需原材料（生产资料）从供给者的仓库（或货场）运回企业仓库的物流活动，具体包括确定原材料、零部件等的需求数量、采购、运输、流通加工、装卸搬运、储存等物流活动。物流成本的构成内容主要包括：订货采购费，如采购部门人员工资、差旅费、办公费等；运输费，如外包运输费、运输车辆折旧、运输损耗、油料消耗以及运输人员工资等；验收入库费用，如验收费用、入库作业费；仓储保管费，如仓储人员工资、仓储设施折旧、合理损耗、仓库办公费用等。

在以上物流成本构成项目中，储备资金利息费用应该引起企业物流管理者的重视。在我国现行的会计制度中，并没有专门一个项目来核算存货占压资金的利息（或称为机会成本），而实际上，存货利息费用在总的物流成本（特别是仓储费用）中占有相当大的比例。由于会计制度的问题，该项费用往往容易被管理者忽略。

（2）生产物流成本的构成

制造企业生产物流是指伴随企业内部生产过程的物流活动，即按照企业布局、产品生产过程和工艺流程的要求，实现原材料、配件、半成品等物料在企业内部供应库与车间、车间与车间、工序与工序、车间与成品库之间流转的物流活动。从范围划分，它是由原材料等从供应仓库运动开始，经过制造转换形成产品，一直到产品进入成品库待销售为止。

制造企业生产物流成本也就是指在这个过程中发生的与物流业务相关的成本，具体包括：内部搬运费，生产过程中物流设施的折旧，占压生产资金（包括在制品和半成品资金）的利息支出，半成品仓库的储存费用等。

由于生产物流伴随着企业的生产过程而发生，其成本的发生也与生产成本密切结合，所以一般来说企业很难对生产物流成本进行独立的核算。生产物流的改善也不仅仅是生产物流成本的降低问题，它也与企业的生产组织方式、生产任务的安排密切相关，因此，离开生产计划和生产组织来独立进行生产物流成本的分析和研究是不切合实际的。

（3）销售物流成本的构成

制造企业销售物流是指企业经过销售活动，将产品从成品仓库通过拣选、装卸搬运，一直到运输至中间商的仓库或消费者手中的物流活动。这就是一般意义上的流通过程物流活动，是狭义物流的基本内容。

销售物流成本的主要构成为：产成品储存费用，如成品库人员工资、折旧、合理损耗、仓库费用等；销售过程中支付的外包运输费；自营运输设施的折旧、油料消耗、运输人员工资；销售配送费用，包括配送人员工资、配送车辆折旧和支出等；退货物流成本等。

（4）废弃物回收物流成本的构成

企业废弃物回收物流的成本与特定的企业相关，如制糖业、造纸业、印染业等，都要发生废弃物回收物流，整个废弃物回收物流过程中发生的人工费、材料费、机器设施设备的折旧费以及其他各种支出，构成了废弃物回收物流成本的内容。

制造企业物流成本的构成除了从物流流程的角度进行分析外，也可以按照物流成本项目来分析。制造企业物流成本项目主要包括人工费，材料消耗，运输设施、仓库设施的折旧，合理损耗，资金占压的利息费用，管理费用，委托物流费用等。

3. 商品流通企业物流成本的构成

商品流通企业主要是指商业批发企业、商业零售企业和连锁经营企业等。商品流通企业物流成本是指在组织商品的购进、运输、仓储、销售等一系列活动中所消耗的人力、物力、财力的货币表现，相对于制造业来说，流通企业只是减少了生产物流的环节，并且其供应和销售物流是一体化的。

由于商品流通企业供应和销售物流过程往往是一体的，所以可以将商品流通企业物流成本具体构成划分如下。

①人工费用，包括与物流相关员工的工资、奖金、津贴以及福利费等。

②营运费用，如物流运营中的能源消耗、运杂费、折旧费、办公费、差旅费、保险费等。

③财务费用，指经营活动中发生的存货资金使用成本支出，如利息、手续费等。

④其他费用，如与物流相关的税金、资产损耗、信息费等。

4. 物流企业的物流成本构成

物流企业是为货主企业提供专业物流服务的，它包括一体化的第三方物流服务企业，也包括提供功能性物流服务的企业，如仓储公司、运输公司、货运代理公司等。物流服务企业通过专业化的物流服务，降低货主企业物流运营的成本，并从中获得利润。可以说，物流企业的整个运营成本和费用实际上就是货主企业物流成本的转移。物流企业的全部运营成本费用可以看作广义上的物流成本。

按照我国会计制度的规定，物流企业的成本费用项目包括增值税及附加、经营费用、管理费用三大类。

（1）增值税及附加

物流企业的增值税及附加主要包括增值税、城市维护建设税和教育费附加等。

增值税是对商品生产、流通、劳务服务中多个环节的新增价值或商品的附加值征收的一种流转税。2016年5月1日，营业税改增值税（营改增）政策在我国全面实行，我国流转税全面征收增值税，标志着已在我国实施六十多年的营业税退出流转税舞台。

增值税计算方式主要有两种：一种是扣额法，增值税应纳税额为销售收入额与购进商品支付的金额之差乘以增值税税率，这种计算方式适合实行单一税率的情况；另一种是扣税法，增值税应纳税额为销售收入额乘以增值税税率减去购进商品支付金额乘以增值税税率，也就是我们说的销项税额减进项税额，在增值税税率结构比较复杂的时候适用扣税法。我国目前物流业中从事交通运输和邮政快递服务的一般纳税人企业适用的增值税税率为9%。

城市维护建设税和教育附加费附加都是根据实际缴纳的增值税和消费税总额，按照税法规定的税率计算缴纳的一种地方税。

（2）经营费用

除了缴纳的税金之外，物流企业的各项费用一般可以归为经营费用和管理费用两大类。经营费用可以看成是与企业的经营业务直接相关的各项费用，如运输费、装卸费、包装费、广告费、营销人员的人工费、差旅费等。

（3）管理费用

管理费用一般是指企业为组织和管理整个企业的生产经营活动而发生的费用，包括行政管理部门管理人员的人工费、修理费、办公费、差旅费等。

5. 社会物流系统的成本构成

社会物流系统成本是核算一个国家或区域在一定时期内发生的物流总成本，是不同性质企业微观物流成本的总和。美国、日本等发达国家对物流成本的研究工作非常重视，对物流成本持续进行调查与分析，建立了一套完整的物流成本收集系统，并将各年的资料加以比较，随时掌握国内物流成本变化情况以供企业和政府参考。我国也建立了相应的社会物流成本统计制度和核算标准。比如，2004年发布的《社会物流统计制度及核算表式（试行方案）》，对社会物流成本的定义、内容、统计指标都进行了详细的规定。目前，各国物流学术界和实务界普遍认同的一个社会物流成本计算的概念性公式为：

$$物流总成本 = 运输成本 + 存货持有成本 + 物流行政管理成本$$

基于这个概念性公式，可以认为社会物流成本由运输成本、存货持有成本、物流行政管理成本构成。

（1）运输成本

运输成本包括公路运输、铁路运输、水路运输、航空运输、货运代理相关费用、油料管道运输与货主费用等。公路运输包括城市内运输费用与区域间卡车运输费用，货主费用包括运输部门运作及装卸费用。

（2）存货持有成本

存货持有成本是指花费在保存货物上的费用，除了包括仓储、残损、人力费用及保险和税收费用外，还包括库存占压资金的利息。把库存占压的资金利息加入物流成本，这是现代物流与传统物流成本计算的最大区别，只有这样，降低物流成本和加速资金周转速度才能从根本利益上统一起来。

（3）物流行政管理成本

物流行政管理成本应该包括订单处理、IT成本以及市场预测、计划制订和相关财务人员发生的管理费用。由于这项费用的实际发生额很难进行真正的统计，因此，在计算物流行政管理成本时，是按照历史情况由专家确定一个固定比例，再乘以存货持有成本和运输成本的总和得出的。

第二节 物流系统成本性态分析

成本性态也称成本习性，是指成本总额与业务总量之间的依存关系。成本总额与业务总量之间的关系是按照一定的规律客观存在的。在一定的相关范围内，一项特定的成本可能随着业务量的变化而增加、减少或者不变，这就是不同的成本所表现出的不同的成本性态。

研究成本与业务量的依存关系，进行成本性态分析，可以从定性和定量两方面掌握成本与业务量之间的变动规律，这不仅有利于事先控制成本和挖掘降低成本的潜力，还有助于进行科学的预测、规划、决策和控制。

在物流系统的生产经营活动中，按物流成本的性态特征，分为变动成本与固定成本，还有部分成本的特征介于变动成本和固定成本之间，将其称为混合成本。

一、变动成本

变动成本是指其发生总额随业务量的增减变化而近似呈正比例变化的成本。这里需要强调的是，单位变动成本具有不变性，变动成本所指的变动对象是成本总额，如运输企业支付的油料、过桥费、业务租金等。因为只有单位成本保持固定，变动成本总额才能与业务量之间保持正比例的变化。

1. 变动成本的特点

（1）变动成本总额的正比例变动性

在相关范围内，成本总额随着业务量的变动而呈倍数变动，如图 4-2a）所示。由于变动成本是以相应的业务量为基础的，所以只有通过改进技术、更新设备、提高生产率等手段，才能达到降低单位变动成本以相应地降低变动成本总额的目的。

（2）单位变动成本的不变性

无论业务量怎样变化，其单位变动成本都保持在原有水平上不变，如图 4-2b）所示。要降低变动成本的水平，应该从降低单位变动成本的消耗量入手。

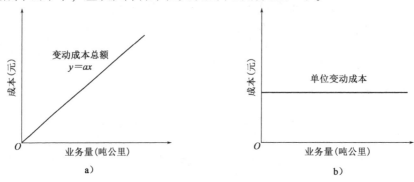

图 4-2 变动成本与业务量的关系

一般来说，在物流系统各项业务活动中，像运输过程中的直接材料消耗，工作量法计算的折旧，流通加工过程中的直接材料、直接人工消耗，按包装量、装卸搬运量计算工资的包装人工费用、装卸搬运人工费用等，都属于变动成本的范畴。

2. 变动成本的分类

按单位变动成本其在支出时发生的原因，变动成本可以进一步分为技术性变动成本和酌量性变动成本两类。

（1）技术性变动成本

技术性变动成本也称为约束性变动成本，是指单位成本由客观因素决定，消耗量由设备或操作者等技术因素决定的那部分变动成本。企业管理者的决策无法改变其支出数额，它是与业务量有明确技术或实务关系的变动成本。例如，运输车辆的耗油量，在一定条件下，其成本就属于受设计影响的、与运输量成正比例关系的技术性变动成本。要降低这类成本，一般应当通过改进技术设计方案，改善工艺技术条件，提高劳动生产率、材料综合利用率和投入产出比率，加强控制及降低单耗等措施来实现。

（2）酌量性变动成本

酌量性变动成本，是指单位产品受企业管理者决策影响的那部分变动成本，如某种原材料，在规格、质量、单耗一定的前提下，由于采购地、供货单位不同而出现不同的采购价格；按照销售收入的一定比例支付的销售佣金和技术转让费、采用计件工资制度时的单位计件工资等。企业要想降低这类成本，应当通过提高管理人员素质，进行合理的经营决策，优化劳动组合，改善成本与效益关系，全面降低材料采购成本，严格控制制造费用的开支等措施来实现。

变动成本的水平一般用单位业务量的耗费额来表示。在一定条件下，单位变动成本不受业务量的影响，直接反映企业多项生产要素的消耗水平。所以，降低变动成本水平，应从提高企业技术水平、降低单位业务量的消耗水平入手，如对驾驶员进行培训、加强汽车维修保养、更新设备、优化劳动组合等都是降低物流企业变动成本的有效措施。

二、固定成本

固定成本又称为固定费用，是指总额在一定时期和一定业务量范围内，不受业务量增减变动影响而保持不变的成本，即成本总额保持稳定，与业务的变化无关，如固定资产折旧、管理部门的办公费等。同样需要强调的是，固定成本所指的固定对象也是成本总额，而就单位成本而言，其与业务量的关系是变动的。因为在成本总额固定的情况下，业务量小，单位产品所负担的固定成本就高；业务量大，单位产品所负担的固定成本就低。

1. 固定成本的特点

（1）固定成本总额的不变性

在相关范围内，其成本总额总是保持在同一水平上，如图4-3a）所示。

（2）单位成本的反比例变动性

单位固定成本与业务量的乘积恒等于一个常数的特性，使得单位成本与业务量成反比关系，如图4-3b) 所示。

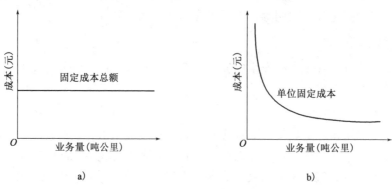

图4-3 固定成本与业务量的关系

一般来说，在物流成本核算项目中，如员工工资、按直线法计算的固定资产折旧及其他与业务量无关的成本费用等都属于固定成本范畴。值得注意的是：固定成本总额只有在一定时期和一定业务范围内才是固定的，也就是说，固定成本的固定性是有条件的。这里所说的一定范围称为相关范围，如果业务量的变动超过这个范围，固定成本就会发生变动。

2. 固定成本的分类

固定成本按其支出数额是否受管理者短期决策行为的影响，可进一步细分为酌量性固定成本和约束性固定成本两类。

（1）酌量性固定成本

酌量性固定成本也称管理固定成本、规划成本和抉择固定成本，是指企业管理部门在会计年度开始前，根据经营、财力等情况确定的计划期间的预算额形成的固定成本，如新产品开发费、广告费、职工培训费等。这类费用的支出与管理层的短期决策密切相关，即管理层可以根据企业当时的具体情况和财务负担能力，斟酌是否继续维持或调整这部分成本，而对企业的长期目标不会产生太大的影响。所以，其也称为"自定性固定成本"。这类成本的数额不具有约束性，可以依据不同的情况确定。

（2）约束性固定成本

约束性固定成本也称承诺固定成本，是指在短期内管理部门的决策不能随意改变其支出数额的固定成本。用于形成和维护经营能力、对生产经营能力有约束力的固定成本称为经营能力成本。例如，厂房及机器设备按直线法计提的折旧费、房屋及设备租金、不动产税、财产保险费、照明费、行政管理人员的薪金等，均属于约束性固定成本。

这部分成本是与管理层的长期决策密切相关的，即和企业经营能力的形成及其正常维护直接关联，具有很大的约束性，一经形成就长期存在，短期内难以有重大改变，即使营业中断或裁减，该固定成本仍将维持不变，因而也称为能量成本。一般生产能力水平没有变动时，这部分成本不可能有实质性的降低。约束性固定成本的降低，主要通过经济合理地形成和利用生产能力，提高产品产量和质量，取得相对节约的效果。

3. 固定成本的特点

（1）酌量性固定成本的特点

酌量性固定成本通常是由企业管理部门在每会计年度开始前，制定年度开支预算，决定每一项开支的多少以及新增或取消某项开支，因而酌量性固定成本有以下特点。

①由于酌量性固定成本具有前述隐蔽性，管理部门的判断力的高低就显得非常重要，支出额的大小由企业相关负责人根据生产经营方针确定。

②酌量性固定成本的预算期较短，通常为一年。企业要降低酌量性固定成本，就要在预算时精打细算，合理确定这部分成本的数额。

（2）约束性固定成本的特点

①该项成本的预算期通常比较长，如果酌量性固定成本预算着眼于总量进行控制，约束性固定成本预算则只能着眼于更为经济合理地利用企业的生产经营能力。

②约束性固定成本支出额的大小，取决于生产经营能力的规模和质量。它在很大程度上制约着企业正常的经营活动，管理部门当前的决策不改变，就不能轻易削减此项成本。因此，约束性固定成本具有很大的约束性，要降低约束性固定成本，只能从合理利用经营能力入手。

（3）酌量性固定成本和约束性固定成本之间并没有严格界限

酌量性固定成本与约束性固定成本之间没有绝对的界限，一项具体的固定成本究竟应归属于哪一类，取决于企业管理层特定的管理方式。需要注意的是，固定成本总额的固定性是对特定的业务量水平而言的。特定的业务量水平一般是指企业现有的生产能力水平。业务量一旦超过这一水平，势必要增添相应的设备等，其固定成本的固定性也就不复存在。同样地，变动成本总额和业务量之间的线性依存关系也存在着一定的相关范围。业务量一旦超出该范围，它们之间就可能表现出非线性关系或者另一种线性关系。

三、混合成本

在生产经营活动中，全部成本在按其性态分类时，采用"是否变动"和"是否成正比例变动"的双重分类标准划分，划分的结果必然会产生游离于固定成本和变动成本之间的混合成本，如机器设备的日常维修费、辅助生产费用等这些成本项目既不像变动成本那样随业务量的变化而成正比例变化，也不像固定成本那样在一定业务量范围内保持相对稳定。这类成本中介于固定成本和变动成本之间，既随业务量变动又不与其成正比例关系的那部分成本，同时具有变动成本和固定成本的特征，所以也称为混合成本。

1. 混合成本的分类

混合成本与业务量之间的关系比较复杂，按照混合成本变动趋势的不同，可以分为半变动成本、半固定成本、延期变动成本和曲线式混合成本四种。

（1）半变动成本

半变动成本是一种同时包含变动成本和固定成本两方面内容的混合成本。半变动成本的特点是：其有一个初始量，形成一个基数，类似固定成本，它不随业务量的递减而变动。在此基础上。每生产一件产品，成本也随着增加一部分，这部分成本又类似变动成本。半变动成本是混合成本中最普遍的形式，例如企业需要缴纳的大多数公用事业费（电话费、电费、水费、煤气费等）、机器设备的维护保养费及销售人员的薪金等。半变动成本又称典型的混合成本，可直接写成 $y = a + bx$，如图 4-4 所示。

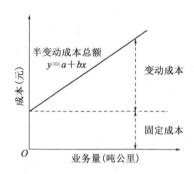

图 4-4　半变动成本与业务量的关系

（2）半固定成本

半固定成本也称阶梯形混合成本，其特点是：当业务量在一定范围内增减变动时，成本固定在一定的水平上保持不变；当业务量增减超过一定范围的限额时，其成本发生额突然跳跃到一个新的水平，然后又在业务量增减的一定限度内保持不变，直到业务量增减再突破新的限度时，才又开始下一次跳跃式升降。其变化构成的曲线呈阶梯形变化，如企业中化验员、检验员的工资就具有这种性质。半固定成本与业务量之间的关系如图 4-5 所示。

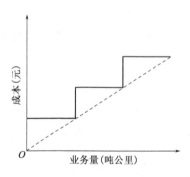

图 4-5　半固定成本与业务量的关系

（3）延期变动成本

延期变动成本也称低坡形混合成本，是指在相关范围内成本总额不随业务量的变动而变动，但当业务量一旦超出相应的范围，成本总额将随业务量的变动而发生相应的增减变动的成本项目。例如，企业在正常工作时间（或正常产量）的情况下，对员工所支付的工资是固定不变的，但当工作时间（或正常产量）超过规定水准，则要按加班时长成比例地支付加班费，所有为此而支付的人工成本都属于延期变动成本，如图 4-6 所示。

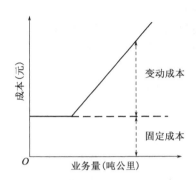

图 4-6　延期变动成本与业务量的关系

（4）曲线式混合成本

曲线式混合成本通常有一个初始量，一般不变，相当于固定成本。在这个初始量的基础上，成本随业务量变动，但二者并不存在线性关系，二者之间的关系在坐标图上表现为一条抛物线。按照曲线斜率的不同变动趋势，这类混合成本可进一步分为递增型混合成本和递减型混合成本。无论哪一类混合成本都可以直接或间接地用一条直线方程 $y = a + bx$ 模拟，这就为成本形态分析中采用一定方法进行混合成本分解提供了数学依据。

2. 混合成本及其分解

常见的用于分解混合成本的方法有两大类：定性分析方法与历史成本分析法。

（1）定性分析方法

①账户分析法。账户分析法也称会计分析法，它是根据经验判断，对会计资料中的各成本、费用项目进行直接分析或按比例分配，进而将总成本划分为变动成本和固定成本的一种混合成本分解方法。首先，分析各成本项目的具体内容，结合其与产量（或业务量）的依存关系判断其是近似固定成本还是更近似变动成本。然后，将近似固定成本的划归固定成本，将近似变动成本的划归变动成本。至于不宜简单地划入变动成本或固定成本的项目，通过一定比例将它们分解为变动成本和固定成本两部分。

账户分析法的优点是简单明了，分析的结果能清楚地反映出具体成本项目，实用价值较高；缺点是分析的工作量大、成本性态的确定较粗放。

②合同确认法。合同确认法又称契约检查法，是指根据契约和合同规定的计价方式和收费标准来确定固定成本和变动成本的方法。首先按合同规定，将保持固定不变的基数部分归为固定成本，将随产量（或业务量）的变动而变动的部分归为变动成本，然后建立成本模型。例如，对于电话费而言，电信公司每月向用户收取的基本费用，可以看成固定成本，按照用户的通话时长计收的费用则是变动成本。

合同确认法的优点是成本性态分析比较准确；缺点是其应用范围较小，只限于签有合同生产经营项目的成本的性态分析。

③技术测定法。技术测定法是根据生产过程中消耗量的技术测定和计算来划分成本的变动部分和固定部分的混合成本分解法。直接观察特定作业所需要投入的实物数量，并将其转化为成本估计值。通常首先由工程技术人员测定各种材料、工时的消耗量，然后由管理会计

人员分析已测定的成本项目的消耗量与产品产量（或业务量）之间的关系，其中与产量（或业务量）无关的成本归集为固定成本，与产量（或业务量）有关的成本归集为变动成本。例如，通过技术测定，把热处理电炉的预热耗电成本（初始量）划归固定成本，把预热后进行热处理的耗电成本划为变动成本。

技术分析所测定的结果比较准确，但其工作量比较大，分析成本较高，一般适用于投入产出关系比较稳定的新企业及已建立标准成本制度（或确定定额成本）的企业。

（2）历史成本分析法

①高低点法。高低点法也称两点法，是根据企业一定期间历史数据中的最高业务量（高点）和最低业务量（低点）之差，以及它们所对应的混合成本之差，计算出单位变动成本，进而将混合成本分解为固定成本和变动成本的方法。

由于混合成本包含变动成本和固定成本两种因素，因此它的数学模型同总成本的数学模型类似，也可用直线方程式 $y = a + bx$ 来表示。其中，a 为混合成本中的固定成本部分；b 为混合成本中的单位变动成本；x 为业务量；y 为成本总额。高低点法的计算公式为：

$$单位变动成本 = \frac{最高业务量的成本 - 最低业务量的成本}{最高业务量 - 最低业务量}$$

固定成本 = 最高（最低）业务量的成本 – 最高（最低）业务量 × 单位变动成本

高低点法步骤如下：

第一步：将最高点设为 $y_1 = a + bx_1$，最低点设为 $y_2 = a + bx_2$；

第二步：计算单位变动成本；

第三步：确定固定成本，计算公式为 $a = y_1 - bx_1$，或 $a = y_2 - bx_2$；

第四步：建立成本性态模型 $y = a + bx$。

高低点法简便易行，易于理解，但它是用产量（或业务量）最高时期和最低时期的情况来代表整体情况，无法排除偶然因素，容易导致较大的计算误差。因此，这种方法只适用于成本变动趋势比较稳定的企业。在选点时，要注意剔除产生偶然事件的数据，使其具有较好的代表性。其次，高低点要以业务量为标准选择，当高点或低点不止一个而成本又不同时，则按照高低点原理，高点取成本大者，低点取成本小者。

②散布图法。散布图法又称散点图法或布点图法，是用非数学的方式来辨认某种现象的测量值与可能原因因素之间关系的一种方法。这种方法具有快捷、易于交流和易于理解的特点。物流成本管理中所运用的散布图法，是指将过去一定期间内由产量（或业务量）及其对应成本所组成的历史数据在平面直角坐标系上逐一标明，通过目测找出最能代表成本变动的那条直线，并据此确定固定成本和变动成本的一种成本性态分析方法。具体步骤如下：

第一步：在平面直角坐标系中，以横轴代表产量（或业务量或可能有关系的因素）x，以纵轴代表成本（或现象测量值）y，绘制成本的散布点，即将产量（或业务量）及其对应的成本逐一标在坐标系中。注意：用来绘制散布图的数据必须是成对的 (x, y)。

第二步：根据历史数据点的分布情况，通过目测估计成本和产量（或业务量）之间是否存在线性关系。如果存在，则在众多历史数据点中间绘制一条直线，尽可能使直线两侧的散布点个数相等，各点到直线的距离之和最小。

第三步：以所绘制的直线和纵轴的交点为固定成本 a。

第四步：以所绘制的直线的斜率为单位变动成本 b，或在所绘制的直线上任取一点，确定其对应的成本值，代入成本模型（$y = a + bx$），通过计算得到单位变动成本。

根据散布图的形成规律，散布图可分为完全正相关、完全负相关、正相关、负相关、不相关以及曲线相关六种，如图 4-7 所示。完全正相关：x 变量增加时，y 的变量随着增加，散布点逐渐上升成一条斜线；完全负相关：x 变量增加时，y 的变量随着减少，散布点逐渐下降成一条斜线；正相关：x 变量增加时，y 的变量亦增加，散布点呈逐渐上升趋势；负相关：x 变量增加时，y 的变量却减少，散布点呈逐渐下降趋势；不相关：当 x 变量增加时，y 的变量并未随之增加，散布点没有上升或下降趋势，无规律可循；曲线相关：x 变量与 y 的变量之间没有直线相关关系，但却有曲线关系存在。

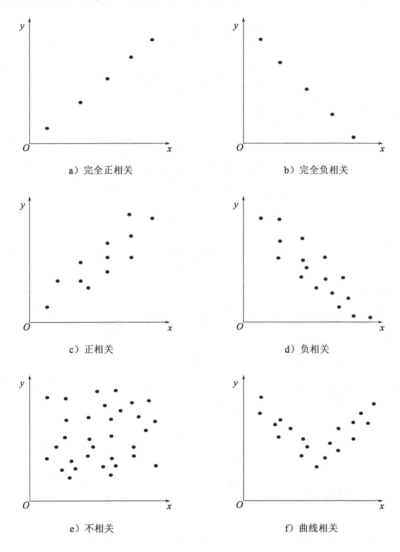

图 4-7 散布图形成规律

散布图法的分析过程比较直观，易于理解，可以排除偶然因素的影响，利用散布图分解混合成本，综合考虑了一系列观测点上业务量与成本的依存关系，但由于这种方法仅凭视觉来绘制，因此其误差比较大。对于成本波动比较小的企业或在对分析精确度要求不高的情况下才可以使用该方法。

③回归直线法。回归直线法也称为回归分析法、最小二乘法或最小平方法，它是指根据过去若干期产量（或业务量）与对应成本的历史资料，利用数理统计中的最小平方法原理计算固定成本（或混合成本中的固定部分）和单位变动成本（或混合成本中变动部分的单位额）的一种成本性态分析方法。

回归直线法的数学推导以混合成本的直线方程式为基础，根据这一方程式和实际所采用的一组 n 个观测值 (x_1, y_1)，(x_2, y_2)，…，(x_n, y_n) 得到一组用于决定回归直线的方程式：

$$\begin{cases} \sum_{i=1}^{n} y_i = na + b\sum_{i=1}^{n} x_i \\ \sum_{i=1}^{n} y_i x_i = a\sum_{i=1}^{n} x_i + b\sum_{i=1}^{n} x_i^2 \end{cases}$$

解方程组，得

$$b = \frac{n\sum_{i=1}^{n} y_i x_i - \sum_{i=1}^{n} x_i \sum_{i=1}^{n} y_i}{n\sum_{i=1}^{n} x_i^2 - \left(\sum_{i=1}^{n} x_i\right)^2}$$

再求出

$$a = \frac{\sum_{i=1}^{n} y_i - b\sum_{i=1}^{n} x_i}{n}$$

回归直线法具体步骤如下：

第一步：对历史资料进行统计整理，计算出 n、$\sum_{i=1}^{n} x_i$、$\sum_{i=1}^{n} y_i$、$\sum_{i=1}^{n} y_i x_i$ 和 $\sum_{i=1}^{n} x_i^2$ 的值。

第二步：计算 b 和 a 的值。

第三步：建立成本性态模型。将 b 和 a 代入 $y = a + bx$ 即可。

回归直线法使用了误差平方和最小的原理，相对高低点法和散布图法，其结果更为精确；但其计算过程烦琐，适用于计算机求解。

第三节 物流系统本-量-利分析

本-量-利分析是成本-产量（或业务量）-利润依存关系分析的简称，也称为 CVP（Cost-Volume-Profit Analysis）分析，是指在成本性态分析的基础上，以数学化的会计模型与图文来揭示固定成本、变动成本、业务量、单价、营业额、利润等变量之间的内在规律性联系，为企业进行预测、决策、计划和控制等经营活动提供必要的财务信息的一种定量分析方法。

一、本-量-利分析的前提条件

在现实经济生活中，成本、销售数量、价格和利润之间的关系非常复杂。例如，成本与业务量之间可能呈线性关系，也可能呈非线性关系；销售收入与销售量之间也不一定是线性关系，因为售价可能发生变动。为了建立本-量-利分析理论，必须对上述复杂的关系进行一些基本假设，由此来严格限定本-量-利分析的范围，对于不符合这些基本假设的情况，可以进行本-量-利扩展分析。

1. 相关范围和线性关系假设

由于本-量-利分析是在成本性态分析的基础上发展起来的，所以成本性态分析的基本假设也就成为本-量-利分析的基本假设，也就是在相关范围内，固定成本总额保持不变，变动成本总额随业务量的变化呈正比例变化。前者用数学模型来表示，就是 $y=a$，后者用数学模型来表示就是 $y=bx$，所以，总成本与业务量呈线性关系，即 $y=a+bx$。相应的，假设售价也在相关范围内保持不变，这样，销售收入与销售量之间也呈线性关系，用数学模型来表示就是以售价为斜率的直线 $y=px$（p 为销售单价）。这样，在相关范围内，成本与销售收入分别表现为直线。

由于有了相关范围和线性关系这种假设，就把在相关范围之外，成本和销售收入分别与业务量呈非线性关系的实际情况排除在外了。但在实际经济活动中，成本、销售收入和业务量之间呈非线性关系这种现象是存在的。

2. 品种结构稳定假设

品种结构稳定假设是指在一个生产和销售多种产品的企业里，每种产品的销售收入占总销售收入的比例不会发生变化。但在现实经济生活中，企业很难始终按照一个固定的品种结构来销售产品，如果销售产品的品种结构发生较大变动，必然导致利润与原来品种结构不变假设下预计的利润有很大差别。有了这种假定，就可以使企业管理人员关注价格、成本和业务量对营业利润产生的影响。

3. 产销平衡假设

所谓产销平衡就是企业生产出来的产品总是可以销售出去，能够实现生产量等于销售量。在这一假设下，本-量-利分析中的量就是指销售量，而不是指生产量，进一步讲，在销售价格不变时，这个量就是指销售收入。但在实际经济生活中，生产量可能不等于销售量，这时产量因素就会对本期利润产生影响。

正因为本-量-利分析建立在上述假设的基础上，所以它一般只适用于短期分析。在实际工作中应用本-量-利分析原理时，必须从动态的角度去分析企业生产经营条件、销售价格、品种结构和产销平衡等因素的实际变动情况，调整分析结论，积极应用动态分析和敏感性分析等技术来克服本-量-利分析的局限性。

4. 变动成本法假定

变动成本法假定是假定产品成本是按变动成本法计算的，即产品成本中只包括变动成本，而所有的固定成本均作为期间成本，从当期的收益中列支。

二、本-量-利分析的原理和内容

1. 本-量-利分析的原理

本-量-利分析的原理可以通过图4-8来反映。在图中，单价和单位变动成本之差就是产品或服务的单位边际贡献，而（单价-单位变动成本）×业务量就是边际贡献总额。从中可以看出，物流服务所提供的边际贡献，虽然不是物流的营业净利润，但它与物流的营业净利润的形成有着密切的关系。因为边际贡献首先用于补偿物流系统的固定成本，边际贡献弥补固定成本后的余额即是企业或物流系统的利润。

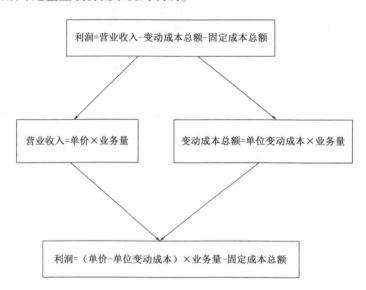

图4-8　本-量-利分析原理

边际贡献又称贡献边际、贡献毛利、边际利润或创利额，是指营业收入与相应变动成本总额之间的差额。它除了主要以总额表示外，还有单位边际贡献和边际贡献率两种形式。单位边际贡献是某产品或服务的单价减去单位变动成本后的差额，也可用边际贡献总额除以相关业务量求得；边际贡献率是指边际贡献总额占营业收入总额的百分比，又等于单位边际贡献占单价的百分比。

图4-8中的"利润"指税前利润，若考虑所得税，则用下面的式子将以上各式中的利润代替即可：

$$利润 = 净利润 / (1 - 所得税税率)$$

2. 保本分析

所谓保本，就是指企业在一定时期内的收支相等，盈亏平衡，利润为零。保本分析就是研究当企业恰好处于保本状态时本-量-利关系的一种定量分析方法,也叫损益两平分析、盈亏临界分析等。保本分析的关键是保本点的确定。

保本点指企业达到保本状态的业务量,即在该业务量水平上,企业收入与支出刚好相等,也称为盈亏平衡点。在此基础上继续增加业务量,企业就会盈利;反之,减少业务量,企业就会发生亏损。保本点有两种表现形式,一种是用实物量表现的保本量,另一种是用货币量表现的保本额。保本点的确定分为单产品和多产品两种情况。对于物流企业,单产品即只有一种物流服务业务,多产品即有多种物流服务业务。

(1) 单产品保本点确定方法

单产品保本点的确定方法有图解法、基本等式法和编辑贡献法。

①图解法。图解法就是通过绘制保本图来确定保本点的位置,如图4-9所示。其中,保本点就是销售收入直线与总成本线的交叉点。

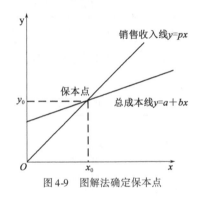

图4-9 图解法确定保本点

②基本等式法。所谓基本等式法就是利用数学公式计算保本量和保本额,计算式如下:

$$保本量 = \frac{固定成本}{单价 - 单位变动成本} = \frac{a}{p-b}$$

$$保本额 = 单价 \times 保本量 = px_0$$

③边际贡献法。边际贡献法下的保本量及其保本额的计算方法如下:

$$保本量 = 固定成本总额 \div 单位边际贡献$$

$$保本额 = 单价 \times 保本量 = 固定成本总额 \div 边际贡献率$$

(2) 多产品保本点确定方法

对多品种盈亏平衡点的确定,常用的计算方法有加权平均法、联合单位法、分别计算法等。

①加权平均法。加权平均法是指在掌握每种产品的边际贡献率的基础上,按各种产品销售额占全部产品总销售额的比重进行加权平均,据以计算综合边际贡献率,进而计算综合盈亏平衡点的销售额及其各种产品盈亏平衡点的销售额和销售量。加权平均法的计算程序如

表4-4所示。

加权平均法的计算程序　　　　　　　　　　　　　　　　　　表4-4

序号	步骤内容	步骤计算公式
1	计算各种产品的销售比重	某种产品的销售比重=该种产品的销售收入/各种产品的销售收入总和
2	计算综合边际贡献率	综合边际贡献率=∑（各种产品的边际贡献率×该产品的销售比重）
3	计算综合盈亏平衡点的销售额	综合盈亏平衡点的销售额=固定成本总额/综合边际贡献率
4	计算各种产品盈亏平衡点的销售额和销售量	某种产品的盈亏平衡点的销售额=该种产品的销售比重×综合盈亏平衡点销售额

②联合单位法。联合单位法是指在事先掌握多品种之间客观存在的相对稳定产销实物量比例的基础上，确定每一联合单位的单价和单位变动成本，进行多品种本-量-利分析。联合单位法的计算程序如表4-5所示。

联合单位法的计算程序　　　　　　　　　　　　　　　　　　表4-5

序号	步骤内容	步骤计算公式
1	确定产品的销量比	某种产品的销售比重=该种产品的销售收入/各种产品的销售收入总和
2	计算联合单价和联合单位变动成本	联合单价=∑（各种产品的单价×该种产品的销量比） 联合单位变动成本=∑（各种产品的单位变动成本×该种产品的销量比）
3	计算联合盈亏临界点销售量	联合盈亏临界点销售量=固定成本总额/产品的联合边际贡献
4	计算各种产品盈亏临界点的销售量和销售额	某产品的盈亏临界点销售量=联合盈亏临界点销售量×该产品的销量比 某产品的盈亏临界点销售额=该产品的盈亏临界点销售量×该产品的销售单价

③分别计算法。分别计算法是指在一定条件下，将全部固定成本按一定标准在各种产品之间进行分配，然后再对每一种产品分别进行本-量-利分析。分别计算法适用于各种产品的生产均可采用封闭式生产方式，即可按产品品种分设车间，产品的固定制造费用一般为专属固定成本，企业的共同固定成本可按一定标准合理分配给各种产品。鉴于固定成本需要由边际贡献来补偿，故按照各种产品之间的边际贡献比例分配固定成本更为合理。分别计算法的计算程序如表4-6所示。

分别计算法的计算程序　　　　　　表 4-6

序号	步骤内容	步骤计算公式
1	计算共同固定成本分配率	固定成本分配率 = 共同固定成本总额/∑各种产品的边际贡献
2	计算分配给各种产品的固定成本	某种产品分配的固定成本 = 固定成本分配率×该种产品的边际贡献
3	计算各种产品的盈亏临界点销售额和销售量	某种产品的盈亏临界点销售额 = 该种产品的固定成本总额/该种产品的边际贡献率 某种产品的盈亏临界点销售量 = 该种产品的固定成本总额/该种产品的边际贡献
4	计算企业的综合盈亏临界点销售额	综合盈亏临界点销售额 = ∑各种产品的盈亏临界点销售额

3. 盈利条件下的本-量-利分析

从完整意义上说，不能把利润这一重要的因素始终排除在外；从现实的角度看，企业不会满足仅仅能够保本。因此，需要进行盈利条件下的本-量-利分析，包括保利量及保利额的计算、本-量-利分析图的绘制等。

(1) 保利量及保利额的计算

保利量和保利额计算可以分为传统式和边际贡献式。

①传统式。计算公式如下：

$$保利量 = (固定成本 + 目标利润) \div (单价 - 单位变动成本)$$

$$保利额 = 单价 \times 保利量$$

②边际贡献式。计算公式如下：

$$保利量 = (固定成本 + 目标利润) \div 单位边际贡献$$

$$保利额 = (固定成本 + 目标利润) \div 边际贡献率$$

若考虑所得税因素，需要确定实现目标净利润条件下的业务量和营业收入，则上述公式可演变为：

$$保利量 = \frac{固定成本总额 + \dfrac{目标净利润}{1 - 所得税税率}}{单位价格 - 单位变动成本} = \frac{固定成本总额 + \dfrac{目标净利润}{1 - 所得税税率}}{单位边际贡献}$$

$$保利额 = \frac{固定成本总额 + \dfrac{目标净利润}{1 - 所得税税率}}{边际贡献率}$$

(2) 本-量-利分析图

本-量-利分析图简单、易理解，直接表达了销售量与利润的关系，除了用于单一品种的盈亏临界点分析之外，还可以用于多品种的分析。本-量-利分析图分为传统式、边际贡献式和利量式。

①传统式本-量-利分析图。传统式本-量-利分析图的特点为将固定成本置于变动成本之下，从而清楚地表明固定成本不随业务量变动的特征。传统式本-量-利分析图是各种盈亏临界图的基本形式，其他形式则是出于不同考虑从传统式演变而来的，如图 4-10 所示。

②边际贡献式本-量-利分析图。边际贡献式本-量-利分析图的特点是将固定成本置于变动成本之上，强调边际贡献及其形成过程，更符合变动成本法的思路，也更符合盈亏临界分析的思路，如图 4-11 所示。

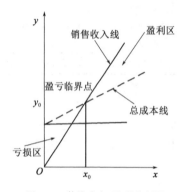 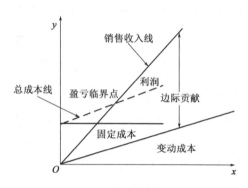

图 4-10　传统式本-量-利分析图　　　　图 4-11　边际贡献式本-量-利分析图

③利量式本-量-利分析图。利量式本-量-利分析图的特点是将纵轴上的销售收入与成本因素略去，使坐标图上仅仅反映利润与销售数量之间的依存关系，如图 4-12 所示。

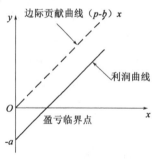

图 4-12　利量式本-量-利分析图

利润函数表示如下：

$$利润 = (p-b)x - a$$

企业现有或预计的销售量（额）超过盈亏临界点销售量（额）的差额被称为安全边际。它反映了企业实际经营的安全程度，具体表现形式有三种：

$$安全边际量 = 现有或预计的销售量 - 盈亏临界点销售量$$

$$安全边际额 = 现有或预计的销售额 - 盈亏临界点销售额$$

$$= 安全边际量 \times 单价$$

$$安全边际率 = 安全边际量 / 现有或预计的销售量 \times 100\%$$

$$= 安全边际额 / 现有或预计的销售额 \times 100\%$$

安全边际是正指标，越大越好。西方国家一般用安全边际率来评价企业经营的安全程度，如表 4-7 所示。

安全边际率指标 表 4-7

安全边际率	10% 以下	10% ~ 20%	20% ~ 30%	30% ~ 40%	40% 以上
安全程度	危险	值得注意	较安全	安全	很安全

由于盈亏临界点销售量已补偿了企业的全部固定成本，因此，盈亏临界点以上的销售量即安全边际只需补偿其变动成本，其差额即边际贡献，就是企业的税前利润。所以，安全边际与税前利润之间具有如下关系：

税前利润 = 安全边际量 × 单位边际贡献 = 安全边际额 × 边际贡献率

盈亏平衡点销售量与现有或预计销售量的比率被称为盈亏平衡点作业率或危险率，其计算公式为：

盈亏平衡点作业率 = 盈亏临界点销售量 / 现有或预计销售量 × 100%

盈亏平衡点作业率是一个反指标，越小越好。

三、相关因素变动的影响分析

1. 价格变动

价格变动对企业保本点、保利点和利润的影响是最直接和明显的。在一定成本水平和既定的营业业务量条件下，单价上涨，保本点、保利点降低，利润总额增加；反之，利润总额减少。因此，单价的变动会引起保本点、保利点呈反方向变动，通过改变营业收入而同方向影响利润，如图 4-13 所示。

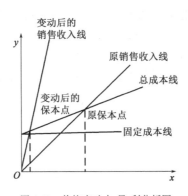

图 4-13 价格变动本-量-利分析图

2. 单位变动成本变动

在业务量既定的条件下，单位变动成本单独变动对利润的影响表现在：单位变动成本上升时，保本点和保利点提高，利润减少；反之，利润增加。单位成本单独变动会使保本点和保利点同方向变动，利润反方向变动，如图 4-14 所示。

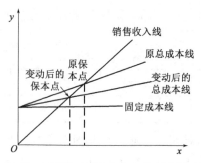

图4-14　单位变动成本变动本-量-利分析图

3. 固定成本变动

在其他条件不变的条件下，固定成本减少，保本点和保利点下降，利润上升；反之，利润下降。固定成本的变动直接影响成本的起点，对利润的影响是直接的，如图4-15所示。

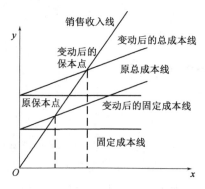

图4-15　固定成本变动本-量-利分析图

在本-量-利分析的实际应用中，应该结合企业实际需求以及物流成本核算基础工作的完成情况来考虑，物流成本的核算是进行本-量-利分析的前提，离开了物流成本的核算，本-量-利分析就成为一种空话。结合具体项目、具体客户、具体订单进行本-量-利分析可以使本项工作发挥更大的效用。如物流企业针对大客户提供多项服务，则可以按照不同的客户进行本-量-利分析，这可以为物流企业的客户关系管理提供非常有用的信息。

复习思考题

1. 简答题

(1) 简述社会物流系统成本与企业物流系统成本区别。
(2) 简述企业物流成本的基本构成的内容。
(3) 简述制造企业、商品流通企业、物流企业的物流成本的构成内容。
(4) 物流成本性态的分类有哪些？各成本性态有什么特点？
(5) 常见的混合成本的分解方法有哪些？

(6) 试说明本-量-利的前提条件。
(7) 简述本-量-利分析中哪些因素变动会对企业利润造成的影响。

2. 案例分析

ATD 公司是大众汽车集团在中国投资的第一家全资子公司，公司的管理模式和生产模式都遵照德国大众集团所设。ATD 公司依照大众集团成本划分要求，将购买生产性原材料时所花费的运费、包装费、材料清关费、关税、代理货运公司运费等跟原材料购进相关所产生的费用统称为 BNK。注意：对于 ATD 公司，购买机器设备（费用属于固定资产）、机器设备的备品备件（费用属于供应商成本）、销售货物（客户自提货物，不需要 ATD 运送）所发生的物流成本均不在公司物流成本范围内。

(1) 入厂物流费用（BNK）构成。

在入厂物流环节，涉及的费用主要有材料运输费、代理公司运费、材料包装费、清关费、关税。材料运输费是指境内、境外原材料供应商将材料运送到 ATD 公司所发生的运输费用；第三方物流代理公司运输费指 ATD 公司雇佣第三方代理公司进行物流运输发生的代理费服务费和运输费；材料包装费指在运输原材料和公司产品的过程中，为了防止磕碰、生锈等产生的包装物费用；清关费、关税指材料到港后，按照中国相关政策和法规向海关缴纳的关税以及货物清关费。

(2) 物流仓储费用（物流相关人员工资、管理费等）。

几年来 ATD 公司的物流成本占据除原材料购置成本以外其他工厂成本的 20%。ATD 公司每年将为物流运输花费近 1.6 亿人民币，其中不包括物流人员工资等固定资产支出，控制物流成本费用对于 ATD 公司来说极为重要。ATD 公司物流费用使用比重如表 4-8 所示，根据此表可以看出国产原材料（LC）的运费和包装费占 ATD 物流成本的比例最高。这是由于目前 ATD 公司零件占总零件的比例不超过 10%。大部分的原材料均从国内采购，所以国产材料所需要的运费和包装费占比最高是一个必然现象。LC 国产零件运费核算的 ATD 雇佣的国内货运代理公司，通过陆运卡车的运输方式到国内供应商工厂接取货物。陆运服务费一般根据运输距离、货车载货能力、载货量以及空使率等进行核算。

ATD 物流费用比重表 表 4-8

费用支出	比例
进口零件海运费	8%
进口零件空运费	2%
零件关税	24%
LC 国产零件运费	41%
LC 国产零件包装费	25%

思考题：

(1) ATD 公司的成本构成包括哪几个方面？
(2) ATD 公司应该从哪几方面入手减少企业的物流成本支出？

第五章 物流系统服务质量分析

本章导读

2022年1月21日,国家邮政局通报了2021年快递服务满意度调查。调查显示,2021年快递服务总体满意度得分为76.8分。其中,公众满意度得分为83.7分,时限测试满意度得分为69.9分。快递服务全程时限水平比2020年有较大提升,农村地区快递服务满意度得分上升,"快递进村"成效继续显现。公众满意度得分居前15位的城市是:太原、芜湖、宝鸡、长春、银川、武汉、漯河、无锡、临沂、合肥、南宁、哈尔滨、大连、台州、郑州。总体满意度和公众满意度得分居前5位的快递服务品牌是:顺丰速运、京东快递、邮政EMS、中通快递、韵达速递。

思考:

什么是快递服务满意度?如何进行评价?

第一节　物流系统服务质量的认识

一、服务及服务质量

1. 服务的特征与分类

"服务"这个词，人们经常使用，但其含义往往并不相同。从最广泛的意义上说，在社会分工存在的条件下，人们分别进行不同的劳动，在不同行业中进行操作，就是彼此为对方提供服务。但在现实生活中，由于社会分工的发展，一部分人不从事工农业生产，只为他人提供非工农业产品的效用或有益活动，人们便把这种现象称之为服务。服务与普通产品的最大区别在于，它是一种无形的过程和行为，不表现为一个实物形态，或者说它是一种运动形态的使用价值。在更广的意义上，服务是由过程和行为造成的结果。由于服务的特殊性，带来人们对服务定义的不一致性，因此也就决定了服务特点的多样性和不确定性。

（1）无形性

服务的无形性是与一般物质产品的有形性相对独立的特征，这是服务作为产出与有形产品的最本质、最重要的区别。从两个方面来理解服务的无形性：一是与有形的消费品或工农业产品比较，服务的空间形态基本上是不固定的，在很多情况下人们不能触摸到，或不能用肉眼看见它的存在；二是有些服务的实用价值或效果，往往在短期内不易感受到，通常要等一段时间后，使用或享用服务的人才能感觉到服务所带来的利益，如教育服务、一种品牌作为无形资产的价值等。服务是一种执行的活动，由于它的无形性，服务在被购买之前，顾客不能凭借视、听、味、触、嗅等对待有形产品的方法感知服务的存在并判断其优劣，而只能通过搜寻相关信息、参考多方意见并结合自身的历史体验做出购买决策，这正是服务与有形产品之间的差异所引起的。因此，顾客在购买服务产品时，有时会因为难以确定其品质而要承受不确定的风险。

（2）即时性

服务的即时性主要表现在两个方面：一是不可分离性，二是不可储存性。

不可分离性是指服务的生产过程与消费过程同时进行，它不像有形产品那样，在生产、流通、消费过程中，一般要经过一系列的中间环节，因而生产与消费过程一般都具有一定的时间间隔。服务的生产与消费过程通常是同时发生的，而服务产品与其提供来源大多是无法分割的。服务在本质上是一个过程或一系列的活动，消费者在此过程中必须与生产者直接发生联系。服务人员将服务提供给顾客的过程，也就是顾客消费、享用服务的过程，因此服务的生产和消费在时间上不可分离。由于服务的不可分割性，使得大多数情况下，顾客必须介入生产流程，这就使服务的提供人员与顾客之间的互动极为密切，购买服务者对于服务品质也有相当的影响。服务的不可分离性对服务的质量管理和营销管理提出了新的要求，服务营销管理也必须将顾客纳入管理之中，而不局限于对员工的管理。员工与顾客之间的相互作用是影响服务质量高低的重要因素，对互动过程的管理也相当重要。

不可储存性是指服务的生产和消费必须在同一时间、同一地点进行，无法如一般有形产品一样，在生产之后可以存放待售，它是不能被储存的。由于服务不具备储存能力，服务产品既不能在时间上储存下来以备将来使用，也不能在空间上将服务转移并安放下来，如果不能及时消费，就会造成服务的损失。服务的不可储存性是由不可感知性和服务的生产、消费的不可分离性决定的，例如美容美发、餐饮服务、仓储运输服务、旅馆、旅游及医疗服务等。当然，有些服务是利用一定的设备进行的，这些设备可能会提前准备好，但生产出来的服务如果不及时消费，也会造成损失，只不过这种损失不像有形产品的损失那样明显。因此，由于服务不可储存，服务能力的设定以及对服务需求的管理就是非常重要的。服务能力的大小、服务设施位置对服务业企业的获利能力至关重要。服务能力不足会带来机会损失；服务能力过大会支出不必要的固定成本。

（3）异质性

服务的异质性是指服务的构成要素及质量水平经常变化，难以统一认定。服务具有高度的异质性，即使是同一种服务，受提供服务的时间、地点及人员等因素的影响也很大。尤其是必须有人员接触的服务，其服务的品质异质性就相当大，通常会视服务人员、接触顾客的不同而有所差异，服务的构成成分及其质量水平经常变化，甚至每天都有变化。由于服务无法像有形产品那样实现标准化，因此同一服务存在质量差别。每次服务带给顾客的效用、顾客感知的服务质量都可能不同。究其原因，服务的异质性是由服务提供者、服务消费者以及两者之间的相互作用三方面共同决定的。

（4）所有权的不可转让性

服务所有权的不可转让性是指服务的生产和消费过程中不涉及任何有形物品的所有权的转移，或者说服务与所有权无关。顾客在消费完服务后，不会获得像有形产品交易后的所有权的转移，服务消费者对服务只拥有使用权或消费权。例如，乘坐飞机抵达目的地后，除了机票和登记卡以外，旅客不再享受旅行服务，旅行服务的所有权不会发生变化；在银行提款后，储户取到了钱，但银行的服务也不会产生所有权的变更。

在服务的这几种特征中，无形性是最基本的特征，其他特征都以这一基本特征为基础。同时这几种特征也相互影响、相互作用，共同构成了服务与有形产品间的本质区别。正是因为服务的不可感知性，它才具有不可分离性，而服务的异质性、不可储存性、缺乏所有权在很大程度上是由不可感知性和不可分离性两大特征决定的。

服务业形式多样，它既包括新兴的服务活动，如电信服务和技术中介服务，也包括十分传统的服务，如理发服务；既包括劳动密集型产业，如专业化的服务，也包括资本密集型产业，如交通运输业，还包括知识和技术密集型产业，如金融业、保险业等；既包括生产率增长很快的产业，如信息服务业，也包括生产率几乎不增长的部门，如艺术服务；既包括可以标准化和大规模生产的服务，如快餐业，也包括只能以顾客化方式生产的服务，如咨询服务。

从服务的功能出发，将服务分为流通服务、生产者服务、社会服务和个人服务，并进而对各式各样的服务行业进行了归类，其中流通服务和生产者服务基本上是工业生产的延伸，其发展在很大程度上是受工业文明的推动；而社会服务和个人服务则主要来自消费者对他们的直接需要，其发展在更大程度上是为最终需求所推动的，具体如表5-1所示。

服务按功能分类　　　　表5-1

序号	类别	行业
1	流通服务	交通、仓储、通信、批发零售、广告及其他销售服务等
2	生产者服务	银行、信托及其他金融、保险、房地产、工程和建筑服务、会计、出版、法律服务等
3	社会服务	医疗、保健、医院、教育、福利、政府、邮局服务等
4	个人服务	家政服务、旅馆和餐饮、修理服务、洗衣、理发、美容、娱乐和休闲等

其中，流通服务如仓储、交通、通信、批发、零售等活动，是从生产到消费的最后一个阶段，它们与第一产业和第二产业加起来就是商品从原始自然资源经过提炼、加工、制造、销售，最后到达消费者这样整个生产流通和消费的完善过程，因此，流通服务必然会随着商品生产规模的扩大而增加。现代物流服务比较特殊，同时涉及表5-1中的四种服务类型。

2. 服务质量的概念及特性

服务质量是指服务实际符合顾客期望的程度，即顾客对服务的感知与服务的期望之间的差异比较，也称为顾客感知服务质量。感知服务大于服务期望，则顾客感知服务质量是良好的，反之亦然。与有形产品质量不同，顾客感知服务质量由技术质量（服务的结果）和功能质量（服务的过程）组成。服务质量要比产品质量更加难以定义和判别。比如，就一次理发的质量达成一致，要比就一个电吹风的质量达成一致意见困难。服务质量发生在服务生产和交易过程之中，并是在服务企业与客户交易的真实瞬间实现。服务质量同有形产品质量的区别，如表5-2所示。

服务质量同有形产品质量的区别　　　　表5-2

区别点	服务质量	有形产品质量
评价难易度	较难被客户评价	容易被客户评价
评价标准	客户预期同实际所感受的服务水平的对比	客户实际感受到的满意程度
评价过程	考虑服务的过程与结果	仅考虑使用的结果

服务质量应被客户识别、认可才是质量合格。服务质量的构成要素、形成过程、考核依据、评价标准均有别于有形产品的内涵，具有以下基本特性。

（1）服务质量是一种主观质量

服务质量与有形产品的质量存在着很大的差异，有形产品的质量可以采用许多客观的标准加以度量，如对一辆汽车，其耗油量、时速、刹车性能等是一个客观存在的标准，这些标准不会因为产品提供者的不同、购买产品的消费者的不同而产生变化；但服务质量却并非如此，不同的顾客可能对同一种服务质量产生不同的感知。例如，服务过程中的可靠性常常被视为一个非常重要的服务质量要素，但不同文化背景的顾客对这个问题的感知却存在着较大的差异。即使是同一个顾客，在不同的时段，可能对质量的要求也会产生变化。

（2）过程质量在服务质量构成中占据极其重要的地位

正因为服务质量是一种互动质量，所以，服务过程在服务质量形成过程中起着异常重要的作用。服务结果是顾客购买服务的根本目的所在，如果没有服务结果，或者服务结果很差，那么，再好的服务过程也无法弥补。同样，即使服务结果很好，但服务传递过程很糟，最后形成的顾客感知服务质量也可能是低下的。忽视结果或者忽视过程，在服务质量管理中都是错误的。

(3) 服务质量的度量不同于制造业中所采用的方法

在制造业的服务质量度量中，我们可以将视野聚焦在内部效率上，即可以通过检验证明产品与我们事先制定的产品标准是否吻合，如果吻合或者超过标准，则说明质量是合格的或者是优异的。但在服务业中，我们不但要考虑服务质量与服务标准的吻合问题，更重要的是，我们还要衡量质量的外部效率，即对顾客关系质量的影响。也就是说，这种服务质量对服务提供者与顾客建立持久的关系具有什么样的影响作用。

二、物流服务及服务质量

1. 物流服务的概念

物流服务是指为满足客户需求所实施的一系列物流活动产生的结果，是客户需求与物流企业供给的有机结合。客户作为需求方，负责提出运输、仓储管理、城市配送、供应链管理等物流需求。物流企业作为服务供给方，围绕客户需求配置资源，为客户提供安全、经济、准时的物流服务。物流企业需要具备准确理解客户需求、服务操作能力保障、服务品质保证和价格竞争优势等能力。

物流服务具有较强的规范性、差异性、增值性、网络性特征。规范性是指物流操作流程、资源配置、服务标准规范化，如顺丰速运、德邦等企业的规范化管理。差异性是指不同客户在物流目的、需求时间、需求规模、品质要求等方面存在显著差异，如煤炭物流、冷链物流、小汽车物流等。增值性是指物流过程为客户创造出时间效应、空间效应、外观效应等，使客户的产品更具市场竞争力。网络性是指为形成规模效应、拓展服务覆盖范围、降低物流运营成本，物流企业大力拓展地面网络、搭建线上信息网络，如传化物流港、卡行天下、菜鸟网络等。

随着社会分工越来越细，生产制造企业对专业化物流服务的依赖程度越来越高，产生了物流外包的需求，催生了一体化物流服务。一体化物流服务是指根据客户需求所提供的多功能、全过程的物流服务。一体化物流服务由客户提出外包需求，制定关键指标，物流企业在深入调研、准确理解客户需求基础上，立足解决时效、安全、服务品质等客户关键物流问题，制定一体化物流解决方案，并通过优化物流资源配置、强化物流过程管理和控制，实现物流过程高效、透明、经济，为客户提供高品质物流服务体验。

此外，随着物流服务专业化程度提高，还出现了供应链管理、物流金融等物流服务形态。供应链管理是指对供应链涉及的全部活动进行计划、组织、协调与控制。物流金融是指在面向物流业的运营过程中，通过应用和开发资金融通、结算、保险等各种金融产品，有效地组织和调剂物流领域中货币资金的运动。供应链管理和物流金融是物流服务的纵向延伸和横向拓展，使得物流服务与客户业务深度融合，成为战略合作伙伴。

2. 物流服务分类

按照不同的标准，物流服务有很多种类。比如，按照物流服务的业务分类，可以分为基本服务和增值服务。其中，基本服务包括运输、仓储、配送、装卸、包装等。增值服务是在提供基本服务的基础上，满足更多的顾客期望，为客户提供更多的利益和优质服务，主要包括增加便利性的服务、加快反应速度的服务、降低成本的服务、延伸服务等。按照物流服务对象的不同，可以分为面向最终消费者的配送物流服务、面向制造企业的生产物流服务、面向流通企业的销售物流服务、面向电商企业的快递物流服务等。

我国国家标准《物流服务分类与编码》（GB/T 26820—2011）将物流服务分为物流服务大类、物流服务小类、物流服务项目三个层次和功能型、信息型、咨询型三个大类，如表5-3所示。功能型物流服务是物流企业所能提供的基本服务，主要依靠物流设施、设备、器具等硬件来完成，无论货物的性质、货主的地理位置，也无论服务模式而普遍存在。信息型物流服务是物流企业依托技术手段、相关软硬件设施设备为物流服务需求方提供的物流信息服务。咨询型物流服务是物流企业为需求方（政府或企业）提供的知识型服务，服务结果通常表现为研究报告和解决方案的形式。

物流服务的分类　　　　　　　　　　表5-3

物流服务大类	物流服务小类	物流服务项目
功能型物流服务	仓储服务	存储保管、验收检测、出入库服务、库存管理与控制、转让过户、存货质押监管、其他
	运输服务	铁路运输、公路运输、水路运输、航空运输、管道运输、多式联运、其他
	配送服务	门到门服务、快递、集拼处理、组配调度、其他
	装卸搬运服务	码垛拆块、装卸服务、搬运服务、其他
	包装服务	组合拼配、加固捆扎、更换包装
	流通加工服务	粘贴标签、制作并粘贴条码、辅助加工、其他
信息型物流服务	基本信息服务	信息发布、信息查询、信息处理、信息服务、货物跟踪、业务监控、其他
	物流信息系统	仓储管理系统、运输管理系统、配送管理系统、货运代理管理系统、报关报检管理系统、其他
	信息平台服务	技术服务、信息服务、交易服务、物流业务服务、用户服务、其他
咨询型物流服务	市场调研	市场容量和结构调查、营销与物流策略调查、用户满意度调查、其他
	物流规划	物流战略、物流系统规划、设施设备规划、物流园区规划、其他
	方案设计	物流外包方案设计、物流信息化方案设计、物流营销方案设计、定制化物流方案设计、业务流程优化、组织结构优化、其他
	教育培训	普及培训、专业培训、其他

3. 物流服务质量

物流服务质量是指物流系统的管理者所提供的实际物流服务满足顾客期望的程度，具体分为技术质量和功能质量。物流技术质量是物流系统服务的结果，即物流的时间效用和空间效用；物流功能质量是物流系统服务的过程，即物流系统是如何实现其时间效用和空间效用的。按照具体的服务内容差异，可以分为运输服务质量、配送服务质量、保管服务质量等。

客户在购买物流服务之前，由于受到企业所做的广告或宣传的影响，也可能由于其他客户的口头信息传播的影响，以及自己以前接受物流服务的经验，在大脑中形成了对企业形象的一个初步认识，对准备接受物流服务的质量有了比较具体的预期。在服务提供过程中，客户体验到了该系统或企业提供的服务，包括两部分：一部分是自己获得了什么；另一部分是自己如何获得的。客户会不自觉地把自己在接受物流服务过程中体验到的服务质量与预期的服务质量相比较，从而得出对该企业的服务质量的评价。因此，物流服务质量是顾客期望的服务和感知的服务之间的差距，这个差距是由服务过程中的4个差距累积而成的，如图5-1所示。将顾客的服务感知与服务期望的差距定义为差距5，它取决于与服务传递过程相关的其他4个差距的大小和方向。

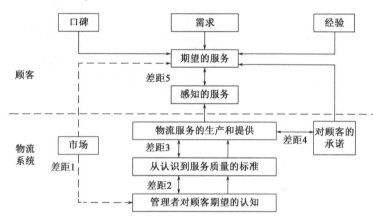

图 5-1　物流服务质量形成示意

（1）差距1——服务期望与管理者对顾客期望的认知之间的差距

差距1指物流顾客的服务期望与物流系统管理者对顾客期望的认知之间的差距。导致这一差距的原因是物流系统管理者对顾客如何形成他们的期望缺乏了解。顾客期望的形成受到市场宣传、服务经历、个人需要和口碑等多方面的影响。

（2）差距2——服务质量规范差距

差距2指物流系统管理人员对顾客期望的认知同物流系统的服务质量标准之间的差距。即使管理人员已经准确理解了顾客的需求，有时也不能将其融入到所制定的服务质量标准中。

（3）差距3——服务传送差距

差距3指服务质量标准同物流系统实际所提供的服务之间的差距。存在这一差距意味着物流系统向顾客提供的服务未能达到所制定的服务标准。

（4）差距4——承诺兑现差距

差距4指物流系统管理者进行外部市场沟通时承诺的服务同企业所提供的实际服务之间

的差距，即承诺兑现差距。

（5）差距 5——感知服务质量

差距 5 指顾客对服务的期望与顾客对服务的感知之间的差距，即物流系统的服务质量。这一差距实质上是前四个质量差距之和。

客户对物流服务质量的最终评价还要受到客户心中企业形象的影响。如该物流服务企业的市场形象一贯较好，顾客很可能会原谅企业在服务过程中的过失，从而提高对物流服务质量的评价。反之，如服务企业形象不佳，顾客就会放大物流服务过程中的过失或不足，得出更加不满的结论。

第二节 基于 SERVQUAL 物流系统服务质量评价方法

一、SERVQUAL 方法简介

SERVQUAL 为英文 "Service Quality"（服务质量）的缩写，是一种建立在顾客期望服务质量和顾客接受服务之后对服务质量的感知上的服务质量评价方法，它的依据是全面质量管理理论，它的核心内容是"服务质量差距模型"（也称期望-感知模型），即服务质量取决于顾客所感知的服务水平与顾客期望的服务水平之间的差距程度，用户的期望是开展优质服务的先决条件，提供优质服务的关键就是要超过用户的期望值。SERVQUAL 主要衡量服务质量的五个评价维度，即有形性、可靠性、响应性、保证性、移情性。这五个层面又可以细分为若干个不同的问题，通过问卷调查、顾客打分等形式让顾客针对每个问题给出实际服务感知的分数、最低可接受的分数以及期望服务水平的分数，然后通过综合计算得出服务质量分数。SERVQUAL 评价方法结构示意如图 5-2 所示，SERVQUAL 量表如表 5-4 所示。

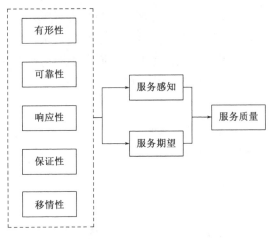

图 5-2 SERVQUAL 评价方法结构示意

SERVQUAL 量表　　　　　　　　　　　　　　　　表 5-4

评价维度	评价问题
有形性	1. 有现代化的服务设施 2. 服务设施具有吸引力 3. 员工有整洁的服务和外表 4. 公司设施与他们所提供的服务相匹配
可靠性	5. 公司向顾客承诺的事情能及时完成 6. 顾客遇到困难，能表现出关心并提供帮助 7. 公司是可靠的 8. 能准确提供所承诺的服务 9. 正确记录相关的服务
响应性	10. 不能指望他们告诉顾客提供服务的准确时间* 11. 期望他们提供及时的服务是不现实的* 12. 员工并不总是愿意帮助顾客* 13. 员工因为太忙以至于无法立即提供服务，满足顾客需求*
保证性	14. 员工是值得信赖的 15. 在从事交易时顾客会感到放心 16. 员工是有礼貌的 17. 员工可以从公司得到适当的支持，以提供更好的服务
移情性	18. 公司不会针对不同的顾客提供个别的服务* 19. 不能期望员工了解顾客的需求* 20. 公司没有优先考虑顾客的利益* 21. 公司提供的服务时间不能符合所有顾客的需求*

注：1. 问卷采用 7 分制，7 表示完全同意，1 表示完全不同意；中间分数表示不同的程度；问卷中的问题随机排列；
　　2. *表示对这些问题的评分是反向的，在数据分析前应转换为正向得分。

1. 有形性

有形性包括了实际物流系统的设施、设备以及服务人员的外表等。所有这些都被提供给顾客用来评价服务质量。强调有形展示的服务行业主要包括顾客到企业所在地接受服务的服务类型，如餐馆、饭店、影院等。物流服务尤其是面向终端消费者的配送服务，特别强调服务的有形性。在具体的操作上，分别是量表中的 1~4 问项。

2. 可靠性

可靠性是可靠地、准确地履行服务承诺的能力。从更广泛的意义上说，可靠性意味着公司按照其承诺行事，包括送货、提供服务、问题解决及定价方面的承诺。顾客喜欢接受信守承诺的公司的服务，特别是那些能信守关于核心服务质量方面的公司。为量表 5~9 问项。

3. 响应性

响应性是指帮助顾客并迅速地提高服务水平的愿望和能力。该维度强调在处理顾客要求、询问、投诉和问题时的专注和快捷。响应性表现在顾客在获得帮助、询问的答案及对问题的解决前等待的时间上。响应性也包括为顾客提供其所需要服务的柔性和能力。为量表 10~13 问项。

4. 保证性

保证性是指员工所具有的知识、礼节以及表达出自信与可信的能力。在顾客感知的服务有高风险或其不确定自己有能力评价服务的产出时，如银行、保险、证券交易、医疗和法律服务，该维度可能非常重要。为量表 14~17 问项。

5. 移情性

移情性是指关心并为顾客提供个性化服务的愿望和能力。移情性的本质是通过个性化的或者顾客化的服务使每个用户感到自己是唯一的和特殊的，用户能够感受到为他们提供服务的公司对他们的足够理解和重视。规模较小的服务公司的员工通常知道每个用户的姓名等信息，并且与用户建立了了解用户需要和偏好的关系。当这种小规模的公司与大企业竞争时，移情能力可能使其具有明显的优势。在企业对企业服务的情况下，用户想要供应商理解他们所处的行业和面临的问题。为量表 18~21 问项。

二、SERVQUAL 方法具体步骤

SERVQUAL 评价方法是一种建立在服务质量五个维度基础之上的衡量顾客感知服务质量的工具。它通过比较分析顾客感知到的服务与所期望的服务之间的差距来衡量，具体的评价步骤可以分为以下两步。

1. 顾客通过调查问卷打分

根据 SERVQUAL 量表，通常调查问卷有 21 个指标，被调查者根据其服务的实际体验来回答问题（每个指标的分值都采用 7 分制，分值从 7 分到 1 分分别代表着"完全同意"至"完全不同意"），说明他们期望的服务质量和感知的服务质量，由此确定总的感知服务质量的分值。分值越高，说明被调查者期望的服务质量和实际感知的质量的差距越大，也即顾客感知的服务质量越低。

2. 计算服务质量的分值

对服务质量进行评价实际上就是对得到的各指标的分值进行计算。顾客的实际感受与期望往往不同。因此，顾客对某一问题的实际感受和期望的打分存在差异，这一差异就是在这个问题上服务质量的分数，用式（5-1）表示：

$$SQ = \sum_{i=1}^{21} (P_i - E_i) \tag{5-1}$$

其中，SQ 为总的感知服务质量；P_i 为第 i 个指标的客户感知方面的分数（$i=1, 2, \cdots, n$，$n=21$）；E_i 为第 i 个指标的客户期望方面的分数（$i=1, 2, \cdots, n$，$n=21$）。

式（5-1）表示的是单个顾客的总的感知质量。然后把调查中所有顾客的 SERVQUAL 分数加总后再除以顾客的数目就得到了系统或企业的平均 SERVQUAL 分数。

式（5-1）中存在一个假定条件，即对于系统或企业提供服务的五个属性来说，在每个顾客心中的重要程度是相同的，即所占权重是一样的。但在实际生活中，不同的服务的五个

属性在顾客心中所占的分量是不同的。例如餐饮企业的顾客认为这五个属性中保证性最重要，而软件企业的顾客则不一定认为保证性是最重要的，他们认为可靠性更为重要。因此，在评估企业服务质量时要进行加权平均。在式（5-1）的基础上可以得到加权计算的公式，用式（5-2）表示：

$$SQ = \sum_{j=1}^{5} W_j \sum_{i=1}^{m} (P_{ji} - E_{ji}) \tag{5-2}$$

其中，SQ 为总的感知服务质量；W_j 为第 j 个维度的权重（$j=1,2,\cdots,5$）；P_{ji} 为第 j 个维度第 i 个指标的客户感知得分（$i=1,2,\cdots,m$，m 为第 j 个维度的指标数）；E_{ji} 为第 j 个维度第 i 个指标的客户期望得分（$i=1,2,\cdots,m$，m 为第 j 个维度的指标数）。

SERVQUAL 评价方法有效地解决了评价服务质量这一主观性强而难以量化和度量的历史难题，在很多服务行业得到推广应用。但是，SERVQUAL 方法也存在一定的不足：一是决定服务质量的五个维度及对应的指标对于某些服务企业可能是有意义的，但对于另外一些服务企业而言意义可能不大；二是各维度权重的确定是影响服务质量的关键，而权重的确定或多或少均存在一些主观性，使得该模型的应用受到一定限制；三是研究结果与问卷质量息息相关，调查对象的范围以及样本容量的多少会影响模型是否能够全面客观地反映问题。

三、SERVQUAL 方法应用案例

1. 案例企业概况

Y 企业创建于 1988 年，是我国最早一批从事国际物流相关业务的企业之一。到现在，Y 企业已经发展成为一家集国际货运代理、船务代理、国际集拼与集装箱运输、干散货物运输、供应链物流为一体的国际化大型现代综合物流企业集团。

①业务运营方面：近年来，Y 企业聚焦客户需求和深层次的商业压力与挑战，积极响应国家政策号召，专注发展国际多式联运及其相关业务，服务涉及合同物流、项目物流、化工物流、冷链物流、会展物流等。

②网络资源方面：Y 企业逐步在国内 20 多个城市建立了服务网点；在日本、巴基斯坦等国家设立了海外办事处；各国铁路运输公司、港口企业建立了长期战略合作关系，物流服务网络覆盖亚洲、非洲、美洲、欧洲、大洋洲。

③物流设施设备方面：Y 企业在国内外拥有 1500 多辆运输车辆和 100 多艘船舶，总运载量达 20 万吨；经营 40 多个集装箱堆场和 30 多个散装堆场，自有和租赁仓库面积达 500 万平方米；拥有数条铁路专线和十余个码头。

④数字化建设方面：企业以各大核心物流节点为基础搭建起物流大数据体系，建设数字化的物流基础设施；通过技术创新推进发展智慧全场景物流，人工智能、物联网等先进技术已被应用到了单证处理、物流金融、资源匹配等实际业务中。

⑤人力资源方面：企业注重在职员工的培训，无论是新入职员工还是老员工，培训内容丰富多样，包括企业文化、员工基本技能培训、业务知识培训、员工自主学习等。

⑥社会责任方面：Y 企业制定了明确的可持续发展战略，目标成为一个社会信任的负责任企业。

经过多年的发展，Y 企业积累了丰富的行业经验，建立起了较大规模的物流服务体系，依托全球实体服务网络和在线物流服务平台，为客户提供在线、即时、低成本、全方位的"一站式"综合物流服务。随着"一带一路"倡议的提出，国际货运市场火热，伴随而来的问题是行业竞争的加剧，如何确保企业良好地发展，企业决策层提出"服务制胜"的策略，注重服务质量的提升，力争做行业的佼佼者。

2. Y 企业国际多式联运物流服务质量评价

（1）建立评价指标体系

①保证性。在国际多式联运物流服务中，保证性是指企业从事国际多式联运物流服务的实力基础，它是企业提供物流服务、满足顾客需求的保障，从内部保证服务得以顺利实现。首先，针对各式各样的物流需求，联运企业应具备专业的服务能力；其次，企业要具备专业的人力资源，业务人员能力水平高低会直接或间接地影响到服务的执行水准；再者，国内外物流网络布局是企业实力的重要体现，拥有广阔的国际物流网络意味着企业可向顾客提供更大地域空间上的物流支持；另外，企业也应该具有全程组织能力、物流资源调配能力、风险识别与处理能力，这些都是多式联运企业需要考虑的重要因素；最后，国际多式联运任务的完成往往需要多位合作伙伴共同的参与和配合，合作伙伴的可靠性也作为保证性的一个重要考虑要素。

②有形性。有形性具体体现在场地设施、作业设备、信息化建设三个方面，反映在服务中的应用程度和先进化水平。其中，场地设施是物流活动发生的场所，常见的场地设施主要有：办公场所、货场和仓库，在顾客业务办理、货物集散和仓储方面发挥着重要作用。同样物流服务活动也离不开叉车、挂车、集装箱等各种作业设备，在物流实践中大规模地应用先进作业设备可以有效降低人力成本、提高货物流通效率。除此以外，有形性也应该包含信息化建设，信息化建设程度是衡量物流企业现代化水平的重要标准。Y 企业认为物流服务中信息化建设体现在企业线上服务平台的建设和物流信息技术的应用两个方面。

③可靠性。可靠性反映的是多式联运企业准确、可靠地执行物流服务的能力水平，在国际多式联运物流服务中，处处都应具备可靠性的特征。在服务接受之初，多式联运企业需要根据顾客运输需求设计多式联运方案，方案的制定要科学合理、切实可行；签订联运合同后，多式联运企业要准时、准确地对顾客货物进行提货拼箱办理托运，核验无误后签发多式联运提单，最终将货物准确地送达合同约定的收货地点，订单的整个执行过程要求精确无差错；关于运输途中的转关或者清关，多式联运企业或其代理人应凭借行业经验，熟悉国别关务规则，实现高效的关务流通；货差货损是服务中顾客比较关心的问题，多式联运企业有必要对货物采取有效的保护和监管措施，避免货物损坏或灭失问题的出现；多式联运企业应注重信息管理，确保信息传递准确，提高物流透明度，保证链上各成员作业协同高效；针对服务中客户投诉的问题，多式联运企业要保持负责任的态度，尽心为顾客解决，提高顾客的满意度；最后，稳定性也是衡量可靠性的重要内容，多式联运企业要保障运力稳定可靠，满足海运旺季等特殊时期的物流服务需求。

④响应性。在国际多式联运物流服务中响应性包含两方面含义，一是对顾客的需求做出快速的响应，二是服务的过程具备高效便捷的特征。在快速响应方面，多式联运企业首先要针对顾客提出的订单需求做出快速的响应，尽早为顾客拟定出可靠的联运方案；然后，面对

顾客提出的各种问题，如船期咨询、运费咨询等，及时做出解答，减少顾客服务等待的时间；针对货物的在途信息给予及时的更新，满足货主物流追踪的需求；最后，对于在服务中造成的货损货差，应尽快查询事故原因，落实责任主体，与保险公司对接，及时进行理赔，减少顾客的顾虑。在高效便捷方面，多式联运企业应尽可能为顾客创造便利的服务条件，简化流程手续，使服务中各项业务的办理具备便捷性。服务的响应性意义在于减少顾客时间与精力上的损失，提高服务效率，提升顾客对服务质量的感知。

⑤移情性。移情性表示的是多式联运企业富有同理心，能够在服务过程中给予顾客体贴与关怀并满足顾客个性化的服务要求，带给顾客一个舒心的服务体验。在国际多式联运物流服务中，多式联运企业若能站在顾客的立场上思考，主动关心顾客，为顾客提供畅通无阻的沟通渠道，其员工始终保持良好的服务态度与形象，并定期对顾客进行回访，主动听取顾客意见和建议，这会对顾客的服务质量感知带来直接且积极的影响。例如：为顾客设计个性化的供应链解决方案或为顾客提供门到门的服务。除此以外，经调研访谈发现，部分顾客还对多式联运企业提出了"全天候在线客服支持"的诉求，希望企业提供专业客服团队，能够在线上及时地为不同语言、不同时区的顾客解决问题。在现代服务质量管理中，移情性越来越受到管理者们的重视，提高服务的移情性已经成为企业突破同质化市场竞争、提高服务竞争力的重要手段。

⑥经济性。Y企业为更全面评价国际多式联运的物流服务质量，新增了经济性作为国际多式联运流服务质量评价的维度，以反映顾客对服务经济成本和实际效用价值的满意程度。首先，经济性最直接的体现就是在服务定价方面，在国际多式联运物流服务中，除了运输固定成本，还有装卸费、集疏费、堆场服务费等一些经营管理费，共同构成了服务的总成本，多式联运企业应采取合理的定价机制，针对实际物流需求提供合理的报价，价格透明且无违规收费现象；其次，在服务过程中不慎造成的货损货差属于一种隐性成本，严重的可能给货主造成停工停产、产品市场价格波动等不良影响，多式联运企业对此应本着实事求是、合情合理的原则为货主进行赔偿，减少货主的经济损失；最后，服务的性价比也是衡量经济性的一个重要因素，如今价格战已不能决定国际货运市场竞争的胜负，顾客追求的是可接受报价范围内高质量、高附加值的服务产品，他们往往会比较不同多式联运企业的服务报价、内容和方式，具备高性价比的组合服务产品在市场中更受顾客的青睐。

⑦环保性。Y企业增添环保性作为国际多式联运物流服务质量评价的维度，反映的是服务的绿色化水平，以衡量多式联运企业的环境保护能力。在"碳中和、碳达峰"的背景下，发展低碳经济是国际社会的共识，低碳物流不仅成为了物流企业发展的目标，也成为了顾客选择的对象，这在国际贸易中表现尤为显著。在国际多式联运物流服务过程中，多式联运企业可通过优化运输组织方式，投入应用绿色设施设备以及采用绿色包装技术的方式来有效降低物流服务的碳排放。例如：DHL为顾客推出绿色供应链解决方案，在海运环节选择环保型运输船，在仓储环节建设绿色配送中心，在包装环节创新包装技术，在"最后一公里"环节采用新能源配送车辆等，这些绿色的服务措施在保证服务质量的同时有效地为顾客减少了供应链上的碳排放量。

（2）国际多式联运物流服务质量权重系数的确定

根据专家打分法确定国际多式联运物流服务质量权重系数，如表5-5所示。

国际多式联运物流服务质量评价指标权重系数 表 5-5

一级指标	指标权重	二级指标	指标权重（相对于一级指标）	综合权重（相对于目标层）
保证性 R1	0.179	专业物流服务能力 R11	0.176	0.032
		业务人员能力水平 R12	0.128	0.023
		全球物流网络布局 R13	0.171	0.031
		全程组织能力 R14	0.122	0.022
		物流资源调配能力 R15	0.166	0.030
		风险识别与处理能力 R16	0.128	0.023
		合作伙伴的可靠性 R17	0.109	0.020
有形性 R2	0.105	现代化的物流服务设施场所 R21	0.238	0.025
		先进的物流作业设备 R22	0.252	0.026
		线上服务平台的建设 R23	0.205	0.022
		物流信息技术的应用 R24	0.305	0.032
可靠性 R3	0.238	联运方案的可靠性 R31	0.144	0.034
		订单执行的准确率 R32	0.193	0.046
		关务流通能力 R33	0.114	0.027
		货差货损率 R34	0.149	0.035
		信息传递的准确率 R35	0.112	0.027
		投诉处理率 R36	0.133	0.032
		特殊时期稳定的物流服务能力 R37	0.155	0.037
响应性 R4	0.133	物流订单响应时间 R41	0.220	0.029
		顾客等待服务的时间 R42	0.222	0.030
		信息更新的及时率 R43	0.218	0.024
		货损赔付的及时性 R44	0.184	0.024
		业务流程的便捷性 R45	0.156	0.026
移情性 R5	0.111	主动关心顾客 R51	0.221	0.025
		工作人员的服务态度与形象 R52	0.223	0.025
		恰当的回访机制 R53	0.141	0.016
		满足客户个性化需求 R54	0.278	0.031
		全天候在线客服支持 R55	0.137	0.015
经济性 R6	0.151	定价机制合理 R61	0.408	0.062
		货损赔付的合理性 R62	0.306	0.046
		服务的性价比 R63	0.286	0.043
环保性 R7	0.084	绿色的运输组织方式 R71	0.428	0.036
		绿色设施设备的应用 R72	0.309	0.026
		绿色包装技术的应用 R73	0.263	0.022

(3) 国际多式联运物流服务质量评价

Y企业客服部门以电子邮件的形式邀请了80位企业客户对定性指标问卷进行打分，从顾客感知的角度考察Y企业多式联运物流服务质量的表现。经回收、筛选有效问卷共64份，回收率为80%，符合统计分析要求。评分采用10分制，得出各项调查的平均分，如表5-6所示。

国际多式联运物流服务质量评价调查平均分情况　　　　　表5-6

一级指标	指标权重	二级指标	指标权重（相对于一级指标）	综合权重（相对于目标层）	平均得分
保证性 R1	0.179	专业物流服务能力 R11	0.176	0.032	8.72
		业务人员能力水平 R12	0.128	0.023	8.53
		全球物流网络布局 R13	0.171	0.031	8.63
		全程组织能力 R14	0.122	0.022	8.38
		物流资源调配能力 R15	0.166	0.030	8.65
		风险识别与处理能力 R16	0.128	0.023	8.22
		合作伙伴的可靠性 R17	0.109	0.020	8.22
有形性 R2	0.105	现代化的物流服务设施场所 R21	0.238	0.025	8.49
		先进的物流作业设备 R22	0.252	0.026	8.6
		线上服务平台的建设 R23	0.205	0.022	7.61
		物流信息技术的应用 R24	0.305	0.032	7.53
可靠性 R3	0.238	联运方案的可靠性 R31	0.144	0.034	8.46
		订单执行的准确率 R32	0.193	0.046	9.1
		关务流通能力 R33	0.114	0.027	8.42
		货差货损率 R34	0.149	0.035	8.37
		信息传递的准确率 R35	0.112	0.027	8.11
		投诉处理率 R36	0.133	0.032	7.97
		特殊时期稳定的物流服务能力 R37	0.155	0.037	8.16
响应性 R4	0.133	物流订单响应时间 R41	0.220	0.029	8.48
		顾客等待服务的时间 R42	0.222	0.030	7.09
		信息更新的及时率 R43	0.218	0.024	6.86
		货损赔付的及时性 R44	0.184	0.024	6.69
		业务流程的便捷性 R45	0.156	0.026	8.11
移情性 R5	0.111	主动关心顾客 R51	0.221	0.025	8.03
		工作人员的服务态度与形象 R52	0.223	0.025	8.48
		恰当的回访机制 R53	0.141	0.016	7.84
		满足客户个性化需求 R54	0.278	0.031	8.57
		全天候在线客服支持 R55	0.137	0.015	7.64

续上表

一级指标	指标权重	二级指标	指标权重（相对于一级指标）	综合权重（相对于目标层）	平均得分
经济性 R6	0.151	定价机制合理 R61	0.408	0.062	8.7
		货损赔付的合理性 R62	0.306	0.046	7.88
		服务的性价比 R63	0.286	0.043	8.44
环保性 R7	0.084	绿色的运输组织方式 R71	0.428	0.036	8.37
		绿色设施设备的应用 R72	0.309	0.026	8.23
		绿色包装技术的应用 R73	0.263	0.022	8.06

结合得到的服务质量指标权重，分析数据并对一级指标得分进行降序处理得出国际多式联运物流服务质量评价得分情况，如表5-7所示。

国际多式联运物流服务质量评价指标得分情况 表5-7

一级指标	服务质量评价得分	二级指标	服务质量评价得分
可靠性 R3	1.99	联运方案的可靠性 R31	0.29
		订单执行的准确率 R32	0.42
		关务流通能力 R33	0.23
		货差货损率 R34	0.29
		信息传递的准确率 R35	0.22
		投诉处理率 R36	0.26
		特殊时期稳定的物流服务能力 R37	0.30
保证性 R1	1.52	专业物流服务能力 R11	0.28
		业务人员能力水平 R12	0.20
		全球物流网络布局 R13	0.27
		全程组织能力 R14	0.18
		物流资源调配能力 R15	0.26
		风险识别与处理能力 R16	0.19
		合作伙伴的可靠性 R17	0.16
经济性 R6	1.26	定价机制合理 R61	0.54
		货损赔付的合理性 R62	0.36
		服务的性价比 R63	0.36
响应性 R4	0.99	物流订单响应时间 R41	0.25
		顾客等待服务的时间 R42	0.21
		信息更新的及时率 R43	0.16
		货损赔付的及时性 R44	0.16
		业务流程的便捷性 R45	0.21

续上表

一级指标	服务质量评价得分	二级指标	服务质量评价得分
移情性 R5	0.90	主动关心顾客 R51	0.20
		工作人员的服务态度与形象 R52	0.21
		恰当的回访机制 R53	0.13
		满足客户个性化需求 R54	0.27
		全天候在线客服支持 R55	0.11
有形性 R2	0.85	现代化的物流服务设施场所 R21	0.21
		先进的物流作业设备 R22	0.22
		线上服务平台的建设 R23	0.17
		物流信息技术的应用 R24	0.24
环保性 R7	0.69	绿色的运输组织方式 R71	0.30
		绿色设施设备的应用 R72	0.21
		绿色包装技术的应用 R73	0.18
合计	8.20		8.26

通过分析可知各评价指标的得分情况，说明国际多式联运物流服务质量在可靠性及保证性方面服务较好，需要提升有形性和环保性。

总体而言，Y企业国际多式联运物流服务质量评价成绩表现良好，结果模糊性与不确定性程度不大；企业在可靠性、保证性、经济性、响应性、移情性方面表现较好，但在有形性和环保性方面上表现不足；各维度下存在部分二级指标表现不足，整体来看服务质量具有较大的提升空间。

第三节 基于满意度的物流系统服务质量评价方法

顾客满意是顾客在感受到所购买产品或服务与过去的信念相一致时而做出的积极评价。顾客满意度是顾客满意的量化统计指标，描述了顾客对产品或服务的认知（期望值）和感知（实际感受值）之间的差异，可以测量顾客满意的程度。当顾客的认知小于感知时，顾客的满意度就高，就会赞美该产品或服务；反之，当顾客的认知大于感知时，顾客的满意度就低，就会抱怨该产品或服务。因此，基于满意度的评价方法完全是从顾客角度出发来度量物流系统的服务质量。

一、顾客满意度评价方法简介

顾客满意度评价方法包含感知质量、顾客期望、感知价值、顾客满意度、顾客抱怨和顾客忠诚六个主要因素，其概念模型如图5-3所示。该模型认为：

①顾客的满意度是由顾客期望、感知质量和感知价值共同决定的;
②如果顾客对服务质量不满意,就会产生抱怨;
③顾客的忠诚取决于顾客的满意程度和对事后抱怨的处理。

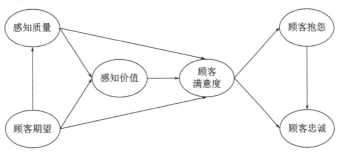

图 5-3　顾客满意度评价方法概念模型

模型科学运用了顾客的消费认知过程,客观反映出消费者对服务质量的评价,综合反映了顾客的满意程度;同时,该模型所得出的结果可以在不同行业里进行比较,有利于系统或企业服务质量的不断改进。

由图 5-3 可以看出,顾客期望、感知质量和感知价值三个因素对顾客满意度影响重大,决定着顾客的满意程度,是前提变量;而顾客满意度、顾客抱怨和顾客忠诚都是结果变量。

1. 顾客期望

期望是顾客在整个自我评价过程中的依据,因此对顾客满意程度有直接的、较大的影响,而且顾客的期望来自于顾客的需求、顾客自己在过去的服务经历,以及包括他人的经历、当前服务的质量与价格水平等多方面的信息。顾客期望水平高低还与自己收入水平、价值观念和对事物的分析判断能力有关。另外,顾客期望的水平是不断变化和更新的,这使企业在提高顾客满意程度时面临更大的挑战。一般来说,顾客期望越高,其满意度越高。

2. 感知质量

顾客对质量的感知对满意度有直接的影响和作用。作为一种普遍的心理现象,顾客满意程度的高低首先是由顾客对企业服务感知到的质量决定的,这种对质量的感知取决于企业服务满足顾客要求的程度以及满足这些要求的可靠性。总体而言,顾客感知到的质量越好,其满意程度就越高。

3. 感知价值

顾客对价值的感知,也可以理解为顾客对所支付价格的相关服务质量水平的感受。在顾客对价值的感知中,服务的一定的价格水平对应一定的质量水平。所以,顾客对价值感知中不仅是指所支付的服务的价格,而且还和他对服务质量的感知紧紧联系在一起。当顾客感知到的价值增加时,其满意程度也会随之提高。

在顾客满意度评价方法概念模型中,顾客满意度、顾客抱怨、顾客忠诚则是作为结果变量出现的,是受前三个变量影响产生的。当顾客在事后的实际感知低于事前的期望时,顾客满意程度就低,就容易产生顾客抱怨;当顾客在事后的实际感知高于事前的期望时,顾客满意程度就高;当顾客的实际感知远远超过事前的期望时,就会带来顾客忠诚。

二、顾客满意度评价方法的使用

顾客满意度评价模型实际上是一种结构方程模型(Structural Equation Modeling,SEM)。SEM 是一种建立、估计和检验不同变量之间关系的多元统计分析技术,广泛应用于医学、经济学、金融学、心理学、社会学、管理学、行为科学等研究领域,尤其是在满意度研究中应用广泛。

SEM 中有潜变量与显变量,外生变量与内生变量之分。其中,潜变量是不能直接测量的变量,与潜变量相对应的就是可以直接测量的显变量;引起模型中其他变量变化且自身的变化受模型外部因素影响的变量称为外生变量,与外生变量相对应的是受系统中的外生变量及其他变量影响的内生变量。顾客满意度评价概念模型中的六个变量都是潜变量。其中,除了顾客期望是外生潜变量,其余都是内生潜变量;外生潜变量对应的显变量是外生显变量,其余都是内生显变量。

结构方程模型一般是由一个结构模型和一个测量模型组成,其中结构模型描述了外生潜变量与内生潜变量之间的因果关系,而测量模型描述了潜变量与显变量之间的因果关系,如图 5-4 所示。

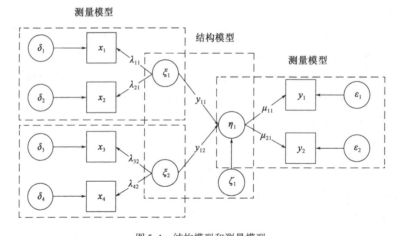

图 5-4 结构模型和测量模型

1. 结构模型

结构模型中变量之间的关系如下:

$$\eta = \beta\eta + \gamma\xi + \zeta \tag{5-3}$$

其中,η 表示内生潜变量向量;ξ 表示外生潜变量向量;ζ 表示残差向量;β 表示内生潜变量之间影响的系数矩阵,β_{ij} 为内生潜变量 η_j 对 η_i 的影响;γ 表示外生潜变量对内生潜变量影响的系数矩阵,γ_{ij} 为外生潜变量 ξ_j 对内生潜变量 η_i 的影响。

结合图 5-3,顾客满意度的结构模型如下:

$$\begin{pmatrix}\eta_1\\\eta_2\\\eta_3\\\eta_4\\\eta_5\end{pmatrix}=\begin{pmatrix}0&0&0&0&0\\\beta_{21}&0&0&0&0\\\beta_{31}&\beta_{32}&0&0&0\\0&0&\beta_{43}&0&0\\0&0&\beta_{53}&\beta_{54}&0\end{pmatrix}\begin{pmatrix}\eta_1\\\eta_2\\\eta_3\\\eta_4\\\eta_5\end{pmatrix}+\begin{pmatrix}\gamma_{11}\\\gamma_{21}\\\gamma_{31}\\0\\0\end{pmatrix}\boldsymbol{\xi}+\begin{pmatrix}\zeta_1\\\zeta_2\\\zeta_3\\\zeta_4\\\zeta_5\end{pmatrix}$$

其中，ξ 为顾客期望；η_1 为感知质量；η_2 为感知价值；η_3 为顾客满意度；η_4 为顾客抱怨；η_5 为乘客忠诚；对 η_1 产生影响的模型因素只有 ξ，路径系数为 γ_{11}，所以对应 η_1 的 β_{1j} 全部为 0；对 η_2 产生影响的模型因素是 η_1 和 ξ，路径系数分别为 β_{21}、γ_{21}，其余的 β_{2j} 都为 0；对 η_3 产生影响的模型因素是 η_1、η_2 和 ξ，路径系数分别为 β_{31}、β_{32} 和 γ_{31}，其余 β_{3j} 都为 0；对 η_4 产生影响的模型因素只有 η_3，路径系数为 β_{43}，其余 β_{4j} 都为 0；对 η_5 产生影响的模型因素是 η_3 和 η_4，路径系数分别为 β_{53} 和 β_{54}，其余 β_{5j} 都为 0。

2. 测量模型

测量模型中变量之间的关系如下：

$$y = \Lambda_y \eta + \varepsilon \qquad (5\text{-}4)$$
$$x = \Lambda_x \xi + \delta \qquad (5\text{-}5)$$

其中，y 为内生显变量向量；Λ_y 是 y 对 η 的回归系数向量；ε 是 y 的测量误差构成的向量；x 为外生显变量向量；Λ_x 是 x 对 ξ 的回归系数向量；δ 是 x 的测量误差构成的向量。

式（5-3）描述了潜变量之间的关系，式（5-4）表示了内生潜变量 η 与其显变量 y 之间的因果关系，式（5-5）表示了外生潜变量 ξ 与其显变量 x 之间的因果关系。

假设图 5-3 中外生潜变量（顾客期望）有三个外生显变量，分别为 x_1、x_2、x_3，则其测量模型如下：

$$\begin{pmatrix}x_1\\x_2\\x_3\end{pmatrix}=\begin{pmatrix}\lambda_{11}\\\lambda_{21}\\\lambda_{31}\end{pmatrix}\boldsymbol{\xi}+\begin{pmatrix}\delta_1\\\delta_2\\\delta_3\end{pmatrix}$$

其中，λ_{11}、λ_{21}、λ_{31} 是外生显变量 x 与外生潜变量 ξ 之间的回归系数，也称载荷系数。

结构方程模型的分析过程主要分为模型建立和模型估计两个阶段。首先是建立标准路径图，以指标体系中理论指标和维度的关系为基础，即建立假设结构模型和测量模型之间的关系示意图，得到各维度的路径系数，即反映潜在变量与观测变量之间的相关关系的数值。第二阶段是建立假设模型后，通过参数估计方法验证假设模型的适配度。验证前应对数据进行正态检验，确定数据是否符合参数估计的规范。通常用最大似然法、二阶最小平方方法、渐进分布自由法等进行参数估计，依据该结果判断所建立假设模型的拟合优劣程度。具体的步骤如图 5-5 所示。

①建立模型。包括根据实际的研究内容出发，设计出变量之间的影响路径和提出各变量间的关系假设。

②将收集好的数据代入设定好的模型进行拟合，并对模型参数进行检验。

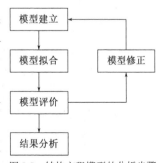

图 5-5 结构方程模型的分析步骤

③对整体模型的拟合效果进行评价。如果需要，可以对模型进行修正，直到模型最终通过检验。

④模型结果解释。将模型拟合结果再还原于实际研究内容，分析数据结果背后的现实意义。

三、顾客满意度评价法应用案例

随着互联网的发展和普及，电商网购迅速发展壮大，网购交易额在消费品零售总额中的占比也逐年攀升。电商消费在促进市场蓬勃发展方面发挥着日趋重要的作用。正是由于电子商务市场的不断成熟，顾客对此种购物形式也日趋理性，从只看重价格上升到更加看重服务质量上。在电子商务投诉问题类型中，有许多与物流服务相关的投诉问题，电商企业在物流服务质量方面，仍有很大的进步空间。下面介绍如何采用顾客满意度评价法对电商物流服务质量进行评价。

1. 影响电商物流服务质量因素

（1）人员服务性

人员服务性主要指配送商品时，配送人员与顾客沟通接触所提供的服务，以及客服人员提供物流咨询服务的顾客主观感受。这种沟通交流能够给顾客带来直观体验，但目前物流服务行业个别员工素质不高，缺乏专业的服务培训，导致服务标准不一、态度较差等问题，影响了顾客对电商购物的满意度，甚至影响顾客购物的忠诚度。

（2）服务时效性

服务时效性是指从顾客下单到最终确认收货，以及可能发生退货需求的整个流程为顾客提供的服务时效。电商作为传统线下购物方式的竞争对手，固然有其优势，但时效性不足一直是电商购物的劣势。顾客在购买急需使用的商品或保质期较短的商品时，倾向于到实体店购买。随着经济的发展、物流基础设施的建设，运输速度越来越快，许多快递公司都能实现次日达甚至当日达，也出现了闪送业务，因此时效是影响电商物流服务质量的重要因素。

（3）服务准确性

服务准确性是从顾客下单开始，到收到商品的全过程阶段，能准确地向顾客提供承诺的服务。随着大数据技术的广泛应用，顾客对物流服务的信息溯源也有了较高的要求，如在运送过程中实时追踪商品位置信息等。

（4）服务便利性

服务便利性是指投送货物的方便程度。电商之所以逐步取代传统零售业，很大一部分原因在于其便利性，消费者足不出户即可购买自己想要的商品，并且送货上门。实现了随时随地购物，极大地便利了当代人的购物需求。但下单只是电商活动的开始，在订单出现特殊情况时，顾客更加看重物流是否能够灵活处理问题真正使自己得到便利。

（5）服务可靠性

服务可靠性是指从售前到售后都能准确可靠地向客户提供承诺的服务。一方面，由于运输路程长、环节多，暴力拆装、运输的现象时有发生，造成快递破损，产生客诉纠纷时商家与物流互相推诿责任，造成顾客体验感差。另一方面，许多物流需要实名制邮寄，增加了个人信息泄露的可能性。

（6）服务经济性

服务经济性是指商品配送费用经济实惠，在客户的预期内。包括运费定价合理以及出现客诉时赔付金额合理。电商购物区别于传统的线下购物，其转换成本较低，消费者可以自由切换店铺、平台进行比价选择。

2. 顾客满意度影响因素的模型构建与研究假设

（1）变量提取与定义

电商物流仓储往往是整进零出，是按需供货、定制化供货，运输的末端是顾客，具有很大的随机性和分散性，不同顾客对配送商品的要求多种多样。顾客所感知到的物流服务质量能够影响顾客满意度。结合电商物流服务质量的维度划分，可以将电商物流服务质量分为六个维度，分别是人员服务性、时效性、准确性、便利性、可靠性、经济性。

将电商物流服务质量作为自变量；顾客满意度作为中介变量；顾客忠诚度作为因变量；人群因素作为人口统计学变量共同构建模型，最终确定的评价指标如表5-8所示。

评价指标即定义 表5-8

分类	指标		指标定义
因变量	顾客忠诚度		顾客对电商企业的正面评价而产生的忠诚感
中介变量	顾客满意度		顾客对在电商网站购物的经历的整体评价
自变量	电商物流服务质量	人员服务性	配送人员、客服人员在与顾客的直接沟通接触中提供良好的服务
		时效性	整个物流流程为顾客提供的快捷快速的服务
		准确性	能准确地向顾客提供承诺的电商物流服务
		便利性	能够灵活处理问题使顾客得到便利
		可靠性	注重保护商品完好及保护客户和商品信息
		经济性	商品配送经济实惠，与顾客预期相符
人口统计学变量	社会人口学因素	年龄、性别、学历	顾客的基本信息

（2）模型构建

服务质量对顾客忠诚度的影响大致分为两类：一类是服务质量自身可以对顾客忠诚度产生影响；另一类是不产生直接影响，而是通过一个中间变量的中介作用，对其产生影响。在电商物流服务质量评价中，物流活动既是单独的服务行为，又是电商购物的一环且与实体商品绑定。因此，电商物流服务质量对忠诚度的影响机理应该既有直接影响又有间接影响。以顾客满意度为中介，分析电商物流服务质量人员服务性、时效性、准确性、便利性、可靠性、经济性与顾客忠诚度的作用关系，并将其作为整个研究模型的主体框架，构建结构方程模型。在此基础上，研究不同人群对电商物流服务质量对顾客忠诚度的影响是否有差异，共同构建理论模型，如图5-6所示。

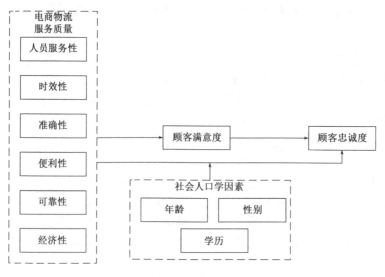

图 5-6　电商物流服务质量评价理论模型

(3) 提出研究假设

①电商物流服务质量与顾客满意度的关系假设。

人员服务包括了线下物流配送人员的沟通态度、工作专业能力、精神面貌等，还包括了线上服务人员对顾客咨询问题时积极主动的回答。人员服务伴随着整个物流服务周期，人员服务效果的好坏也很大程度上反应了该企业的企业文化和整体实力，并对顾客满意度产生影响。因此，提出第一条假设：

假设 H1-1：电商物流人员服务性能够正向影响于顾客满意度。

物流时效性一直是电商企业为了追求极致顾客体验而努力改进的重点，通过多仓库布局、当地商场发货等形式，电商物流的时间一直在不断缩短，甚至在很多物流枢纽城市实现了当日达、次日达等服务。但是，不少物流企业尽管支持七日无理由退换货，但因换货流程时效差，此政策形同虚设，一定程度上影响了顾客的满意度。因此，提出第二条假设：

假设 H1-2：电商物流服务时效性能够正向影响于顾客满意度。

在顾客下单到收到货物期间，为避免突发事项，企业和顾客都需要得到准确的物流动态。从配货到配送环节，需保证货品准确、运输地址准确等。无论是传统的物流服务还是电商背景下的物流服务，物流的准确性都十分重要，物流信息作为沟通企业和顾客之间的桥梁，其准确性影响着顾客满意度。因此，提出第三条假设：

假设 H1-3：电商物流服务准确性能够正向影响于顾客满意度。

随着互联网的普及，网购已经渗透到人们生活的方方面面，购物快捷，但也有些新的矛盾产生，如商品配送时间往往是白天，顾客很难腾出空闲时间去取，或者购买了一些大件产品却不能送货上楼，需要自己搬运，以及由于冲动购物后产生的一些退货需求非常麻烦等。因此，是否能够充分考虑顾客实际情况，是否能够给予顾客足够的便利会影响顾客满意程度。因此，提出第四条假设：

假设 H1-4：电商物流服务便利性能够正向影响于顾客满意度。

电商物流过程中的可靠性是整个购物过程的基础保障。要确保商品安全、无误地交付到顾客手中、确保商品在运送途中不会泄露顾客信息而造成一些其他经济损失或困扰。物流过程中商品和信息的可靠性影响到顾客对整个购物环节的满意度。因此，提出第五条假设：

假设 H1-5：电商物流服务可靠性能够正向影响于顾客满意度。

电商企业都会考虑自己的商业运营成本、物流运作成本，同样地，顾客在购物过程中也会注重自身成本的控制。选择电商购物，在享受送货上门的便利性的同时，也必然要付出相应的物流成本。尽管电商企业已经通过各种手段压缩物流成本，既有通过自营物流节省物流费用的，也有采取满减、包邮、运费险等促销手段维系顾客的，但注重经济成本的顾客依然会对线上购物与实体店购物的成本进行对比，对不同价格物流费用和所享受服务进行对比。是否能提供经济性高的电商物流服务质量也是顾客对于购物满意程度以及未来是否有持续购买意愿的考虑之一。因此，提出第六条假设：

假设 H1-6：电商物流服务经济性能够正向影响于顾客满意度。

②电商物流服务质量与顾客忠诚度的关系假设。

各维度电商物流服务质量能够对顾客忠诚度产生正向影响作用，提出第二组研究假设：

假设 H2-1：电商物流人员服务性能够正向影响于顾客忠诚度。

假设 H2-2：电商物流服务时效性能够正向影响于顾客忠诚度。

假设 H2-3：电商物流服务准确性能够正向影响于顾客忠诚度。

假设 H2-4：电商物流服务便利性能够正向影响于顾客忠诚度。

假设 H2-5：电商物流服务可靠性能够正向影响于顾客忠诚度。

假设 H2-6：电商物流服务经济性能够正向影响于顾客忠诚度。

③顾客满意度与顾客忠诚度的关系假设。

顾客满意度能够对顾客忠诚度产生影响，故提出假设：

假设 H3：顾客满意度能够正向影响于顾客忠诚度。

④中介效应假设。

根据上述三组假设，认为顾客满意度在此影响链条中起到中介效应，即电商物流服务质量能够通过顾客满意度，进而影响到顾客忠诚度。具体来看，顾客满意度可能会在本研究细分的各个维度电商物流服务质量对顾客忠诚度的影响中都产生中介效应。因此，提出以下假设：

假设 H4-1：电商物流人员服务性通过顾客满意度间接作用于顾客忠诚度。

假设 H4-2：电商物流服务时效性通过顾客满意度间接作用于顾客忠诚度。

假设 H4-3：电商物流服务准确性通过顾客满意度间接作用于顾客忠诚度。

假设 H4-4：电商物流服务便利性通过顾客满意度间接作用于顾客忠诚度。

假设 H4-5：电商物流服务可靠性通过顾客满意度间接作用于顾客忠诚度。

假设 H4-6：电商物流服务经济性通过顾客满意度间接作用于顾客忠诚度。

⑤社会人口学上的差异假设。

电商物流服务质量、顾客满意度、顾客忠诚度在社会人口学因素上存在显著差异性，因此提出如下假设：

假设 H5-1：受年龄影响顾客感知电商物流服务质量、满意度及忠诚度存在显著差异。
假设 H5-2：受性别影响顾客感知电商物流服务质量、满意度及忠诚度存在显著差异。
假设 H5-3：受学历影响顾客感知电商物流服务质量、满意度及忠诚度存在显著差异。

（4）数据收集及处理

通过问卷调查收集数据，共发放正式问卷 405 份，是否有网购经历题目中选择"是"的视为有效问卷，共计 337 份，有效率为 83.2%。

①量表的信度分析。

信度分析是用来反映量表数据，尤其是态度量表是否真实可靠。检验原理是：对同一维度进行反复检验，最终保持一致的程度越高，说明量表的可靠性越高。运用 Cronbach's Alpha 值来测量量表的信度。Cronbach's Alpha 是一个介于 0~1 的小数，越接近 1 说明信度越好。从表 5-9 中数据可以看出：人员服务性、时效性、准确性、便利性、可靠性、经济性、顾客满意度、顾客忠诚度的 Cronbach's Alpha 值均大于 0.8，各个维度的内部一致性较高，通过了信度检验，可以进行下一步分析。

问卷的信度检验结果　　　　表 5-9

变量	Cronbach's Alpha 值	变量	Cronbach's Alpha 值
人员服务性	0.857	可靠性	0.834
时效性	0.835	经济性	0.881
准确性	0.831	顾客满意度	0.857
便利性	0.867	顾客忠诚度	0.844

②量表的效度分析。

效度分析主要用于测量问卷题目设计是否合理、准确。首先使用 SPSS 软件分析 KMO 值和 Bartlett's 球形检验，如表 5-10 所示。KMO 值是一个介于 0~1 之间的小数，数值越接近 1，越适合做因子分析，反之则不然。检验结果如表所示，KMO 值是 0.917，Bartlett's 球形检验中近似卡方较大，显著性良好，拒绝原假设，可以继续进行因子分析。

KMO 和 Bartlett's 球形检验　　　　表 5-10

KMO 值	Bartlett's 球形检验		
	近似卡方	df	显著性
0.917	5107.013	351	0.000

3. 结构方程模型的估计与检验

（1）变量间相关性检验

采用 Pearson 相关系数进行检验，相关性系数 r 是介于 $-1 \sim 1$ 之间的任意数，$r > 0$，则说明正相关，$r < 0$，则说明负相关，$r = 0$ 则说明两者不相关。r 的绝对值越大，说明相关程度越大。另外，要注意相关性系数 r 是否在概率 $p < 0.05$ 的条件下显著，若不显著，说明变量之间的关系不显著，反之，变量之间的关系显著。各变量间相关性系数 r 均为正数，且相关性显著，说明六个电商物流服务质量维度、顾客满意度、顾客忠诚度之间均存在显著的正

相关性。相关性分析表如表5-11所示。

相关性分析表　　　　　　　　　　　　　　　　　　　　　　表5-11

变量	1	2	3	4	5	6	7	8
人员服务性	1							
时效性	0.499**	1						
准确性	0.192**	0.309**	1					
便利性	0.415**	0.521**	0.221**	1				
可靠性	0.417**	0.390**	0.142**	0.397**	1			
经济性	0.502**	0.499**	0.248**	0.372**	0.372**	1		
顾客满意度	1.525**	0.552**	0.207**	0.557**	0.527**	0.565**	1	
顾客忠诚度	0.381**	0.506**	0.350**	0.465**	0.328**	0.420**	0.488**	1

注：＊＊表示变量皮尔逊相关系数关于 <0.5 线性相关。

（2）结构方程模型路径分析

运用结构方程模型，分析构建的电商物流服务质量、顾客满意度、顾客忠诚度三者影响关系模型。其中，电商物流服务质量的人员服务性、时效性、准确性、便利性、可靠性、经济性为自变量，顾客满意度为中介变量，顾客忠诚度为因变量。结构方程模型路径如图5-7所示。

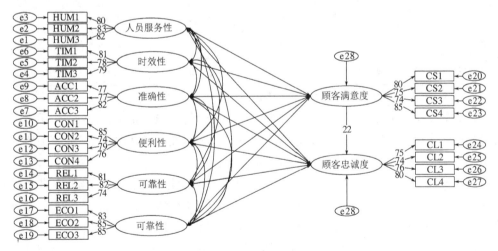

图5-7　结构方程模型路径图

建好结构方程模型后，再对模型进行拟合，拟合数据如表5-12所示。

模型拟合指标　　　　　　　　　　　　　　　　　　　　　　表5-12

指标	χ^2/df	AGFI	GFI	TLI	NFI	CFI	RMSEA
结果	1.351	0.897	0.912	0.972	0.925	0.976	0.036

观察发现，$\chi^2/df = 1.351$，介于 1~3 之间，符合参数要求；AGFI = 0.897 > 0.8，符合参数要求；GFI = 0.912 > 0.8，符合参数要求；TLI = 0.972 > 0.9，符合参数要求；NFI = 0.925 > 0.9 符合参数要求；CFI = 0.976 > 0.9，符合参数要求；RMSEA = 0.036 < 0.08，符合参数要求。故该模型的拟合度较好，模型适配度优良，可做进一步分析。

自变量、中介变量、因变量间的假设路径分析如表 5-13 所示。

假设路径分析　　　　　　　　　　　　　　　　　　表 5-13

路径			标准化路径系数	S.E.	C.R.	p
人员服务性	→	顾客满意度	0.146	0.065	2.233	0.026
时效性	→	顾客满意度	0.185	0.072	2.464	0.014
准确性	→	顾客满意度	-0.02	0.047	-0.416	0.677
便利性	→	顾客满意度	0.235	0.059	3.376	***
可靠性	→	顾客满意度	0.207	0.072	2.844	0.004
经济性	→	顾客满意度	0.252	0.043	4.544	***
人员服务性	→	顾客忠诚度	0.026	0.067	0.343	0.731
时效性	→	顾客忠诚度	0.238	0.075	2.646	0.008
准确性	→	顾客忠诚度	0.208	0.05	3.536	***
便利性	→	顾客忠诚度	0.025	0.062	0.296	0.767
可靠性	→	顾客忠诚度	0.18	0.075	2.074	0.038
经济性	→	顾客忠诚度	-0.006	0.046	-0.085	0.932
顾客满意度	→	顾客忠诚度	0.218	0.087	2.194	0.028

注：***表示变量皮尔逊相关系数关于<0.1 线性相关。

由自变量作用于中介变量的结果可以看出，准确性的 C.R. 值小于 1.96，对顾客满意度不具有显著性作用；人员服务性、时效性、便利性、可靠性、经济性作用于顾客满意度的路径 C.R. 值大于 1.96，标准化估计值显著，且均为正。

由自变量作用于因变量的路径分析可知，时效性、准确性、可靠性对顾客忠诚度的 C.R. 值均大于 1.96，路径标准化估计值显著。但人员服务性、便利性、经济性对顾客忠诚度的 C.R. 值不超过 1.96，即对顾客忠诚度不具有显著性作用。

中介变量顾客满意度作用于因变量顾客忠诚度的路径分析可知，C.R. 值大于 1.96，P 值小于 0.05，说明顾客满意度作用于顾客忠诚度的效果显著。

（3）中介效应分析

通过自变量对因变量的直接效应、间接效应和总效应的效应量与对应的 P 值，来判断中介效应情况，具体数值如表 5-14 所示。

中介效应检验   表 5-14

路径	间接效应 BC			直接效应 BC			总效应 BC			检验结果
	LOWER	UPPER	P	LOWER	UPPER	P	LOWER	UPPER	P	
人员服务性→顾客忠诚度	0.002	0.187	0.035	-0.152	0.135	0.081	0.074	0.179	0.032	支持完全
时效性→顾客忠诚度	0.003	0.265	0.046	0.036	0.508	0.032	0.003	0.511	0.009	支持部分
准确性→顾客忠诚度	0.006	0.294	0.026	-0.152	0.29	0.362	0.026	0.307	0.038	支持完全
便利性→顾客忠诚度	-0.062	0.016	0.299	0.009	0.387	0.037	-0.009	0.385	0.059	不支持
可靠性→顾客忠诚度	0.002	0.2	0.023	0.007	0.538	0.016	0.029	0.568	0.025	支持部分
经济性→顾客忠诚度	0.002	0.228	0.030	-0.096	0.203	0.25	0.065	0.236	0.022	支持完全

由表 5-15 可知，经济性、可靠性、便利性、时效性、人员服务性对顾客忠诚度的总效应显著性小于 0.05，说明上述变量对顾客忠诚度的总效应显著。经济性、可靠性、便利性、时效性、人员服务性对顾客忠诚度的间接效应显著性均小于 0.05，支持中介效应。而准确性对顾客忠诚度的间接效应显著性大于 0.05，不支持中介效应。

再来分析直接效应，可靠性、时效性对顾客忠诚度的直接效应显著性小于 0.05，结合上一步分析可知，以上变量既能直接作用于顾客忠诚度，又能通过中介变量间接作用于顾客忠诚度，即支持部分中介效应。经济性、便利性、人员服务性对顾客忠诚度的直接效应显著性大于 0.05，结合上一步分析可知，支持完全中介效应。

4. 结构方程模型结果讨论

通过 SEM 分析可得，电商物流服务质量对顾客忠诚度具有较强的解释力，电商物流服务质量的各个维度广泛影响着顾客忠诚度。这不仅验证了评价前的假设，也解释了各电商平台不惜投入巨资，尝试各种方法来提升自己在物流方面的服务质量。

具体来说，人员服务性、时效性、便利性、可靠性、经济性这五个电商物流服务质量维度能直接正向影响顾客满意度。其中经济性的影响效应最强，效应值为 0.252，其次是便利性效应值为 0.235，再次是可靠性效应值为 0.207，接下来是时效性效应值为 0.185，人员服务性效应值为 0.146。

其次，在提出的第二组电商物流服务质量和顾客忠诚度的关系假设中，部分维度假设获得了支持。即电商物流服务质量中的时效性、准确性、可靠性能直接正向影响顾客忠诚度。其中，影响效应最强的是时效性，效应值为 0.238，其次是准确性，效应值为 0.208，再次是可靠性，效应值为 0.18。

最后，提出的顾客满意度的中介作用假设得到部分支持。电商物流服务质量中的人员服务性、时效性、便利性、可靠性、经济性均能通过顾客满意度间接作用于顾客忠诚度。其中，在经济性、便利性、人员服务性与顾客忠诚度之间，顾客满意度起到了完全中介作用。

复习思考题

1. 简答题

（1）简述服务的概念与特性。
（2）简述服务质量的概念与特征。
（3）简述物流系统服务质量的形成过程。
（4）简述 SERVQUAL 方法的基本原理。
（5）简述顾客满意度评价模型。
（6）简述结构方程模型的构成与分析步骤。

2. 案例分析

随着社会经济的快速发展和人民生活水平的不断提高，人们对生鲜便捷采购的需求也在持续上升。人们的消费习惯已经趋于在线化，线上购物及生鲜电商发展势头持续增长。据行业报告，2021 年生鲜电商行业市场规模达 3117.4 亿元，而物流配送成为中国生鲜网购用户选择购物平台时最看重的三个因素之一。电商顾客需求存在随机性且配送点分散等问题，要保证生鲜在短时间内完成配送就对物流服务提出了很高要求。

生鲜电商除了保证在线出售食品、价格具有竞争力之外，还应重视并不断加强物流配送服务，以求通过高质量的物流配送服务吸引甚至留住用户。在新零售电商时代，线上获客成本越来越高，更强调顾客体验，顾客体验到的物流服务也是顾客体验的一个重要方面。因此，从顾客维度对生鲜电商物流服务质量的评价有利于生鲜电商企业更好地了解自身物流服务存在的问题，发现在日常经营管理中被忽视的盲点，以便为用户提供更好的服务，同时促进生鲜电商行业整体物流服务水平的提高。

思考题：

（1）请补充查阅相关资料，采用 SERVQUAL 方法对生鲜电商物流服务质量进行评价。
（2）基于评价的结果，提出提升生鲜电商物流服务质量的策略。

第六章

物流系统绩效分析

本章导读

2023年4月,世界银行发布2023年全球物流绩效指数(LPI),对全球139个国家和地区的绩效情况进行排名。本项排名由基础设施、海关及边境管理、物流服务质量、货运时效、追踪能力及价格竞争力六个方面指数构成,每个指数的满分为5分。2023年中国的物流绩效指数综合得分为3.7分,比2018年报告提升0.09分,全球排名由上次的第26位升至第20位。

思考:

什么是物流绩效?物流绩效是如何得到的?

第一节 物流系统绩效的认识

一、绩效与绩效分析

1. 绩效

绩效一词来源于英文单词performance，其一般意义是指工作的效果和效率。学者们对于绩效的含义众说纷纭，汇总大概有三种典型观点：第一种观点认为绩效是结果。这些人将绩效定义为"在特定时间范围内，在特定工作职能或活动上生产的结果记录"。第二种观点认为绩效是行为，绩效被定义为一套与组织或组织单位的目标相互关联的行为，而组织或组织单位则构成了个人工作的环境。其认为过分关注结果会导致忽视重要的行为过程，而对过程控制的缺乏会导致工作结果的不可靠性，不适当地强调结果可能会在工作要求上误导员工。第三种观点认为无论是"绩效结果观"还是"绩效行为观"都有其固有的局限性，认为绩效包括工作行为及结果，同时考虑投入（行为）与产出（结果）。绩效是指企业内员工个体或群体的能力在一定环境中表现出来的程度和效果，以及个体或群体在实现预定的目标过程中所采取的行为及其做出的贡献和实现的成就，所以绩效就是工作结果和工作过程的统一体。

在企业中，按照考察内容和管理方法的不同，绩效一般又分为组织绩效、团队（部门）绩效和个人绩效三个层次，如图6-1所示。组织绩效强调集体性绩效，通常包含工作数量（产量）、工作质量（盈利）、工作时间（进度）和工作成本等内容。团队绩效是包含个体在内的团队的绩效，一般重视的是业绩、客户满意、产品与服务质量、生产力、时间和成本等。个人绩效是员工个体的绩效，通常既表现为员工的工作结果，也表现为员工的工作过程，如员工的素质、技能、培训、薪酬和职务说明等。组织绩效来源于各团队绩效的整合和放大，而团队绩效又来源于员工个体创造的合力。追本溯源，各个层次的绩效都来源于员工的个人绩效。当然，员工个人的成功不能脱离组织和团队的导航，否则员工个人的成功难以长久，更无个人绩效可谈。

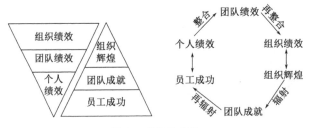

图6-1 绩效的分类

绩效具有如下特征。

（1）多因性

多因性是指绩效的优劣不是取决于单一因素，而是受技能（Skill，S）、激励（Motivate，

M)、环境（Environment，E）、机会（Opportunity，O）等多种主客观因素的影响。

（2）多维性

多维性是指绩效最终体现在多个维度或方面，如组织的绩效体现在产量指标、质量指标、原材料消耗等方面。

（3）动态性

动态性是指组织、团队和个人的绩效会随着时间的推移而变化，绩效差的可能会改善成好的，绩效好的可能退化成差的。

绩效的多因性要求考评者全面地进行考评，绩效的多维性要求考评者从多个角度或方面或维度进行考评，而绩效的动态性则要求考评者用发展的、变化的眼光进行考评，只有这样才能保证绩效客观、准确、公正、公平。

2. 绩效分析

绩效分析就是对组织、部门及个人绩效的维度构成、绩效目标的完成情况及完成结果的分析，是绩效管理的重要构成内容。绩效管理是指组织及其管理者在组织的使命、价值观的指引下，为达成愿景和战略目标而进行的绩效计划、绩效监控、绩效评价及绩效反馈的循环过程。从绩效管理的角度看，绩效分析涉及绩效计划当中所确定的绩效目标、绩效指标和绩效评价标准的分析，以及绩效评价等内容。

（1）绩效目标

绩效目标是绩效计划的关键内容。绩效目标通过对组织战略的分解和细化，将抽象的战略转化为具体的、可操作的行动，是制定绩效指标、绩效标准和行动方案的起点和基础。具体而言，绩效目标是指管理者与下属在使命和价值观的指引下，对愿景和战略进行分解和细化，具体体现为绩效主体在绩效周期内需要完成的各项工作。

（2）绩效指标

在确定绩效目标之后，管理者要为每一个绩效目标选择可衡量的指标。指标是指衡量目标的单位或方法。绩效指标是用来衡量绩效目标达成的标尺，即通过对绩效指标的具体评价来衡量绩效目标的实现程度。由于绩效指标是直接面向绩效评价的，因此绩效指标也叫绩效评价指标或绩效考核指标。在绩效管理过程中，绩效指标扮演着双重角色，既是"晴雨表"又是"指挥棒"；既用于衡量实际绩效状况，又对管理决策和员工行为产生指引作用。

（3）绩效标准

绩效标准又被称为绩效评价标准，描述的是绩效指标需要完成到什么程度，反映组织对该绩效指标的绩效期望水平。在设计绩效指标时，组织需要为每个指标确定相应的绩效标准，便于管理者在绩效监控和绩效评价中判断绩效指标的完成情况。

（4）绩效评价

绩效评价是指根据绩效目标协议书所约定的评价周期和评价标准，由绩效管理主管部门选定的评价主体，采用有效的评价方法，对组织、部门及个人的绩效目标完成情况进行评价的过程。评价主体不论评价组织绩效、部门绩效还是个人绩效，都要以绩效计划阶段设定的相关目标、指标、目标值等内容为依据。

二、物流系统绩效与绩效分析

1. 物流系统绩效

物流系统绩效是指物流系统的管理者为了达到物流系统预先设定的目标而采取的各种行为及其结果。当所研究的物流系统是企业的一个部门时，比如货主企业的物流系统，此时的物流系统绩效属于部门绩效或团队绩效；当所研究的物流系统是一个完整企业时，比如第三方物流企业的物流系统，此时的物流系统绩效属于组织绩效。

物流系统绩效同样具有多因性、多维性和动态性的特点。因此，对物流系统绩效的分析必须从多个角度或维度进行。

2. 物流系统绩效分析

物流系统绩效分析就是对物流系统的管理组织、部门或个人的绩效构成、绩效目标的完成情况及完成结果进行分析，包括绩效目标分析、绩效指标分析、绩效标准分析和绩效评价等内容。物流系统绩效分析有着非常重要的意义。

（1）绩效分析能够助推物流系统战略的实现

绩效分析的内容具有行为导向作用，能够使个体行为聚焦于系统组织战略。组织要想实现既定战略，必须界定清楚与战略相关的目标是什么、通过员工什么样的行为和结果能够达成战略目标，然后将这些内容转化为绩效评价的内容传递给组织内的所有成员。换句话说，评价内容直接由组织战略决定，绩效评价时使用哪些指标、如何定义这些指标，都是在向组织成员传达组织重视什么方面的表现、要求员工具备哪些能力和什么样的工作态度等信息。绩效评价这种引导和传递的作用能够让组织成员的工作行为和结果指向组织战略，从而有利于组织战略的实现。

（2）绩效分析能够促进物流系统绩效水平的提升

管理者通过对组织绩效、部门绩效和个人绩效的评价，能够及时发现存在的绩效问题，通过及时的沟通和反馈，分析个人层面、部门层面和组织层面存在的导致绩效不佳的原因，制订并切实执行绩效改进计划，从而提高各层面的绩效水平。

（3）绩效分析结果能够为物流系统人力资源管理决策提供依据

绩效评价的结果是组织制定薪酬决策、晋升决策、培训与开发决策的依据。组织只有将绩效评价的结果与人力资源管理的相关决策紧密联系起来，才能使其发挥对所有成员的激励和引导作用，同时也能增强各项人力资源管理决策的可接受程度。

第二节 物流系统绩效目标、指标和标准

一、物流系统绩效目标

物流系统绩效目标是指物流系统管理者与下属在使命和价值观的指引下，对愿景和战略

进行分解和细化，具体体现为物流系统整体组织、部门和员工在绩效周期内需要完成的各项工作。因此，确定物流系统绩效目标，需要先明晰物流系统管理组织的使命，提炼组织的核心价值观，描述愿景和制定战略。

绩效目标主要来源于以下两方面：一是通过对战略的分解与细化，形成组织绩效目标、部门绩效目标和个人绩效目标；二是职位职责，即这个职位需要对组织有什么样的贡献或产出。绩效目标的通常表现为一个动宾词组，比如"增加团体客户总量"和"开发并维持战略伙伴关系"等。

1. 绩效目标的类型

在管理实践中，比较常见的绩效目标分类方式是依据绩效层次的不同将绩效目标分为组织绩效目标、部门绩效目标和个人绩效目标。除此之外，还有以下几种常见的分类方式。

（1）短期目标、中期目标和长期目标

按照绩效周期的长短，绩效目标可被分为短期目标、中期目标和长期目标。短期目标通常是在几天、几周或几个月内完成的绩效目标；中期目标是指在半年或一年，甚至两年内完成的绩效目标；而长期目标则是指可能要 2~3 年，甚至更长时间完成的，或者指需要划分为几个关键性阶段的绩效目标。

（2）战略性绩效目标和一般绩效目标

根据绩效目标的来源，绩效目标可被分为战略性绩效目标和一般绩效目标。战略性绩效目标来源于组织战略目标的分解，强调激发组织内所有人的创造力，激励所有人为之采取新思维、新方法或新思路，为了实现组织战略目标而群策群力、协同合作和共同奋斗。一般绩效目标则是来源于组织系统内具体职责的要求，指维持组织正常运行必须履行的日常工作。

2. 绩效目标的制订

绩效目标的制订过程通常包含以下几个步骤。

第一，成立一个由高层领导者参与的战略规划小组，负责拟订和描述组织的愿景，在高层领导者之间达成共识后，确定组织的战略目标。对一个成熟的组织来说，则是直接根据组织的愿景和战略，结合组织的年度工作计划，制订组织的绩效目标。

第二，每位高层领导与其分管部门的管理者组成小组，提出各部门的目标，然后基于部门目标和部门工作计划，制订部门绩效目标。在制订部门绩效目标时，管理者需要注意部门绩效目标和组织绩效目标的纵向协同以及不同部门之间的横向协同。

第三，部门管理者与员工就部门目标分解和实现方式进行充分沟通，形成每个人的绩效目标。在这一过程中，上级需要统筹协调每个人的工作内容，保证本部门的目标能够实现，同时也要避免像传统的目标制订那样从上到下地制订，应在制订各级目标时保证每位员工都有充分的发言权，并鼓励下级人员积极参与绩效目标的制订。组织通过保证基层员工的绩效目标与部门绩效目标以及组织目标的协同性和一致性，将组织战略转为每个员工的日常行动。

3. 绩效目标的制订原则

绩效目标的制订通常应该遵循 SMART 原则，其具体含义如下。

(1) 绩效目标应该是明确具体的

"S"（Specific）指的是绩效目标应该尽可能地细化、具体化。组织绩效目标和部门绩效目标必须细化和具体化到每个人的绩效目标上，即必须落实到具体的岗位和人员，或能对应到具体的个人。

(2) 绩效目标应该是可衡量的

"M"（Measurable）是指目标要能够被准确衡量，要有可供比较的标准。设定绩效目标，是为了激发每个人的潜力，为实现组织目标而共同努力，因此，目标必须可以衡量，才能够为人们的行为提供及时有效的反馈，并且在绩效评价的时候才能进行量化。绩效目标的可衡量特征与绩效评价指标和绩效标准的可衡量特征是密切相关的。例如，客户经理的绩效目标为"提高客户满意度"，衡量该目标的绩效指标之一是"客户投诉率"，绩效标准则是"5%"。

(3) 绩效目标应该是可达到的

"A"（Attainable）是指目标通过努力就能够实现。在制订目标的时候，为了充分发挥员工的积极性和主动性，组织通常选择比现有水平稍高一点的目标，强调"蹦一蹦，够得着"。过高的目标会使员工失去信心和动力，而目标太低则无法使员工发挥应有的水平。切实可行的方法是在两者之间找到一个最佳的平衡点，即一个员工通过努力可以达到的可行的绩效目标。

(4) 绩效目标应该与战略有关联

"R"（Relevant）指绩效目标体系要与组织战略目标相关联，个人绩效目标要与组织绩效目标和部门绩效目标相关联。与战略相关联原则要求管理者在制订绩效目标时，应对组织战略有清晰明确的界定，同时在分解和承接过程中，要避免错误推理而制造出对组织战略无贡献甚至适得其反的绩效目标。

(5) 绩效目标应该有时限性

"T"（Time-based）就是指完成目标需要有时间限制。这种时间限制实际上是对目标实现方式的一种引导，要求管理者根据工作任务的权重、事情的轻重缓急，确定完成绩效目标的最后期限，并确定项目进度安排，并据此对绩效目标进行有效的监控，以便在出现问题的时候，能及时对下属进行绩效辅导。不论是整个绩效计划中的总目标，还是分阶段的分目标，都应受到时间的限制。

二、物流系统绩效指标

在确定绩效目标之后，物流系统管理者要为每一个绩效目标选择可衡量的指标。在绩效管理中，对员工行为的引导很大程度上就体现在绩效指标的选择和设计上，绩效监控和绩效评价工作的开展就是面向绩效指标的。因此，绩效指标设置得科学与否在很大程度上影响着整个绩效管理的成败。

1. 绩效指标的类别

绩效指标有很多不同的类别。根据绩效评价内容不同，绩效指标可以分为工作业绩评价指标和工作态度评价指标。根据评价的客观程度，绩效指标可以分为硬指标和软指标。

（1）工作业绩评价指标

所谓工作业绩，就是工作行为所产生的结果。对于业绩的考核结果直接反映了绩效管理的最终目的——提高企业的整体绩效。在设计工作业绩指标时，通常的做法是，将业绩具体表现为完成工作的数量指标、质量指标、工作效率指标以及成本费用指标，这四类指标都属于工作业绩评价指标。

（2）工作态度评价指标

在组织中常常可以看到这样的现象：一个能力很强的人出工不出力，未能实现较高的工作业绩；而一个能力一般的员工兢兢业业，做出了十分突出的工作业绩。这两种不同的工作态度产生了截然不同的工作结果。因此，工作态度在一定程度上决定了一个员工的实际工作业绩。为了对员工的行为进行引导从而达到绩效管理的目的，绩效评价中应引入对工作态度进行评价的指标。

（3）硬指标

硬指标指的是那些可以以统计数据为基础，把统计数据作为主要评价信息，建立评价数学模型，以数学手段求得评价结果，并以数量表示评价结果的评价指标。

硬指标的优点在于，使用硬指标进行绩效评价能够摆脱个人经验和主观意识的影响，具有相当的客观性和可靠性。在处理硬指标的评价结果时，如果需要完成复杂或多变的计算过程，组织还可借助电子计算机等工具来进行，以有效提高评价的可行性和时效性。

硬指标同时也存在缺点。当评价所依据的数据不够可靠，或者评价的指标难以量化时，硬指标的评价结果就难以客观和准确。另外，硬指标的评价过程往往比较死板，在评价的过程中缺乏主观性评价。

（4）软指标

软指标指的是主要通过人的主观评价得出评价结果的评价指标。软指标评价又称专家评价，就是由评价者对系统的输出做出主观的分析，直接对评价对象进行打分或做出模糊评判（如很好、好、一般、不太好或不好）。需要注意的是，软指标与非量化指标并非同一个概念。软指标与硬指标的区别是评价方式上的不同，而量化指标与非量化指标的区别是评价结论表现方式上的不同。

软指标的优点在于，软指标不受统计数据的限制，可以充分发挥人的智慧和经验。这个主观评价的过程往往能够综合更多的因素，考虑问题更加全面，能避免或减少统计数据可能产生的片面性和局限性。另外，当评价所需的数据很不充分、不可靠或评价指标难以量化时，软评价能做出更有效的判断。因此，它能够更广泛地运用于评价各种类型的员工。

当然，软指标同时也具有不可忽视的弱点。用软指标进行评价的结果容易受评价者主观意识的影响和经验的局限，其客观性和准确性在很大程度上取决于评价者的素质。用软指标进行评价得出的评价结果往往缺乏稳定性，尤其在民主氛围不佳的环境中，个人专断性的主观判断经常造成严重的不公平，引起评价对象对评价结果的强烈不满。因此，使用软指标评价应当注意：①软指标的评价通常由多个评价主体共同进行，有时甚至由一个特定的集体共同做出一个评价结论，以实现相互补充，从而产生一个比较完善的结论；②评价者必须对评价对象所从事的工作相当了解，能够通过不完整的数据资料，在利用大量感性资料的基础上看到事物的本质，做出准确的评价。

在实际评价工作中，组织往往不是单纯使用硬指标或软指标进行评价，而是将两类指标加以综合应用，以弥补各自的不足：在数据比较充足的情况下，以硬指标为主，辅以软指标进行评价；在数据比较缺乏的情况下，则以软指标为主，辅以硬指标进行评价。在绩效评价中，硬指标评价的结果往往也需要一个定性分析的过程，而软指标评价的结果也要应用模糊数学进行定量化的换算。因此，我们在建立指标体系的时候，应尽量将指标量化，收集相关的统计资料，提高评价结果的精确度，同时，还要考虑评价对象的具体情况，将硬指标与软指标的评价技术有效地结合起来。

（5）平衡计分卡指标类别

平衡计分卡（Balanced Score Card，BSC）是在人们意识到传统绩效评价方法过多重视财务结果因素而忽视其他非财务指标的背景下产生的。它分别从财务、顾客、内部运营、学习与成长四个维度来构建绩效评价指标体系，如图6-2所示，平衡计分卡更有利于全方位评价组织的绩效。平衡计分卡基于平衡的战略思想，从经济效益（财务）、顾客服务（客户）、运作效率（内部运营）和创新学习（学习与成长）四个维度将企业战略转化为明确的可操作的绩效指标，将企业、团队和员工的价值目标有机整合，进而建立可衡量的指标体系（图6-2），是企业实施战略管理和绩效管理的重要工具。

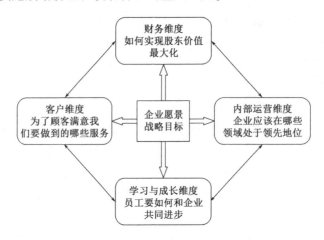

图 6-2　平衡计分卡框架体系

①财务维度：我们怎么满足企业运营需要、实现持续发展。

财务方面的指标主要围绕五个方面进行设置：获利能力，包括投资收益率、利润率、净现金流量、经济增加值等指标；收入增加情况，包括收入增长率和市场份额增长率等；降低成本和提高生产率，典型的指标有生产效率、生产周期以及单位成本等等；资产运营效率，包括资产周转率、经营周期等；经营风险和财务风险，包括经营杠杆、流动比率以及负债比率等。

②客户维度：我们能给客户提供什么。

客户维度的衡量指标主要有客户满意度、客户保持率、市场份额及其变化情况、核心客户等。

③内部运营维度：我们擅长提供什么。

内部业务角度是从系统内部评价系统的绩效情况，可以围绕以下几个方面进行设置：经营能力，主要指标有产品生产周期、交货效率、产品质量、产品成本和产品返工率等；售后服务，主要指标包括售后服务质量、售后服务态度、售后服务的及时性以及售后服务成本等；作业效率，主要指标包括作业实际成本、非增值作业成本变化额等。

④学习与成长维度：我们能否持续创造价值。

企业的学习和成长能力主要表现在三个层面：人才、信息系统和组织程序。人才层面包括员工满意度、员工培训、员工留存率、生产效率等；信息系统层面包括企业的信息传达与反馈效率和渠道等；组织程序层面包括企业文化建设、组织氛围、团队精神等。学习与成长属于一个企业的生命线，是一个企业得以持续生存和发展的根本保证。

四个维度之间相辅相成、紧密相连，其内在的逻辑关系如图6-3所示。比如资本报酬可以作为企业的财务指标，要怎么才能提高资本报酬率呢？反映到客户市场层面就是销量和市场份额的增加，而这就需要考量客户满意度和忠诚度。那么客户满意度和忠诚度怎么得来呢？对消费者的调研显示，顾客比较重视售后服务，所以，完善高效的售后服务流程又可以纳入计分卡的衡量指标中。按照这个因果链条，企业就需要不断更新技术、提高服务质量，因此员工的学习成长能力又被纳入平衡计分卡的指标当中。因此，一张切实有效的平衡计分卡应该能够阐明四个维度之间的因果关系，全面反映企业的发展战略和价值取向。

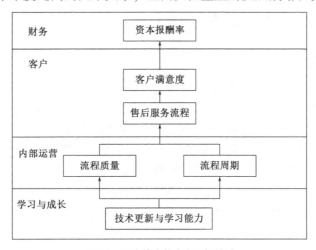

图6-3 四个维度的内在逻辑关系

2. 绩效指标的设计要求

绩效指标的制定需要遵循独立性、可测性和针对性的基本要求。

（1）独立性

独立性指的是绩效指标之间的界限应清楚明晰，不会发生含义上的重复。绩效指标名称的措辞要讲究，要能使每一个指标的内容界限清楚，避免产生歧义。在必要的时候组织可通过具体、明确的定义给出操作性的定义，避免指标之间出现重复。

（2）可测性

评价指标本身的特征和该指标在评价过程中的现实可行性共同决定了评价指标的可测

性。一方面，评价指标指向的变量具有变异性，该指标才具有存在的意义。另一方面，在确定绩效评价指标时，还要考虑到评价中可能遇到的种种现实问题，确定获取所需信息的渠道以及是否有相应的评价者能够对该指标做出评价等。

（3）针对性

评价指标应针对某个特定的绩效目标，并反映相应的绩效标准；组织应根据部门职责或岗位职能所要求的各项工作内容及相应的绩效目标和标准来设定每一个绩效评价指标。

3. 绩效指标的设计方法

常见的设计绩效指标的方法主要包括工作分析法、个案研究法、问卷调查法、专题访谈法及经验总结法。

（1）工作分析法

工作分析的主要内容由两部分组成，一是职位说明，二是任职资格。职位说明包括工作性质、职责、进行工作所需的各种资料、工作的物理环境、社会环境、与其他工作相联系的程度等与工作本身有关的信息。任职资格包括员工为了完成本工作应具备的智力、体力、专业知识、工作经验、技能等相关要求。

在制定绩效指标的过程中进行的工作分析，其重点就是分析从事某一职位工作的员工需要具备哪些能力和条件，其职责与工作任务完成情况应以什么指标来评价，并指出这些能力和条件及评价指标中哪些比较重要，哪些相对不那么重要，并对不同指标的完成情况进行定义。

（2）个案研究法

个案研究法是指对个体、群体或组织在较长时间里连续进行调查研究，并从典型个案中推导出普遍规律的研究方法。例如，根据测评的目的和对象，选择若干个具有典型代表性的人物或事件作为调研对象，通过对他们的系统观察和访谈来分析、确定评定要素。

常见的个案研究法有典型人物（事件）研究与资料研究两大类。典型人物研究是以典型人物的工作情境、行为表现、工作绩效为直接对象，通过对他们的系统观察和分析研究来归纳总结出他们所代表群体的评定要素。资料研究是以表现典型人物或事件的文字材料为研究对象，通过对这些资料的总结、对比和分析，最后归纳出评定要素。

（3）问卷调查法

问卷调查法就是设计者根据需要，把要调查的内容设计在一张调查表上，写好填表说明和要求，分发给被调查者，让被调查者根据个人的知识与经验，自行选择答案，以收集和征求不同人员的意见。调查的问题应设计得直观、易懂不宜过多，应尽可能减少被调查者的回答时间，以免影响调查表的回收率和调查质量。

（4）专题访谈法

专题访谈法是指研究者通过面对面的谈话，用口头沟通的途径直接获取有关信息的研究方法。例如，通过与企业各部门主管、人力资源部门人员、某职位人员等进行访谈获取绩效指标。专题访谈的内容主要围绕下述三个问题展开：①你认为对担任该职位的员工最基本的要求是什么？②该职位员工工作的主要特点是什么？③检验该职位员工工作成效的主要指标是什么?

研究者通过分析汇总访谈所得的资料,可以获取许多极其宝贵的材料。专题访谈法分为个别访谈法和群体访谈法两种。个别访谈轻松、随便、活跃,可快速获取信息。群体访谈以座谈会的形式进行,具有集思广益、团结、民主等优点。

(5) 经验总结法

经验总结法是指众多专家通过总结经验,提炼出规律性的研究方法。它一般可分为个人总结法和集体总结法两种。个人总结法是请人力资源专家或人力资源部门人员回顾自己过去的工作,通过分析最成功或最不成功的人力资源决策来总结经验,并在此基础上设计出评价员工绩效的指标。集体总结法是请若干人力资源专家或企业内有关部门的主管(6~10人)集体回顾过去的工作,采用头脑风暴的方式分析绩效优秀者和绩效一般者的差异,列出长期以来用于评价某类人员的常用指标,在此基础上提出绩效指标。

4. 绩效指标权重的设计方法

绩效指标的权重是各项指标的相对重要程度,主要的权重设计方法有以下几种。

(1) 专家经验判定法

专家经验判定法是最简单的权重确定方法。它是管理者个人根据自己的经验和对各项绩效指标重要程度的认识,对各项绩效指标的权重进行分配。有时管理者会召集相关人员和专家学者共同讨论,听取大家的意见,共同商定权重的大小;也可以请多个专家为每个绩效指标打分,然后取专家赋值的平均值为权重。

这种方法基本上是基于个人的经验决策的,往往带有片面性。对于比较简单的绩效评价工作,这个办法花费的时间和精力比较少,容易被接受。

(2) 权值因子判断表法

权值因子判断表法是指由评价人员组成评价专家小组,由专家组制定和填写权值因子判断表,然后根据各位专家所填写的权值因子判断表来确定权重的方法。这种方法的实施步骤如下。

第一步:组成评价的专家组。专家组一般由绩效管理部门的人员、评价专家以及其他相关人员构成。根据不同的评价对象和目的,专家组的构成可以有所不同。

第二步:绘制绩效指标权值因子判断表,如表 6-1 所示。

权值因子判断表 表 6-1

行 i \ 列 j / I_{ij}		绩效指标				
		F_1	F_2	F_3	...	F_n
绩效指标	F_1					
	F_2					
	F_3					
	...					
	F_n					

第三步：专家填写权值因子判断表。填写方法为：将行因子与每列因子相互对比，若为四分制，则其中非常重要的指标为 4 分，比较重要的指标为 3 分，同样重要的为 2 分，不太重要的指标为 1 分，相对很不重要的指标为 0 分。

第四步：对各位专家所填写的权值因子判断表进行统计。首先，计算每一行绩效指标得分值，计算公式为：

$$D_{iR} = \sum_{j=1}^{n} a_{ij}$$

其中，n 为绩效指标的项数；a_{ij} 为绩效指标 i 与绩效指标 j 相比时，指标得分值；R 为专家序号。

其次，求绩效指标平均分值，计算公式为：

$$P_i = \sum_{R=1}^{L} D_{iR} / L$$

其中，L 为专家人数。

最后，计算绩效指标权值，计算公式为：

$$W_i = P_i / \sum_{i=1}^{n} P_i$$

（3）层次分析法

层次分析法是对人们的主观判断进行表达与处理后，通过判断矩阵计算出相对权重，进行判断矩阵的一致性检验，以克服两两相比的不足。层次分析法确定权重的步骤如下。

第一步：建立树状层次结构模型。层次结构模型一般包括目标层、准则层和方案层，如图 6-4 所示。当用于绩效指标权重设计时，方案层即为所设计的绩效指标，准则层为绩效指标选取的原则，目标层为绩效目标。

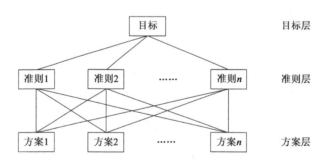

图 6-4　层次结构模型

第二步：对同层要素两两比较，构建判断矩阵。在两个因素互相比较时，需要有定量的标度，如表 6-2 所示。运用两两比较方法，以上一级的某一个指标 C 作为评价准则，对本级指标进行两两比较来确定矩阵元素。例如，以 C 作为评价准则有 n 个因素，其判断矩阵形式如表 6-3 所示。判断矩阵中的元素 b_{ij} 表示依据评价准则 C，指标 b_i 对 b_j 的相对重要性。

因素比较定量标度　　　　　　　　　　　　　表6-2

标度	含义
1	表示两个因素相比，一个因素比另一个因素的重要程度：同样重要
3	表示两个因素相比，一个因素比另一个因素的重要程度：稍微重要
5	表示两个因素相比，一个因素比另一个因素的重要程度：明显重要
7	表示两个因素相比，一个因素比另一个因素的重要程度：强烈重要
9	表示两个因素相比，一个因素比另一个因素的重要程度：绝对重要
2、4、6、8	上述两相邻判断的中值

判断矩阵　　　　　　　　　　　　　　　　表6-3

C	B_1	B_2	...	B_n
B_1	b_{11}	b_{12}	...	b_{1n}
B_2	b_{21}	b_{22}	...	b_{2n}
...	...	...	...	...
B_n	b_{n1}	b_{n2}	...	b_{nn}

第三步：计算判断矩阵的权重向量。在建立了判断矩阵之后，要根据判断矩阵计算本级指标相对于上一级某一因素来讲，本级与之有联系的指标与指标之间相对重要性的权重值。求权重即为求判断矩阵的最大特征值所对应的特征向量。在层次分析法中判断矩阵的特征根与特征向量的求解方法有方根法与和积法。

第四步：判断矩阵的一致性检验。由两两比较得到的判断矩阵不可能具有完全一致性。通过一致性检验可以得到存在的不一致的程度是多大，以及计算的结果是可以接受的。

（4）加权平均法

采用加权平均法来确定绩效指标权重，操作性和科学性都较高。这种方法的实施步骤如下。

首先，将所有指标划分为三类并赋予不同的权重系数，即全局性指标的权重系数为5，局部性指标的权重系数为3，事务性指标的权重系数为1。

其次，每个指标的满分赋值为100分，考核主体依据考核标准进行打分，乘以权重系数后，得到每个指标的加权得分。

最后，对所有指标加权得分进行求和，并对权重进行求和，取两者的商即为最终评价得分，计算公式如下：

$$\bar{x} = \frac{\sum_{i=1}^{k} x_i f_i}{\sum_{i=1}^{k} f_i} \quad (6-1)$$

其中，x_i代表第i个指标的得分，采用百分制；f_i代表第i个指标的权重系数，或为5，或为3，或为1。

5. 绩效指标体系的设计原则

绩效指标体系由一组既独立又相互关联，既能衡量绩效目标又能实现绩效监控和绩效评价目的的评价指标构成。绩效指标体系呈现出层次分明的结构，一方面，绩效指标包括组织、部门和个人绩效指标三个层次；另一方面，员工的绩效指标包括工作业绩和工作态度两个维度，每一个维度都包含若干具体的评价指标，从而也形成了一个层次分明的结构。

为了使各个指标更好地整合起来，以实现评价的目的，在设计绩效指标体系时，需要遵循一些基本的设计原则，其中最常见的原则有如下两条。

(1) 坚持"定量指标为主，定性指标为辅"的原则

通常情况下，不论组织层面绩效计划的制订，还是部门和个人层面绩效计划的制订，为了确定清晰的标度，我们主张更多地使用定量化的绩效指标，从而提高绩效监控的有效性和针对性，也提高绩效评价的客观准确性。因此，坚持绩效指标设计时的定量化原则，是绩效指标设计实践中的首要原则。然而，并不是所有绩效都能量化或都好量化。对于来源于战略目标分解的绩效指标坚持量化是必需的，但是很多来源于具体职责规定的绩效指标难以量化。因此，绩效指标还需要一定的定性指标作为补充。当然，对于定性的评价指标，我们也可以运用一些数学工具进行恰当的处理，使定性指标得以量化，从而使评价的结果更精确。

(2) 坚持"少而精"的原则

这一原则指的是在确定绩效指标或者从绩效指标库中选择绩效指标时，需要确定或选取最有代表性和特征的项目，不一定面面俱到。也就是说，在设计绩效指标体系时，应避免一切不必要的复杂化。结构简单的绩效指标体系便于对关键绩效指标进行监控，也能有效地缩短绩效信息的收集、处理过程乃至整个评价过程，提高绩效评价的工作效率，从而有利于绩效目标的达成。

为了做到"少而精"，可以采用关键绩效指标（Key Performance Indicators，KPI）方法。KPI 的理论基础是"二八法则"。在一个企业的价值创造中，存在着"20/80"的规律，即 20% 的骨干员工创造企业 80% 的价值。对每一个员工来说，80% 的工作任务是由 20% 的关键行为完成的。因此，抓住 20% 的关键行为，对之进行分析和衡量，也就抓住了业绩考评的重心。

KPI 是通过对组织内部某一流程的输入端、输出端的关键参数进行设置、取样、计算、分析，衡量流程绩效的一种目标式量化管理指标，是企业宏观战略目标决策经过层层分解产生的可操作性的战术目标，是宏观战略决策执行效果的监测指针，是衡量组织战略实施效果的关键指标。

6. 常见的物流系统绩效指标体系

按照物流系统的特征，物流系统绩效指标体系可以分为社会物流系统绩效指标体系和企业物流系统绩效指标体系。

(1) 社会物流系统绩效指标体系

早期物流绩效的研究主要集中在实物配送成本的衡量方面，通过构建单一的财务评价指标体系进行物流绩效。后来，越来越多的学者认识到仅仅从财务单方面衡量物流绩效是不科学的，所以更多的学者开始采用综合评价指标体系。国外常见的社会物流绩效评价指标如表 6-4 所示。

国外常见的社会物流绩效指标体系　　　　　　　　　　　　　　　　　　　表6-4

机构或国家	指标体系构成
世界银行	海关效率和边境管理清关、贸易和运输相关基础设施的质量、运输频次、物流服务质量、及时性、跟踪和定位能力
英国	环境影响、安全、经济、可获得性、整合
美国	商业物流系统成本及其占的比例、货运指数、第三方物流服务提供商的规模收入和增长率、商业库存比率、库存销售比率、分行业的库存货物销售成本
日本	物流标准化程度、物流费用、物流时效、物流效率、物流安全、环境保护

我国现行的社会物流绩效评价指标体系主要有《社会物流统计核算与报表制度》和《社会物流统计指标体系及方法》（GB/T 24361—2009），如表6-5所示。

我国社会物流绩效指标体系　　　　　　　　　　　　　　　　　　　　表6-5

指标体系来源	指标体系构成
社会物流统计核算与报表制度	社会物流总费用
	物流相关行业业务收入
	物流相关行业固定资产投资完成情况
	社会物流基础设施情况
社会物流统计指标体系及方法 （GB/T 24361—2009）	社会物流总额
	社会物流总费用
	社会物流总收入
	物流业增加值
	物流业固定资产投资

与国外相比，我国目前的社会物流绩效指标体系还主要侧重于财务方面，安全、环境保护、效率等方面的指标还比较缺乏。

（2）企业物流系统绩效指标体系

《社会物流统计核算与报表制度》和《社会物流统计指标体系及方法》（GB/T 24361—2009）分别给出了企业物流绩效评价指标。其中，前者将企业物流绩效评价指标体系分为一般生产、销售企业中的物流绩效评价指标（表6-6）和物流企业绩效评价指标（表6-7）。后者将企业物流绩效评价指标称为微观统计指标，包括物流业务收入、物流业务成本、物流服务价格、物流经营效益、物流资产、物流基础设施、物流从业人员等方面。

企业物流绩效指标体系　　　　　　　　　　　　　　　　　　　　　　表6-6

指标名称	计量单位		指标名称	计量单位
购进总额	万元		运输费用	万元
销售总额	万元		利息费用	万元
自运周转量	吨公里	企业物流成本	仓储费用	万元
平均货物储存量	吨		保险费用	万元
平均货物储存周期	天		货物损耗费用	万元
自运货物平均运价	元/吨公里		配送费用	万元
委托代理货物平均运价	元/吨公里		流通加工费用	万元

表 6-6

指标名称		计量单位	指标名称		计量单位
货运量	自运货运量	吨	企业物流成本	包装费用	万元
	委托代理货运量	吨		信息及相关服务费用	万元
				管理费用	万元

物流企业绩效指标体系 表 6-7

指标名称		计量单位	指标名称		计量单位
货运量		万吨	主营业务收入	包装收入	万元
周转量		万吨公里		信息及相关服务收入	万元
配送量		万吨		代理收入	万元
流通加工量		万吨		仓储收入	万元
包装量		万吨		运输收入	万元
装卸搬运量		万吨		装卸搬运收入	万元
吞吐量		万吨			
期末储存量		万吨	主营业务成本	配送成本	万元
平均存储周期		天		流通加工成本	万元
物流人员劳动报酬		万元		包装成本	万元
主营业务利润额		万元		信息及相关服务成本	万元
主营业务营业税金		万元		代理业务成本	万元
资产总计		万元		仓储成本	万元
固定资产折旧		万元		运输成本	万元
主营业务收入	配送收入	万元		装卸搬运成本	万元
	流通加工收入	万元			

三、物流系统绩效标准

绩效目标描述的是实现战略所必须做好的事项，绩效指标则是追踪和评价目标实现程度的"晴雨表"，即强调从哪些方面衡量绩效目标，而绩效标准则说明了各类指标应该做到何种程度才符合组织的期望，即各项绩效指标分别应该达到什么水平。某公司销售人员的绩效计划（绩效目标、绩效指标和绩效评价标准）的示例如表6-8所示。物流系统绩效标准描述的是物流系统绩效指标需要完成到什么程度，反映了物流系统管理组织对该绩效指标的绩效期望水平。

某公司销售人员的绩效计划示例 表 6-8

绩效目标	绩效指标	类型	绩效评价标准
提高销售利润	年销售额	数量	年销售能达到80万~100万元
	税前利润百分比	数量	税前利润率控制在20%~22%
降低销售成本	实际成本与预算的变化	数量	实际费用与预算相差在4%以内
……	……	……	……

1. 绩效标准的分类

绩效标准分为基本标准和卓越标准。基本标准是绩效对象在绩效指标上应该达到的合格水平,是对绩效对象的基本要求;基本标准是绩效指标合格的最低标准,通常用于基本工资的确定。卓越标准是引导组织追求卓越绩效,提高产品、服务和经营质量所期望的卓越绩效水平。卓越标准一般不设上限,也不做强制要求,它鼓励个人挑战极限,超越自我,通过不断的自我超越,树立绩效标杆,引导绩效发展方向。卓越标准主要用于激励性奖励和职位晋升等。例如,某公司关于销售代表的基本绩效标准包含以下几个方面:正确介绍产品或服务、达成承诺的销售目标、回款及时等;卓越标准则是强调对每位客户的偏好和个性做出详细的记录和分析、为市场部门提供有效的客户需求信息、维持长期稳定的客户群等。

2. 绩效标准的等级描述

虽然绩效标准可以分为基本标准和卓越标准两大类,但是通常是用一个连续的绩效等级来衡量具体的绩效指标完成情况,通常有以下四种划分方式。

①量词式,即采用带有程度差异的形容词、副词、名词等词组表示不同的等级水平,如"较好""好""一般""差""较差"。

②等级式,即运用一些能够体现等级顺序的字词、字母或数字表示不同的评价等级,例如,"优""良""中""差";"甲等""乙等""丙等""丁等",以及"1""2""3"等。

③数量式,即用具有量的意义的数字表示不同的等级水平,可细分为离散数量式和连续数量式两种,如表6-9和表6-10所示。

离散数量式绩效等级 表6-9

评价指标	指标定义	标度				
计划能力	能够有计划、有步骤地完成领导交给的工作,使本业务领域的工作与整个部门或所在工作团队的工作目标相匹配	0分	3分	6分	9分	12分

连续数量式绩效等级 表6-10

标志(尺度)评价指标	5~4.5分	4.4~4分	3.9~3.5分	3.4~3分	3分以下
协作性	很好	尚可	一般	较差	极差

④定义式,即通过语言描述的方式界定评分标准和等级。相对于前面三种评价标尺而言,定义式的评价标尺比较复杂,要求设计者针对每一个评价指标的不同绩效等级进行具体描述,它不仅要求语言高度简练,而且要具体、准确,具有很强的针对性。尽管设计难度大,但是它能够有效地提高评价的客观性,更好地实现评价的行为引导作用,因此在绩效评价中得到了越来越广泛的运用。表6-11是定义式绩效等级的一个例子。

定义式绩效等级示例　　　　　表 6-11

对象	要素定义	分等级说明				
		S	A	B	C	D
部长级	是否重视工作目标的制订并在工作中对部门目标的完成情况进行监控，能否使下属了解目标的重要性，并通过让下属参与目标的制订激发他们的工作热情	重视工作目标的制订并在工作中对部门目标的完成情况进行监控，让下属参与目标的制订，目标切实可行，下属的工作热情很高	重视工作目标的制订并在工作中对部门目标的完成情况进行监控，让下属参与目标的制订，目标基本上切实可行，下属的工作热情较高	了解目标的重要性，但不善于制订目标，所制订的工作目标不能为全部员工所接受，在目标实施过程中有一定困难	在日常工作中有一定的计划性，但往往无明确的长期或阶段性的目标，常常"走一步算一步"，下属员工也难以确定自己的阶段性工作目标	工作完全没有计划性，总是在上级或其他部门的要求下被动地组织部门工作

3. 绩效目标值的设定

将绩效标准设定为一个具体的数值，有利于对绩效的判断形成一个明确的标准。一般情况下，在确立了绩效目标和衡量指标之后，组织就需要为每一个指标设定目标值。绩效目标值是组织所预期的特定指标的未来绩效状态，通常决定了组织为实现既定目标的资源投入程度和员工努力程度。目标值的高低水平在于在挑战性和可行性之间取得一种平衡，既能满足组织绩效改进的需求，又易于让员工接受和信服。

标杆法是设定目标值的常用方法。在最初阶段，目标值的数据确定主要依赖管理者的经验判断，随着实践经验的不断积累，有越来越多的客观数据，如公司历史数据、公共数据及行业协会的数据可以参考，企业就有条件采用标杆法设定目标值，也就是说，可以通过对比外部标杆找差距来设置目标值。运用标杆法设定目标值需要认真考虑外部标杆产生的条件及其与企业内部的实际情况是否具有可比性，如果企业的状况和那些对标的外部企业具有相似性，那么这些数据就是企业目标值的参考值。

第三节 物流系统绩效评价

一、物流系统绩效评价概述

物流系统绩效评价是指根据绩效目标协议书所约定的评价周期和评价标准，由绩效管理主管部门选定的评价主体，采用有效的评价方法，对物流系统的管理组织、业务部门及个人的绩效目标完成情况进行评价的过程。

1. 绩效评价的内容

绩效评价通常分为工作业绩评价和工作态度评价，二者相互联系、相互影响。

（1）工作业绩评价

工作业绩评价是绩效评价中最核心的内容。所谓业绩，就是通过工作行为取得的阶段性产出和直接结果。管理者要以评价结果为基础来有计划地改进绩效欠佳的方面，从而达到组织发展的要求。

工作业绩评价包括组织、部门和个人层面的业绩评价。组织、部门和个人层面业绩评价的指标不仅要包括利益相关者层面（结果）的指标，也要涵盖实现路径（过程）层面的指标和保障措施层面的指标，要兼顾结果和过程，以保证工作业绩评价的完整性和准确性。

组织、部门和个人层面的业绩评价是有区别的。组织层面的工作业绩评价主要集中于对组织的整体战略目标实现起重要作用的指标；而部门层面的工作业绩评价是通过分解、承接组织层面的业绩目标而形成的内容，除此之外，它还要反映部门自身职责的相关内容；个人层面的工作业绩评价主要是微观具体的岗位职责要求的内容。

（2）工作态度评价

工作态度评价是绩效评价中的重要内容。通过对工作态度进行评价，管理者可以引导员工改善工作态度，充分发挥其现有的工作能力，进而使其最大限度地创造优异的绩效。管理者在评价工作态度时，只评价其是否努力、认真的工作，在工作中是否有干劲、有热情，是否遵守各种规章制度等即可；要忽略评价对象的职位高低、能力大小。

2. 绩效评价的过程

绩效评价的步骤为：确立目标、建立评价系统、整理数据、分析判断和输出结果，如图6-5所示。通过该图可以看出，绩效评价的过程就是一个收集信息、整合信息、形成判断的过程。

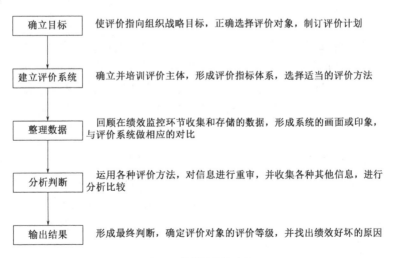

图6-5 绩效评价的过程

(1) 确立目标

绩效评价作为绩效管理系统中的关键环节，其最核心的目标就是通过它的选择、预测和导向作用实现组织的战略目标。不论是评价组织绩效、部门绩效还是个人绩效，都要基于这个共同的目标。

一般来说，绩效评价的对象包括组织层面、部门层面和个人层面。绩效评价的对象不同，绩效评价的工作也有差异。评价员工个人、部门负责人或高层管理者的绩效关系到奖惩、升降职等人力资源管理决策，而评价组织绩效和部门绩效则关系到组织、部门的发展和重点任务规划等问题。被评价者在组织中的地位以及工作性质也会对绩效评价工作产生影响。例如，在评价基层普通员工的绩效时，评价主体不包括下级；而在评价基层管理者的绩效时，评价主体则往往可以包括他的直接下级。

(2) 建立评价系统

建立评价系统包括确立合理的评价指标、评价标准，选择适当的评价主体等。绩效评价指标决定了对评价对象的哪些方面进行评价。不论是组织绩效、部门绩效还是个人绩效，绩效评价关心的是评价对象与组织战略目标明显相关的行为与结果。

绩效评价标准是指用于判断评价对象绩效优劣的标准，可以分为绝对评价标准和相对评价标准两类。绝对评价标准指的是客观存在的评价标准，而相对评价标准指的是通过对比和排序进行评价的标准。绝对评价标准又可分为外部导向的评价标准和内部导向的评价标准两类。其中，外部导向的评价标准指的是以其他组织的绩效为参照标准，而内部导向的评价标准则指的是评价标准来源于组织内部，通常根据相关部门或人员过去的绩效情况来确定。我们所熟悉的标杆法就是典型的外部导向的绩效评价标准。

评价主体是指直接从事评价活动的人。一般来说，企业的组织绩效评价主体是企业的外部出资者，政府的组织绩效评价主体是上级领导或主管部门，而个人的绩效评价主体则要根据评价指标的相关特征进行选择。

(3) 整理数据

绩效评价的主要目的之一是提升管理的科学性，促进管理活动从传统的依靠直觉来做决策转变为以准确的数据和事实为依据来做决策。管理者在绩效监控阶段收集的数据一般是零散的，只有对这些零散的数据进行整理后，才能将其更好地应用于绩效评价中。尤其是在绩效监控阶段记录的一些关键事件，管理者要对其进行客观的分析、界定、归类，并将所记录的关键事件、绩效结果等归入相应的评价标准级别中。

(4) 分析判断

分析判断是指运用具体的评价方法来确定评价结果的过程。评价方法、形式的选择要根据组织的特点、评价对象的职位特点、评价内容和评价目的来确定。例如，考虑到高层管理人员的评价指标主要是与战略的实施和管理状况相关的指标，组织对其进行绩效评价时选择述职的形式较为合适。

(5) 输出结果

使用适当的评价方法进行评价后，就得出了评价结果。评价结果不仅是对绩效高低的评价或者简单的绩效得分或绩效排名，其中还应当包括对绩效不佳的原因分析，以便评价对象能够在下一个绩效管理周期中改进绩效。绩效评价结果的输出应尽可能详细，为后续的绩效反馈和结果运用提供依据。

3. 绩效评价的类型

由于绩效包括组织绩效、部门绩效和个人绩效三个层次，因此，我们通常将绩效评价的类型也分为组织绩效评价、部门绩效评价和个人绩效评价。个人绩效的取得是部门绩效和组织绩效完成的基础，管理者如果仅评价部门绩效和组织绩效而忽略了对个人绩效的评价，就会产生组织战略执行不到位和绩效目标无法落地的情况；如果仅评价个人绩效而不评价部门绩效和组织绩效，则无法保障组织宏观的、整体的绩效目标的实现。因此，完善的绩效评价体系要从组织层面延伸到部门层面和个人层面，并注意绩效目标与其在横向与纵向上的协同。

组织的绩效评价内容相对宏观，只包含涉及组织发展全局情况的指标。物流系统的组织绩效评价实际上是对物流企业所有工作人员整体（物流组织）的绩效评价，主营业务收入、主营业务成本、固定资产总额等都是常用的指标。

与组织绩效评价量表相比，部门绩效评价的指标相对微观具体，与部门职责紧密相关。物流系统部门绩效评价存在两种情况：一种是货主企业的物流系统，此时物流系统整体作为货主企业的一个部门而存在；另一种是物流企业的二级部门，比如业务部、财务部、销售部门的绩效评价，而物流企业所有人员构成了物流组织。

个人绩效评价的原理与组织绩效评价、部门绩效评价是一致的。需要注意的是，由于组织高层管理者对组织的经营管理全面负责，其结果性绩效指标要与组织绩效的结果性指标完全一致，也就是说，组织内的每一个高层管理者都要对组织结果性指标负责。同时，由于不同高层管理者的分工不同，其在计算个人绩效评价得分时，要对结果性指标赋予不同的权重。例如，在政府组织中，每一位领导班子成员都要对组织绩效评价结果性指标负责，但在权重上，主管业务的班子成员要比负责纪检工作的班子成员高一些，这样既能保证所有高层管理者都对组织绩效负责，又能考虑到分工的差异性。

4. 绩效评价中常见的问题

绩效评价系统中存在的问题主要包括以下几种。

（1）评价目的不明确

有一些组织对绩效评价的目的认识不清，只是将绩效评价当作一项不得不完成的工作，为评价而评价，而不是将绩效评价看作是组织提高管理水平和绩效水平的一项系统工程，导致绩效评价原本具有的功能和作用得不到有效的发挥。

（2）评价标准缺失

评价标准解决的是对具体评价内容进行等级划分的问题，即目标值完成到什么程度，是"优秀""良好"还是"一般"。针对每一项评价内容制定相应的评价标准是一个比较烦琐的工程，因此许多组织省去了这一环节。但由于缺乏客观统一的评价标准，评价主体在进行评价时只能凭借主观判断或个人喜好，这导致不同的评价主体对同一评价内容看法不一，进而使被评价者产生不公平感，甚至影响整个绩效评价系统的正常运转。

（3）评价周期不合理

有些组织的评价周期过长，导致有些短期的绩效问题无法被及时发现和解决；而有些组织的评价周期过短，导致管理成本过高，组织成员抵触。

（4）评价方法选择不当

绩效评价的方法多种多样，但每一种方法都有其适合评价的内容。在进行绩效评价时，组织要注意根据评价指标的特点来选择适当的评价方法。然而，在管理实践中，许多组织忽视评价指标与评价方法的契合，试图用一种方法"毕其功于一役"，导致绩效指标衡量的偏差。

（5）评价结果运用不充分

绩效评价的结果是对评价对象绩效的如实反映，能够体现评价对象的工作态度、行为和结果。如果不将评价结果运用到薪酬发放、职位晋升、培训与开发等人力资源管理决策中，绩效评价工作就会流于形式。

二、物流系统绩效评价主体

评价主体指的是对评价对象做出评价的人。选择什么样的评价主体在很大程度上与所要评价的内容相关。组织在设计绩效评价体系时，一定要注意评价主体与评价内容匹配。

1. 评价主体选择原则

评价主体选择的一般原则有以下两个。

（1）知情原则

知情原则是指评价主体对所评价的内容和所评价的职位要有所了解。一方面，评价内容必须是评价主体可以掌握的内容。如果要求评价主体对他无法了解的情况进行评价，那么这种评价一定是不准确的。另一方面，评价主体要对被评价职位的工作有一定程度的了解。评价对象的任何工作行为都是为了实现一定的职责任务，并非孤立的行为。缺乏对职位的了解可能导致评价者做出以偏概全的判断。

（2）多元主体原则

单一的评价主体容易产生误差与偏颇。多元化的评价主体既可以使评价结果相互印证，又能够相互补充，提高评价的准确性；另外，扩大评价主体的范围也能够体现出评价的民主性与公平性。评价主体可以包括评价对象的上级、同级、本人、下级，甚至也可以向组织外延伸，将利益相关者（如客户、供应商等）纳入到评价主体的范围中。需要特别指出的是，多元评价主体并不意味着评价主体越多越好，组织应在评价主体了解评价对象和评价内容的前提下，扩大评价主体的范围。

2. 不同评价主体的比较

评价主体分为内部评价主体和外部评价主体，如图6-6所示。内部评价主体包括上级、同级、本人和下级，外部评价主体主要包括客户、供应商、投资者等。各种评价主体并不是相互孤立、相互排斥的，而是能够相互补充和配合的。在预算、时间等条件允许的前提下，适当选择多样化的评价主体，有助于保证评价的客观性和公正性。

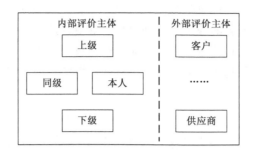

图 6-6　绩效评价主体（内部和外部）

（1）上级评价

大多数组织选择直接上级作为主要的评价主体之一。这是由于直接上级通常是最熟悉下属工作情况的人，而且比较熟悉评价的内容。同时，对于直接上级而言，绩效评价作为绩效管理的一个重要环节，为他们提供了一种监督和引导下属行为的手段，从而可以帮助他们促进部门或团队工作的顺利开展。如果直接上级没有绩效评价的权力，那么他们对下属的控制力将会减弱。

（2）同级评价

同级评价是由评价对象的同级对其进行评价，这里的同级不仅包括评价对象所在团队或部门的成员，还包括其他部门的成员。这些人员一般与评价对象处于组织命令链的同一层次，并且与评价对象经常有工作联系。

同级可以从与上级不同的角度来看待评价对象的工作绩效。上级与下属接触的时间毕竟有限，下属总是会在上级面前展示他最优秀的方面，而同事却有更多机会看到他真实的表现，尤其是在工作中的合作情况。因此，使用同级评价来补充上级评价，有助于客观评价评价对象的绩效，消除偏见，进而有助于评价对象更好地接受绩效评价的结果。研究表明，同级评价的信度与效度都很高；同级评价是评价对象工作绩效的有效预测因子；同级评价还能够有效预测评价对象日后能否在管理方面获得成功。

同级评价也存在一些问题。当绩效评价的结果与薪酬和晋升等激励结合得十分紧密时，同级之间会产生利益冲突，从而影响绩效评价结果，甚至影响工作氛围。其次，同级之间的个人关系也可能影响绩效评价的可信程度。例如，人们经常担心给别人评分过低会影响他们之间的友谊，甚至受到报复；一些人在评价与其私交较差的同事的绩效时，往往会不考虑其实际绩效而给予较低的评价。另外，同级评价中可能会存在合谋的问题，即所有同事都串通起来，相互将对方的工作绩效评价为较高的等级。

（3）本人评价

员工本人也可能成为评价主体之一（通常是与上级评价结合起来使用）。一方面，员工了解自己在工作中哪些地方做得好、哪些地方需要改进，如果给他们机会，他们可能会客观地对自己的工作业绩进行评价，并采取必要的措施进行改进。另一方面，经过自我评价的员工会在工作技能、自我开发等方面变得更加积极和主动。此外，允许员工本人评价也能体现出组织对员工参与、民主等观念的重视。

直接上级评价结果与本人评价结果可能会存在矛盾，管理者必须重视这种情况。如果能够充分辨析产生评价结果差异的原因，管理者就能够更好地理解评价对象的行为并更有针对性地引导其行为。例如，管理者可以对比本人评价结果与上级评价结果的差异，鼓励评价对象反映他们的优缺点，这将有助于上级进行更有建设性的绩效面谈，并促使员工更好地理解上级给予的绩效建议。

（4）下级评价

下级评价给管理者提供了一个了解下属对其管理风格看法的机会，实际上这种自下而上的绩效评价更多的是反映管理人员在管理工作上的表现。真正采用这种评价方式的组织不多，其原因如下：首先，下级评价与传统的自上而下的管理方式相悖，管理者担心自己的权力被削弱；其次，很多管理者担心一些不受欢迎但是必要的管理行为（如批评下属）会招致下属在评价时报复；再者，下属由于对管理工作了解有限，因此很难进行客观评价，其评价结果的信度通常会较低。组织在绩效评价系统中引入下级评价，要注意以下三方面问题。

①让下属了解、参与管理活动。下级评价不仅是对管理者的评价，更重要的是，让下属评价其主管的过程实际上是让下属对管理提出自己看法的过程。通过下级评价，管理者可以听到下属的声音，并在管理工作中考虑到下属的意见。

②匿名评价。下属在对直接上级进行评价时，必然会担心对上级的低绩效进行诚实的评价会受到其谴责和报复。并且，仅仅匿名还不够，组织还应让下属感到在"人数上是安全的"。也就是说，人数较少的团体不适合采用下级评价的方法，因为其评价结果难以保证真正的匿名；只有人数超过一定数量时，下属才会认为匿名讲真话是安全的。

③酌情使用下级评价结果。由于绝大多数下属从未做过直接上级所做的工作，他们对管理工作了解有限，可能会想当然地对管理者的行为对错进行判断。这种想当然的判断经常有失客观性，因此管理者对下级评价的结果要进行合理的分析和应用。

总之，下级评价在很大程度上是一种管理突破，在一定程度上有利于提高管理质量和营造良好的工作气氛。即使下级没有正式作为评价主体，管理者在日常管理工作中也应该注意听取来自下属的意见。各类组织可以尝试将不定期的下属调查作为一种听取下属意见的方式。

（5）客户和供应商评价

在一些组织中，比较了解员工工作情况的外部利益相关者也可以成为评价主体，其中常见的是将客户和供应商纳入评价主体之中。组织这样做一方面是为了了解那些只有特定外部人员才能够感知的绩效情况；另一方面是通过引入特殊的评价主体来引导评价对象的行为。例如，在服务行业中，以客户作为评价主体对客户服务人员进行绩效评价，可以更准确地了解其在实际工作中的表现；同时，组织将客户作为评价主体可以引导员工的行为，促进其更好地为客户提供服务。

3. 评价主体培训

（1）评价主体培训的必要性

绩效评价的准确性不仅取决于评价系统本身的科学性，还受到评价者主观方面的影响。评价者的主观失误或对评价指标和评价标准的认识误差，都会在很大程度上影响评价的准确性，进而影响绩效管理甚至是人力资源管理系统的有效性。因此，评价主体培训至关重要。通过评价主体培训要达到以下几方面的目的。

①使评价者认识到绩效评价在人力资源管理和组织管理中的地位和作用，认识到自身在绩效评价过程中的作用。

②统一各个评价者对于评价指标和评价标准的理解。

③使评价者理解具体的评价方法，熟悉绩效评价中使用的各种表格，并了解具体的评价程序。

④避免评价主体误区的发生，使评价者了解如何尽可能地消除误差与偏见。

⑤帮助管理者学习如何进行绩效反馈和绩效指导。

（2）评价主体培训的主要内容

直接上级是最常见的评价主体。因此，我们在这里仅介绍如何对这类评价主体进行培训。当涉及对其他类型的评价者进行培训时，大家可参考对直接上级进行的评价主体培训的内容中的相关部分。一般来说，评价主体培训主要包括以下几方面的内容。

①关于绩效信息收集的培训。评价之前的信息收集阶段是绩效评价系统的一个重要环节。为了使评价的结果更有说服力，并且为评价之后的绩效反馈提供充分的信息，评价者必须充分收集各种与评价对象的绩效表现相关的信息。这方面的培训一般以讲座的形式进行。此外，培训者还可以通过生动的录像来进行现场演示或练习。

②关于熟悉评价指标的培训。评价指标培训指的是通过培训，使评价者熟悉在评价过程中将使用的各个绩效指标，了解它们的真正含义。评价者只有在正确理解各个绩效指标的基础上，才能够将绩效评价体系所要传达的信息传达给评价对象，并依照评价指标引导评价对象的行为。

③关于确定绩效标准的培训。绩效标准培训指的是通过培训向评价者提供评价时的比较标准或者参考的框架。评价者对绩效标准的理解将在很大程度上影响他们对评价对象的评价结果。进行绩效标准培训是实现绩效管理中的程序公平的前提。

④关于使用评价方法的培训。绩效评价过程中可能采用的评价方法多种多样，每种方法都有其优点和缺陷。组织应通过评价主体培训使评价者充分掌握可能采用的各种操作方法的注意事项等，以充分发挥每种评价方法的优势。此外，通过这种培训，组织也能够使评价者对评价方法产生认同感，而这种认同感是绩效评价结果得到管理者乃至所有评价对象认同的前提。

⑤关于做好绩效反馈的培训。绩效反馈是评价者将绩效信息反馈给评价对象的沟通过程。绩效反馈并非一次简单的谈话，评价者应通过这一沟通过程帮助评价对象更好地认识自身在工作中存在的问题，以帮助评价对象进行绩效改进。通过评价主体培训，管理者应该能够掌握绩效反馈面谈中可能会运用的各种技巧。

三、物流系统绩效评价周期

绩效评价周期就是指多长时间进行一次绩效评价。针对不同的指标和管理特点，绩效评价周期也会有所不同，如有些指标可能需要每月评价一次，而有些指标则需要每年评价一次，因此绩效评价周期不能一概而论，应该根据具体情况合理设置。

绩效评价周期的设置要尽量合理，既不宜过长，也不能过短，组织应针对的不同情况和不同职位采用不同的周期。如果周期太长，会令评价结果产生严重的"近期误差"，而且不利于实现绩效改进的目的；如果周期太短，一方面工作量很大，增加了成本；另一方面许多绩效结果无法在短时间体现出来。一般来说，评价指标、管理层级、职位类型、绩效管理实施的时间和评价目的等因素影响评价周期的长短。

(1) 评价指标与评价周期

决定评价周期长短的最重要因素就是评价指标的类型和内容。针对不同的评价指标，评价周期也应当不同。

过程性指标和结果性指标的评价周期应当不同。过程性指标的评价周期要相对较短，以便相关人员进行持续不断的监控、评价和改进，实现最终绩效结果的提高；而结果性指标则需要较长时间才能反映出来，评价周期可以相对长一些。

工作业绩指标和工作态度指标也要设置不同的评价周期。工作业绩是工作产生的结果，业绩指标通常表现为完成工作的数量指标、质量指标、工作效率指标以及成本费用指标。工作业绩类指标的评价周期要根据其绩效反映出来的时间长短来确定。例如，次品率等指标在短期内就可以衡量，组织则应该适当缩短其评价周期，如以日、周或月为周期来评价。这样可以使员工把注意力集中于这些短期业绩指标，并及时调整自己的工作行为，以便更好地完成短期工作任务。像利润率、资产总额等业绩指标需要很长的时间（通常是一个财年）才能计算，因此这类指标的评价周期要适当延长。

态度指标通常是组织针对每个职位反映工作态度的行为指标。考虑到态度的真正转变需要很长的时间，态度指标的评价周期一般较长。不过，在管理实践中，组织也可以通过缩短态度指标的评价周期、增加态度指标的权重来引导员工关注工作态度问题，通过频繁的态度指标评价来实现员工态度的最终转变。

(2) 管理层级与评价周期

高层管理者是指对组织整体负责的领导。对高层管理者的评价旨在促使其理清思路，抓住组织发展的战略重点，并承担起落实宏观战略、完成整体目标的责任。因此，对高层管理人员的评价主要围绕以下内容进行：愿景及战略的制定、影响组织发展的重要结果性指标的完成情况、处理复杂情况、组织文化建设、组织架构及流程的设计、绩效及管理改进计划的制订和实施、人员培养与开发、个人职业素养以及工作态度等。在某种程度上，对高层管理者的评价过程是对整个组织管理的状况进行全面、系统评价的过程，而这些战略实施和改进计划都不是短期内能取得成果的。因此，高层管理者的评价周期通常比较长。

中层管理者是指组织中的部门负责人。对中层管理者的评价内容一般分为两方面，一方面是通过组织战略目标的分解与承接确定的其所在部门的指标完成情况，另一方面是中层管理者个人绩效完成情况及工作态度等。中层管理者在组织中起到承上启下的作用，要兼顾组织层面、部门层面和个人层面的绩效目标，其评价周期要比高层管理者短。

基层管理者和普通员工的评价周期一般比较短。一方面，他们的绩效结果一般显现得比较迅速；另一方面，为了方便其进行绩效改进，组织也要尽量缩短评价周期，以保证出现的问题能够及时得到解决。

（3）职位类型与评价周期

市场营销人员主要从事产品推广、销售与品牌提升工作，其考核指标主要包括市场占有率、项目成功率、客户忠诚度、品牌与技术营销、销售额、回款率及客户满意度等。这些指标也是组织重点关注的指标，及时获取这些信息并进行反馈，有利于及时调整战略战术。因此，组织可以以月或季度为评价周期，或者根据实际情况缩短评价周期。

生产工人的考核指标主要包括产量和质量指标，其中还可以引入绩效改进的评价指标。组织要对这些关于生产绩效的指标进行及时反馈，以便于员工进行横向的比较，找出绩效差距，确定改进方法。因此，生产工人的绩效评价周期一般较短。此外，生产工人的薪酬发放周期也要尽量缩短，以起到及时激励的作用。为使短期薪酬发放有据可依，绩效评价周期也应当较短。

服务人员的工作同时具有生产人员工作和销售人员工作的性质。一方面，服务本身就是组织的一种甚至是全部的产品；另一方面，服务人员的绩效与销售具有密切的相关性，在一些以提供的服务作为其全部或主要产品的组织中，服务人员本身就是承担销售指标的人员。因此，服务人员的评价周期应当与市场销售、生产人员类似，尽量较短。

研发人员主要从事创造性的研究工作。为了激励研发人员进行更有成效的研发活动，避免急功近利的短期行为，组织需要给研发人员的工作创造一个宽松、稳定的环境。对研发人员的绩效评价旨在检查其目前的工作进度，找出存在的问题和改进的方法，以提高研发工作的效率和效果。因此，对研发人员既可以根据项目周期确定评价周期，也可以定期进行检查。

行政人员主要是指人力资源、财务、秘书等对组织的业务起支撑和辅助作用的人员。对行政人员的评价不容易直接量化，评价结果通常也会由于缺乏数据支持而变得没有说服力。因此，如何评价那些无法直接用数量指标来衡量的"业绩"是设计行政人员评价体系的重点。组织应根据职位职责的履行情况对行政人员进行评价，衡量其在一定质量要求下的工作量和工作进度，重点评价过程而非结果。鉴于行政人员的工作特点，大多数组织都采用随时监督的方式，并以季度或者月度为周期进行评价。

（4）评价目的与评价周期

一般来讲，绩效评价的目的有两个，一是了解并准确评估绩效水平；二是分析并改进绩效。当绩效评价是为了评估绩效水平时，组织需要把员工在评价周期内的所有绩效表现全部纳入进来，作为薪酬、晋升、培训与开发等决策的依据。考虑到有很多结果性指标需要较长时间才能显现出来，组织可以将评价周期设置得相对长一些，以保证所有层次的绩效结果都有足够的时间显现出来，评价结果准确完整。此时评价周期一般以季度、半年或一年为宜。当绩效评价是为了分析并改进绩效时，组织则需要对绩效进行短期回顾与评价，以便能够及时发现绩效问题并对其加以改进，此时评价周期以日、周、月为宜。

四、物流系统组织和部门绩效评价方法

物流系统组织和部门绩效评价实际上等同于物流系统整体或物流子系统的绩效评价，可

以分为货主企业物流部门的绩效评价、物流企业整体绩效评价、物流企业部门的绩效评价等。其中，物流企业整体绩效评价属于组织评价，另外两种属于部门评价。由于组织和部门评价都是对系统或子系统整体的评价，因此评价方法可以互用。常用的评价方法有模糊综合评价法、数据包络分析法等。

1. 模糊综合评价法

模糊综合评价法（Fuzzy Comprehensive Evaluation，FCE）最早是由我国学者汪培庄提出的，是一种以模糊数学为基础，利用模糊数学的隶属度理论将定性指标定量化，并与层次分析方法结合，计算各指标的相关权重，从而进行模糊综合评价的一种方法。简单来说，模糊综合评价就是以模糊数学作为基础，遵循模糊关系合成的基本原理，将那些原本不易定量、边界不清的因素予以定量化，然后通过多个影响要素来对被评价对象隶属等级状况进行综合性评价的一种分析方法。模糊综合评价法的主要步骤如图6-7所示。

图6-7　模糊综合评价法步骤

（1）确定评价对象的因素集

设 $U = \{u_1, u_2, \cdots, u_m\}$ 为被评价对象的 m 种评价因素（评价指标），其中 m 是评价因素的个数，由具体的评价指标体系所决定。

（2）设定评语等级集

评语等级集是对评价等级变化区间的集体划分。当用于绩效评价时，即为绩效标准的等级划分，比如"较好""好""一般""差""较差"。设 $V = \{v_1, v_2, \cdots, v_n\}$ 是评价者对评价对象可能做出的各种总的评价结果组成的评语等级的集合。其中，v_j 代表第 j 个评价结果评语，n 是总的评价结果数。因为评语等级过多，人们不易判断被评价对象的等级归属，而 n 太小又不符合模糊综合评价的质量要求，所以 n 一般划分为3~5个等级。

（3）确定评价指标的权重集

根据评价对象的特点，选择合适的方法计算评价指标的权重向量 $A = \{a_1, a_2, \cdots, a_m\}$，其中 a_i 表示第 i 个因素的权重，A 反映了各因素的重要程度，即为权重集。但要注意的是，这里的权重要求用模糊方法来确定，即它是评价因素对被评价对象所起作用的隶属程度的量度。

（4）确定模糊关系矩阵

在被评价对象的因素集 U 与评语等级集 V 之间进行单因素评价，建立模糊关系矩阵 R，即

$$R = \begin{bmatrix} r_{11} & r_{12} & \cdots & r_{1n} \\ r_{21} & r_{22} & \cdots & r_{2n} \\ \vdots & \vdots & \ddots & \vdots \\ r_{m1} & r_{m2} & \cdots & r_{mn} \end{bmatrix}$$

矩阵 R 中的元素 r_{ij} 表示因素集 U 中第 i 个因素 u_i 对应于评语等级集 V 中第 j 个等级 v_j 的隶属程度。r_{ij} 的确定方法视主观指标和客观指标而不同。

主观指标的 r_{ij} 是用等级比重方法来确定的。这种方法要求评价者从若干因素对被评价对象属于哪个等级作出判断；然后，对于第 i 个因素而言，将该被评价对象判断为第 j 等级的评议人数占全部评价者人数中的比重作为 r_{ij}。显然，$0 \leqslant r_{ij} \leqslant 1$。例如，对某企业的经济效益从劳动生产率、资金利税率、产值利税率三个因素进行评价，分为五个等级，结果如表6-12所示。

主观指标的专家打分表　　　　　　　　　　　　　　　　　　表6-12

主观指标	很好	好	一般	差	很差	总人数
劳动生产率	32	24	12	11	8	98
资金利税率	25	30	27	9	7	98
产值利税率	21	32	20	14	11	98

则模糊关系矩阵为：

$$R = \begin{bmatrix} 0.327 & 0.245 & 0.235 & 0.112 & 0.081 \\ 0.255 & 0.306 & 0.276 & 0.092 & 0.071 \\ 0.214 & 0.327 & 0.204 & 0.143 & 0.112 \end{bmatrix}$$

客观指标 r_{ij} 的确定方法常见的有三种。

第一种是通过隶属函数模型来求得。根据专业知识和被评价对象报告期的数据资料特点选取一个合适的隶属函数模型，估计出该模型中的有关参数后，代入报告期数据求得 r_{ij}。这种方法要对每一个因素确定被评价对象属于各个等级的隶属函数模型。因此，如果有 n 个评价因素，每个因素有 m 个评语等级，那么，这种方法要确定出 $m \times n$ 个隶属函数模型。很明显，当评价因素较多，或评语等级较多时，工作量是很大的，而且隶属函数模型的选择及其参数的估计也是不易的。

第二种是根据以往的统计结果来确定 r_{ij}。首先划定各评语等级的变化区间，如资金利税率在29%以上为很好，在24%以下为很差，等等。然后把被评价对象历史资料在各等级的频率作为 r_{ij}。比如，资金利税率在近5年内有21个月处于很好这一等级，则 $r_{ij} = \dfrac{21}{5 \times 12}$ 等。这种方法计算工作量较小，操作也方便，所以在实际应用中常被采用。

第三种是根据经验和推理先确定一个模糊子集表，然后根据实际指标值对应的评语来确定 r_{ij}。这种方法比较简单，但仍要确定指标等级变化区间。

（5）模糊综合评价运行

利用合适的模糊合成算子将权重向量 A 与模糊关系矩阵 R 合成得到各被评价对象的模糊综合评价结果向量 B，即

$$B = A \circ R$$

上式中，$\circ$ 代表合成算子，常见的合成算子有以下四种。

第一种是取小取大算子：$b_j = \max\{\min(a_i, r_{ij})\}$

第二种是乘积取大算子：$b_j = \max(a_i, r_{ij})$

第三种是有界和取小算子：$b_j = \min\{1, \sum \min(a_i, r_{ij})\}$

第四种是有界和乘积算子：$b_j = \min\{1, \sum a_i r_{ij}\}$

各种合成算子具有不同的含义。例如，在用取小取大算子计算 b_j 时，先将 a_i 与 r_{ij} 比较后取较小者 $\min(a_i, r_{ij})$，这实际上是用 a_i 限制或修正 r_{ij}；然后对所有的 $\min(a_i, r_{ij})$ 取最大者，这实际上只考虑了最突出的因素。因此取小取大算子是一种"主因素突出型"的合成方式。第二种乘积取大算子其实也是一种"主因素突出型"合成方式。因为 $a_i r_{ij} \leq \min(a_i, r_{ij})$，所以，这是一种以 a_i 倍缩小 r_{ij} 的修正。第三种方法为共同贡献的限制性修正法，以解决因子贡献的相互替代问题。第四种有界和乘积算子，它的优点是让每个因素都对综合评价有所贡献，而 b 的取值是有界的。在实践中，常常选用有界和乘积算子合成方式。

(6) 评价结果分析

由于模糊综合评价结果 **B** 是一个向量，不能直接用于被评价对象的排序比较。因此，还要作进一步的处理。常见的处理方法有如下两种。

第一种是按照最大隶属原则确定被评价对象最终所属的评价等级。比如 **B** = (0.6, 0.8, 0.1, 0.3)，则判定被评价对象属二级。这种做法实质上是做某种截割，强使模糊信息清晰化。

第二种是利用评价向量 **B** 的分量形成权数，对各个评语等级的得分进行加权平均得到总评分。比如有甲、乙两个被评价对象的评价向量 $\boldsymbol{B}_1 = (0.65, 0.28, 0.38, 0.24)$，$\boldsymbol{B}_2 = (0.55, 0.5, 0.3, 0.4)$。如果按最大隶属原则则两者均应判为一级。然而，从综合评价的角度看，评价对象甲比乙更应属于一级。因此，为了更充分利用模糊综合评价带来的丰富信息，可以利用模糊向量 **B** 的分量构造权数，而对各评价等级的得分进行加权处理，得到一个总评分。具体方法是：

设 $\boldsymbol{B} = (b_1, b_2, \cdots, b_n)$，令

$$w_i = \frac{b_i^k}{\sum_{j=1}^{m} b_j^k} \qquad i = 1, 2, \cdots, m \tag{6-2}$$

其中，k 为某一正实数；b_j^k 是 b_j 的 k 次幂。

于是，$w_1, w_2, \cdots, w_m$ 构成 m 个评语等级的权数，然后，对每个评语等级 v_j 打一个分数 c_j，这样综合评价结果 $\{x'_{ij}\}$ 的总评分为

$$C = \sum_{j=1}^{m} w_j c_j \tag{6-3}$$

C 是一个单点值，比较各被评价对象的 C 值，就可以排序评优了。

对 $\boldsymbol{B}_1 = (0.65, 0.28, 0.38, 0.24)$ 和 $\boldsymbol{B}_2 = (0.55, 0.5, 0.3, 0.4)$。假定给一级打 1 分，给二级打 0.8 分，三级对应 0.5 分，四级对应 0 分。并且令 $k=1$，那么由 $\boldsymbol{B}_1$ 得到的权数分配为 $w = (0.42, 0.18, 0.25, 0.15)$。

总评分为：

$$C = 0.42 \times 1 + 0.18 \times 0.8 + 0.25 \times 0.5 + 0.15 \times 0 = 0.689$$

按同样的方法计算得到评价对象乙的总评分为 0.627。因此，评价对象甲比乙更应判为一级。

模糊综合评价法具有模型简单、便于掌握，且对多层次、多指标评价效果良好的优势，解决了判断方案的模糊性和不确定性的问题，因而被广泛应用于社会生活的方方面面，具有

很强的客观性。模糊综合评价法整个评价过程以及所得到的结果包含丰富的信息，克服了传统数学方法评价过程与结果所包含信息单一的缺陷。

模糊综合评价法的不足是，该方法模型中对因素权重的确定带有一定的主观性，不能很好地解决各评价指标间因存在不同程度相关性所造成的评价指标重复问题，并且评价因素的隶属度函数不易确定，尤其是多目标评价模型。

2. 数据包络分析法

数据包络分析法（Data Envelopment Analysis，DEA）是根据多项投入指标和多项产出指标，利用线性规划的方法，对具有可比性的同类型单位进行相对有效性评价的一种数量分析方法。在人们的生产活动和社会活动中常常会遇到这样的问题：经过一段时间之后，需要对具有相同类型的部门或单位（称为决策单元）进行评价，其评价的依据是决策单元的"输入"数据和"输出"数据，输入数据是指决策单元在某种活动中需要消耗的某些量。例如投入的资金总额，投入的总劳动力数等；输出数据是决策单元经过一定的输入之后，产生的表明该活动成效的某些指标，例如不同类型的产品（服务）数量，产品（服务）的质量，经济效益等。根据输入数据和输出数据来评价决策单元的优劣，即所谓评价部门（或单位）间的相对有效性。

数据包络分析法通过对一个特定单位的效率和一组提供相同服务的类似单位的绩效的比较，它试图使服务单位的效率最大化。在这个过程中，获得100%效率的一些单位被称为相对有效率单位，而另外的效率评分低于100%的单位被称为无效率单位。DEA已广泛应用于不同行业及部门，并且在处理多指标投入和多指标产出方面，体现了其得天独厚的优势。DEA模型的建立过程如下。

（1）定义变量

设E_k（$k=1, 2, \cdots, K$）为第k个单位的效率比率，这里K代表评估单位的总数。

设u_j（$j=1, 2, \cdots, M$）为第j种产出的系数，这里M代表所考虑的产出种类的总数。变量u_j用来衡量产出价值降低一个单位所带来的相对的效率下降。

设v_i（$i=1, 2, \cdots, N$）为第i种投入的系数，这里N代表所考虑的投入种类的总数。变量v_i用来衡量投入价值降低一个单位带来的相对的效率下降。

设O_{jk}为一定时期内由第k个服务单位所创造的第j种产出的观察数量。

设I_{ik}为一定时期内由第k个服务单位所使用的第i种投入的实际数量。

（2）目标函数

目标是找出一组伴随每种产出的系数u和一组伴随每种投入的系数v，从而给被评估的服务单位k最高的可能效率，即：

$$\text{Max } E_e = \frac{\sum_{j=1}^{M} u_j O_{je}}{\sum_{i=1}^{N} v_i I_{ie}} \tag{6-4}$$

其中，e是被评估单位。

（3）约束条件

这个目标函数满足这样一个约束条件：当同组投入和产出的系数（u_j和v_i）用于所有其

他对比服务单位时，没有一个服务单位将超过100%的效率或超过1.0的比率，即

$$\frac{\sum_{j=1}^{M} u_j O_{jk}}{\sum_{i=1}^{N} v_i I_{ik}} \leq 1, \quad \forall k \neq e \tag{6-5}$$

第二个约束条件是所有的投入和产出系数非负，即

$$u_j, v_i \geq 0, \quad \forall j, i \tag{6-6}$$

上述模型被称为 CCR 模型，是 DEA 最基本的模型。为了用标准线性规划软件求解这个有分数的线性规划，需要进行线性变形。除了 CCR 模型外，还有考虑规模收益条件的 BCC 模型、具有无穷多个决策单元的 CCW 模型、输入和输出不确定下的 DEA 模型等。

运用 DEA 进行物流系统绩效评价的一般步骤如下：选定评价对象，明确评价目的；选择评价的决策单元；搜集、整理数据资料信息；确定 DEA 模型，即运用 DEA 方法，建立评价模型；分析评价结果并提出一定的对策建议。

五、物流系统个人绩效评价方法

物流系统个人绩效评价是对系统内的相关工作人员的绩效进行评价。选择合适的评价方法有助于相关人员得到公正、客观的评价结果。评价方法的分类与评价标准的分类密切相关。一般来说，评价标准可以分为两类，相对标准与绝对标准。与此相对应，我们可以将评价方法分为相对评价法和绝对评价法。相对评价法又称比较法，是通过在部门或团队内对员工进行相互比较得出的评价结论，而不是根据事先统一制定的评价标准进行评价的评价方法。绝对评价法是根据统一的标准尺度衡量相同职位的员工，也就是将个人的工作情况与客观工作标准相比较的评价方法，通常使用量表法来进行评价。这种利用客观尺度进行绝对评价是绩效评价发展的大趋势。绝对评价法的标准不以评价对象为转移，是客观存在的、固定的。由于绝对评价法的这个特点，我们可以采用这种方法对组织成员单独进行评价。

此外，还有一种比较特殊的评价方法，即描述法。描述法，又称事实记录法、叙述法、鉴定法等，顾名思义，就是指评价者用描述性的文字对评价对象的能力、态度、业绩、优缺点、发展的可能性、需要加以指导的事项和关键事件等做出评价，并由此得出评价对象的综合评价。通常，描述法作为其他评价方法的辅助方法使用，主要为绩效评价提供事实数据，以避免近因效应、溢出效应等评价误差的发生，并为绩效反馈提供必要的事实依据。

绩效评价方法的具体分类如表 6-13 所示。

绩效评价的方法　　　　　　　　　　　　　　　表 6-13

比较法 （相对评价法）	排序法
	配对比较法
	人物比较法
量表法 （绝对评价法）	图尺度量表法
	等级择一法
	行为描述量表法
	混合标准量表法

续上表

量表法 (绝对评价法)	综合尺度量表法
	行为对照表法
	行为观察量表法
描述法	态度记录法
	工作业绩记录法
	指导记录法
	关键事件法

在管理实践中,各种评价方法往往被综合使用,以适应不同组织、不同发展阶段、不同评价目的及不同评价指标的需要。本节主要介绍一些实践中比较常见的评价方法。

1. 相对评价法

相对评价法也称比较法,就是指对评价对象进行相互比较,从而决定其工作绩效相对水平的评价方法。对很多工作而言,绝对评价法的标准很难制定,这时人们就会倾向于通过相互比较和分析,确定一个相对的评价标准,从而进行评价。由于比较法是最方便的评价方法,评价结果一目了然,作为各类管理决策的依据时也十分简便,因此得到了广泛运用。

相对评价法具有以下缺点:第一,相对评价法最致命的缺点在于,该方法无法找出绩效差距存在的原因,因而组织很难通过其进行绩效改进、缩小绩效差距;第二,采用相对评价法得出的评价结果无法在不同评价群体之间进行横向的比较;第三,采用相对评价法很难找出充分的依据说明最终评价结果的合理性,因此其评价结果往往让个人难以接受,也难以作为奖金分配等决策的依据。因此,组织一般不能单独使用相对评价的方式,在实践中,相对评价法往往与后面介绍的绝对评价法和描述法结合使用。

常见的相对评价法主要有排序法、配对比较法和人物比较法。

(1) 排序法

排序法亦称排列法、排队法、排名法,这种方法类似于学校里的"学生成绩排名",即按照工作绩效从好到坏的顺序进行排列,从而得出评价结论。排序法主要有直接排序法和交替排序法两种。

①直接排序法。直接排序法是最简单的排序法。评价者经过通盘考虑后,以自己对评价对象工作绩效的整体印象为依据,将所有评价对象从绩效最高者到绩效最低者排出一个顺序。

②交替排序法。交替排序法是将要评价的所有人员的名单列出,并将不熟悉的评价对象划掉,评价者经过通盘考虑后,从余下的所有评价对象中选出最好的和最差的,然后再在剩下的评价对象中选出最好的和最差的,依此类推,直至将全部评价对象的顺序排定。交替排序法适用于评价无法用量化指标表达的工作质量和效率的情况。在需要将众多评价对象拉开绩效档次的时候,这种方法是比较简单实用的,尤其在需要评价的人数不多时。

(2) 配对比较法

配对比较法亦称平行比较法、一一对比法、成对比较法,由排序法衍生而来。其具体的操作程序是:将每一个评价对象按照所有的评价要素与其他评价对象一一进行比较,根据比较结果排出名次，即两两比较，然后排序。这种方式比排序法更为科学可靠。

例如，我们要对 5 个人进行评价。在运用配对比较法时，我们应先设计出如表 6-14 所示的表格，标明要评价的绩效要素并列出需要评价的人员名单。然后将所有人根据表中标明的要素进行配对比较，将比较结果填入两个比较对象相交的单元格中，用"0"表示两者绩效水平一致，"+"表示 A 栏中上的人比 B 栏上的人绩效水平高，"-"的含义与"+"的相反。最后，将 A 栏中每一个人得到的"+"的次数纵向相加。得到的"+"越多，这个人的评价得分越高。

配对比较法　　　　　　　　　　　　　表 6-14

A \ B	赵	钱	孙	李	王
赵	0	+	+	-	-
钱	-	0	-	-	-
孙	-	+	0	+	-
李	+	+	-	0	+
王	+	+	+	-	0
评价结果：钱的评价等级最高					

（3）人物比较法

人物比较法亦称标准人物比较法，是一种特殊的比较法。这种方法的评价标准与前两种比较法不同，前面两种比较法都是在所有的评价对象之间进行相互比较，而人物比较法则是将所有的评价对象与某一个特定的"标准人物"进行比较，这在一定程度上能够使评价更客观。

人物比较法的实施方法是：在评价之前，先选出一位成员，以该成员各方面表现为标准，将其他成员与之相比较，从而得出评价结果。

2. 量表法

量表法就是将一定的分数或比重分配到各个评价指标上，赋予每项评价指标一个权重，然后由评价者根据评价对象在各个评价指标上的表现，对照标准进行打分，最后汇总计算出总分，得到最终的评价结果。所谓量表，就是用评价指标的四个要素（指标的名称、定义、标志和标度）设计成的表格。不同种类的量表法之间的区别在于所使用的评价尺度类型不同，我们可以将评价尺度分为非定义式的评价尺度和定义式的评价尺度。量表法的分类如表 6-15 所示。

量表法的分类　　　　　　　　　　　　　表 6-15

评价尺度的类型		评价方法名称（量表法）
非定义式的评价尺度 （包括量词式、等级式、数量式的评价尺度）		图尺度量表法 等级择一法
定义式的评价尺度	行为导向量表法	行为锚定量表法 混合标准量表法
	结果导向型量表法	（无单纯运用此量表的方法）
	综合运用以上两者	综合尺度量表法
其他		行为对照表法 行为观察量表法

量表法所采用的评价标准一般是客观的职位职能标准,因此,其评价结果更客观、准确,可以对组织成员进行单独评价,也可以在不同员工之间进行横向比较,还能够运用于各类人力资源管理决策(如人员晋升、薪酬等)中。然而,量表法也有其缺点:量表的设计要耗费大量的时间和精力;评价指标和权重的设计专业性很强,通常需要专家的协助;如果对评价指标的解释不一致,会出现主观误差。下面介绍常用的五种量表法。

(1) 图尺度量表法

图尺度量表法(Graphic Rating Scale,GRS)是最简单且被应用最广泛的评价方法之一,它是在图尺度的基础上使用非定义式的评价。表6-16为典型的图尺度量表,该表列举了一些评价要素,设定了从s(非常优秀)到d(差或不令人满意)的等级标志,对每个等级标志都进行了说明并规定了不同的得分。并且,其中不同的评价指标被赋予了不同的权重。评价者在熟悉评价量表及各个评价要素的含义后,可以根据标准结合下属的日常表现给出每个评价要素的得分。此外,图表中还留有空白空间,供评价者填写事实依据及评语。

图尺度量表(样表)　　　　　　　　　　　表6-16

评价要素	评价尺度	权重	得分	事实依据及评语
专业知识:经验以及工作中的信息知识	30　24　18　12　6 s　a√　b　c　d	30%	a	(略)
计划能力:对要完成工作的有效设计	15　12　9　6　3 s　a　b√　c　d	15%	b	(略)
沟通能力:以书面和口头方式清晰、明确地表达思想、观念或者事实的能力	10　8　6　4　2 s　a√　b　c　d	10%	a	(略)
……	……	……	……	……
s:极优 a:优 b:良 c:中 d:差	最终得分:62分 最终档次:s a b√ c d	档次划分	s:80分以上 a:65~79分 b:49~64分 c:33~48分 d:16~32分	

（2）等级择一法

等级择一法的原理与图尺度量表法完全相同，只是在规定评价尺度时没有使用图示，而是采用了一些有等级含义的短语来表示，如表6-17所示。

等级择一法（样表）　　　　　　　　　　表6-17

评价对象：　　　　　部门：　　　　评价者：　　　　评价日期：

评价指标	权重（%）	优秀（5）	良好（4）	满意（3）	尚可（2）	不满意（1）	得分
工作数量	10						
评语							
工作质量	15						
评语							
专业知识水平	15						
评语							
合作精神	20						
评语							
可靠性	15						
评语							
创造性	15						
评语							
工作纪律	10						
评语							
总得分							

（3）行为锚定量表法

行为锚定量表法由传统的绩效评定表（图尺度量表法及等级择一法等）演变而来，是图尺度量表法与关键事件法的结合。在这种评价方法中，每一水平的绩效均用某一标准行为来界定，这在一定程度上克服了其他评价方法的弱点。行为锚定量表法的操作步骤如下。

①寻找关键事件。让一组对工作内容较为了解的人（评价对象本人或其直接上级）找出一些代表各个等级绩效水平的关键事件，并进行描述。

②初步定义评价指标。由这些人将获取的关键事件合并为几个（通常是5~10个）评价指标，并给出指标的定义。

③重新分配关键事件，确定相应的评价指标。让另外一组同样熟悉工作内容的人对关键事件进行重新排列，将这些关键事件分别归入合适的绩效要素中。如果第二组中一定比例（通常是50%~80%）的人将某一关键事件归入的评价要素与前一组相同，那么就能够确认这一关键事件应归入的评价要素。

④确定各关键事件的评价等级。后一组的人评定各关键事件的等级，这样就确定了每个评价要素的"锚定物"。

⑤建立最终的行为锚定评价体系。

行为锚定量表法的两个案例如表 6-18 和图 6-8 所示。

行为锚定量表法：对宿舍管理员的评价 表 6-18

姓名：　　　　　工作部门：　　　　　评价者：　　　　　评价日期：

评价指标：关心学生		
指标定义：积极结识住宿学生，发现并真诚地对待他们的需要		
评价等级	（1）最好	当学生面有难色时上前询问是否需要帮助
	（2）较好	为住宿学生提供一些关于生活、学习方面的建议
	（3）一般	发现住宿学生时主动问候
	（4）较差	友好地对待住宿学生，与他们讨论困难，但并未跟踪解决问题
	（5）最差	批评住宿学生不能解决自己遇到的困难
评价结果		

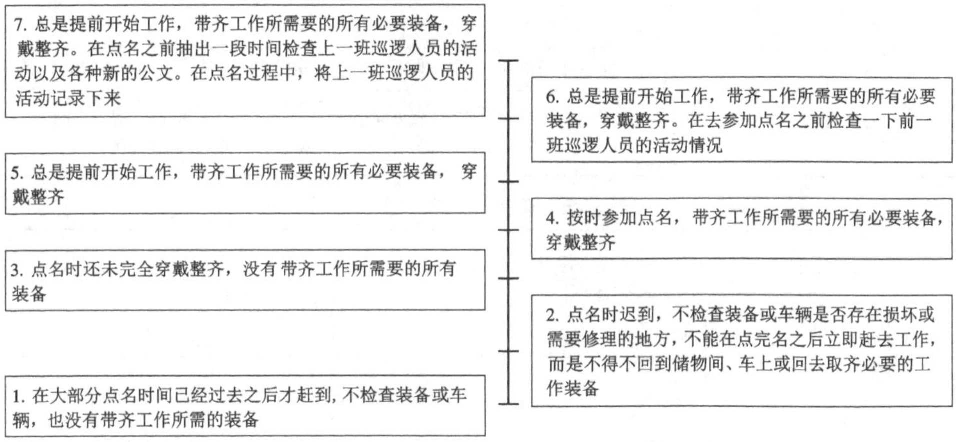

7. 总是提前开始工作，带齐工作所需要的所有必要装备，穿戴整齐。在点名之前抽出一段时间检查上一班巡逻人员的活动以及各种新的公文。在点名过程中，将上一班巡逻人员的活动记录下来

6. 总是提前开始工作，带齐工作所需要的所有必要装备，穿戴整齐。在去参加点名之前检查一下前一班巡逻人员的活动情况

5. 总是提前开始工作，带齐工作所需要的所有必要装备，穿戴整齐

4. 按时参加点名，带齐工作所需要的所有必要装备，穿戴整齐

3. 点名时还未完全穿戴整齐，没有带齐工作所需要的所有装备

2. 点名时迟到，不检查装备或车辆是否存在损坏或需要修理的地方，不能在点完名之后立即赶去工作，而是不得不回到储物间、车上或回去取齐必要的工作装备

1. 在大部分点名时间已经过去之后才赶到，不检查装备或车辆，也没有带齐工作所需的装备

图 6-8　行为锚定量表法：对巡逻人员的绩效评价（评价维度：巡逻前的准备）

（4）混合标准量表法

混合标准量表法也属于行为导向型量表法，其最主要的特征在于所有评价指标的各级标度被混在一起随机排列，而不是按照评价指标的一定顺序进行排列，因而对每一个行为锚定物都做出"高于""等于"或者"低于"的评价，而不是在一个指标选出某一个水平作为最终的评价。其具体操作方法是在确定评价指标之后，分别对每一个维度内代表好、中、差绩效的标度用行为和结果描述相结合的方式加以阐明，最后在实际评价表格中将所有指标的三个标度混合在一起供评价者选择。表 6-19 和表 6-20 是混合标准量表法的样表。

混合标准量表法样表 表 6-19

被评价的三个维度		绩效等级说明	
主动性；智力；与他人的关系		高；中；低	
说明：请在每一项陈述后面标明雇员的绩效是高于陈述水平的（填"＋"），相当于陈述水平的（填"0"），还是低于陈述水平的（填"－"）			
主动性	高	1. 该雇员确实是个工作主动的人，个人一贯都是积极主动地做事，因此从来不需要上级来督促	＋

续上表

被评价的三个维度		绩效等级说明	
智力	中	2. 尽管这位雇员可能不是一个天才，但是他确实比我认识的许多人都更聪明	+
与他人的关系	低	3. 这位雇员有与别人发生不必要冲突的倾向	0
主动性	中	4. 虽然通常来说工作还是积极主动的，但是有时候也需要由上级来督促其完成工作	+
智力	低	5. 尽管这位雇员在理解问题的速度方面比某些人要慢一些，在学习新东西方面也比别人要花更长的时间，但是他还是具有一般的智力水平	+
与他人的关系	高	6. 这位雇员与每一个人的关系都不错，即使是与别人意见相左的时候，也能够与其友好相处	−
主动性	低	7. 这位雇员有坐等指挥的倾向	+
智力	中	8. 这位雇员非常聪明，学东西的速度非常快	0
与他人的关系	高	9. 这位雇员与大多数人相处都比较好，只是在少数的情况下偶尔会与他人在工作上产生冲突，这些冲突可能是要受到监督的	−

混合标准量表法结果计算 表6-20

评分标准：

	陈述			得分
	高	中	低	
	+	+	+	7
	0	+	+	6
	−	+	+	5
	−	0	+	4
	−	−	+	3
	−	−	0	2
	−	−	−	1

根据上述评价等级确定分数的过程举例：

	陈述			得分
	高	中	低	
主动性	+	+	+	7
智力	0	+	+	6
与他人的关系	−	−	0	2

（5）综合尺度量表法

所谓综合尺度量表法，是将结果导向量表法与行为导向量表法相结合的一种评价方法。在该方法中，评价指标的标度规定采用了行为与结果相结合的方式。这种方式既能够有效地引导个人的行为，又能够对结果进行直接的控制。运用综合尺度量表法最大的困难在于设计与职位相关的指标的尺度，因此，使用这种评价方法的设计成本较高。综合尺度量表法的例子如表 6-21 所示。

综合尺度量表法样表　　　　　　　　　　　　　　　　　　　　　　　表 6-21

要素名称：自律性　　　职位等级：中层管理人员　　　职位类别：职能管理
要素定义：本人以及本人所管理的部门能否严格遵守公司的各项规章制度和工作纪律，有无违反规定的现象发生

等级	定义	评分
S	本人清正廉洁，严于律己，很受大家尊重，同时能够严格约束下属，本人及其所属部门能够严格遵守公司的各项规章制度以及工作纪律，从来没有出现违反公司规定的现象	20
A	本人对自己的要求比较高，受到大家的青睐，同时对下属的纪律要求也比较严，本人及其所属部门能够遵守公司的各项规章制度以及工作纪律，基本没有违规事件	16
B	本人有一定的自律性，总体上能够获得大家的认可，同时对下属也注意约束，本人及其所属部门基本上能够遵守公司的各项规章制度以及工作纪律，违规事件较多	12
C	本人的自律性不够，周围的人对其有一定的意见，同时（或者）对下属不注意纪律的约束，本人所属部门有时不遵守公司的规章制度和工作纪律，违规事件时有发生	8
D	本人的自律性非常差，周围的人对其意见很大，同时（或者）对下属根本不加以约束，本人所属部门经常不遵守公司的规章制度和工作纪律，违规事件屡屡发生	4

3. 描述法

描述法作为各类评价方法必要的补充，被视为另一类特殊的评价方法。描述法在设计和使用上比较容易，实用性很强，因而适用于对任何人的单独评价。但是，描述法没有统一的标准，难以对多个评价对象进行客观、公正的比较，而且其评价结果与评价者的文字写作水平关系较大，因而不适用于评价性评价，而较适用于发展性评价。

根据所记录事实的不同内容，描述法可以分为态度记录法、工作业绩记录法、指导记录法和关键事件法。

（1）态度记录法

所谓态度记录法，就是由评价者通过对评价对象日常工作情况的观察，将其在工作中表现出来的工作态度记录下来的评价方法。在记录过程中，记录者应该注意，不仅要将评价对象在所评价态度方面表现出来的长处记录下来，同时，要有针对性地将评价对象的不足之处也记录下来，以便应用到绩效反馈与改进中。表 6-22 是工作态度观察记录卡的一个样本。

工作态度观察记录卡　　　　　　　　　　　　　　　　　　　　　　　表 6-22

姓名：　　　所属部门：　　　职位名称：　　　观察期间：　　　记录人：

项目	具体事实	
	长处	短处
积极性		
服务意识		
责任意识		
自我开发意识		
……	……	……

在运用态度记录法时，我们还可以让评价者填写对于评价对象的一些综合性的评语或指导意见，还可以在记录表中添加一栏，用于评价对象在评价结束之后表明自己是否认可所记录的内容。

（2）工作业绩记录法

工作业绩记录法要求评价者填写工作业绩记录卡，观察并记录评价对象在工作过程中的各种事实，分阶段记录其所达到的工作业绩。另外，评价者还可以用该表记录评价对象在遵守某些规章制度方面的表现。表6-23为工作业绩记录卡的样本。

工作业绩记录卡　　　　　　　　　　　　　　　表6-23

姓名：　　　所属部门：　　　职位名称：　　　观察期间：　　　记录人：

任务内容	进度	结果
任务一：……	1月： 2月： ……	……
任务二：……	……	……
缺勤记录		
迟到或早退情况		

（3）指导记录法

指导记录法要求上级将其对下属的日常指导记录下来，多用于发展性评价。指导记录法还可以与各种评价方法结合使用。表6-24为指导记录样表。

指导记录样表　　　　　　　　　　　　　　　　表6-24

姓名：　　　所属部门：　　　职位名称：　　　观察期间：　　　记录人：

时间	地点	相关事实	指导意见	改进目标

（4）关键事件法

所谓关键事件，是指那些会对部门的整体工作绩效产生积极或消极的重大影响的事件。关键事件一般分为有效行为和无效行为。关键事件法要求评价者通过平时观察，及时记录评价对象的各种有效行为和无效行为，是一种最为常见的、典型的描述法。例如，通用汽车公司一位一线领班对下属杰克的工作"协作性"的记录如下：

其一，有效行为。虽然今天没轮到杰克加班，但他还是主动留下加班到深夜，协助其他同事完成了一份计划书，使公司在第二天能顺利地与客户签订合同。

其二，无效行为。总经理今天来视察，杰克为了表现自己，当众指出了约翰和查理的错误，导致同事之间的关系紧张。

关键事件法以事实为依据，其结果容易被评价对象接受。管理者能够将组织战略和他所期望的行为结合起来。关键事件法往往是对其他评价方法，特别是各种量表法的补充。

不同的评价方法适用于不同的组织以及不同的评价对象，表6-25是对几种常见评价方法进行的比较。

几种常见评价方法的比较　　　　　　　　　表6-25

评价方法	比较的难度			
	成本最小化	员工开发（提供反馈指导）	分配奖金和发展机会	有效性（避免评价错误）
描述法	一般	不确定	差	不确定
排序法	好	差	一般	一般
等级择一法	一般	不确定	差	不确定
行为锚定量表法	一般	好	好	好

从表6-25中可以看到，不同的评价方法各有所长。在实现管理决策的问题上，一些简单的量表法就能达到管理目的，并能节约成本。一些较为复杂的量表法的开发成本较高，但能够更有效地对员工的实际绩效情况进行评价。

复习思考题

1. 简答题

（1）简述绩效的概念与特性。
（2）简述物流系统绩效目标的制订过程和制订原则。
（3）简述物流系统绩效指标的类别和设计原则。
（4）简述物流系统常见的绩效指标体系。
（5）简述物流系统绩效评价的过程。
（6）简述物流系统组织和部门绩效评价的常见方法。

2. 案例分析

随着全球人口数量的上升和经济规模的不断增长，能源过度使用造成的环境问题及后果不断为人们所认识。近年来，"三废"污染、光化学烟雾和雾霾的危害，以及大气中二氧化碳浓度升高带来的全球气候变化，已被确认为人类破坏自然环境、不健康的生产生活方式和常规能源的利用所带来的严重后果。在此背景下，"低碳经济""低碳城市"等一系列新概念应运而生，物流业作为能源消耗量较大的行业，"低碳物流"受到政府部门和企业的重视。

在能源紧缺与气候恶化的双重背景下，世界各国开始追逐以低排放、低能耗、低污染的可持续的发展模式。2004年，俄罗斯政府举行工作会议通过了有关批准《京都议定书》的法律草案，使之成为全球碳减排行动具有约束效力的国际法律。为了履行《京都议定书》，发达国家率先发展低碳经济，强调在发展经济的同时，减少碳排放，实现节能减排。不少发展中国家也加入了支持低碳经济发展的大军，如印度提出了重点推广可再生能源项目，充分利用太阳能资源。我国也积极响应号召，结合我国国情制定了一系列节能减排的措施，在节能减排方面取得了令人满意的成果。

对物流业而言，"低碳"将是一个新的发展机遇，同时也是物流企业所应肩负的责任。物流业作为经济的支柱产业，为经济的转型提供了源源不断的动力。物流业的"低碳"发展将大大促进经济的可持续发展、低碳化发展。物流业只有尽早完成"高碳"到"低碳"的转型，才能具有行业优势。

思考题：
（1）低碳物流系统绩效评价的指标有哪些？
（2）请采用两种方法设计低碳物流系统绩效评价的流程，并分析所需要的数据类型。

第七章

物流系统风险分析

本章导读

2021年3月23日,长荣海运旗下大型集装箱船"长赐"号,在驶入苏伊士运河后不久搁浅,致使苏伊士运河双向交通阻塞。经连续数天救援后,搁浅货轮3月29日成功起浮脱浅。据测算,每天约有30艘重型货船通过苏伊士运河,堵塞一天就意味着5.5万个集装箱迟延交付。德国保险巨头安联集团估算,苏伊士运河堵塞或令全球贸易每周损失60亿美元至100亿美元。苏伊士运河堵塞,还可能影响到多种商品的全球供应。美国《市场观察》称,因为运河堵塞,液化天然气价格已经小幅上涨,如果堵塞持续两周,大约有100万吨液化天然气可能会推迟运往欧洲。

思考:

(1) 集装箱船"长赐"号搁浅的原因有哪些?
(2) 能否事先判断搁浅事件发生的概率及危害?

第一节 物流系统风险的认识

一、风险与风险分析

1. 风险的定义

对于风险的定义,经济学家、统计学家、决策理论家和保险学者并未达成一个适用于各个领域的公认的结论。关于风险,目前有数种不同的定义。

(1) 风险是损失发生的可能性(或机会)

可能性指客观事物存在或者发生的机会,这种机会可以用概率来衡量。当概率为 0 时,表明没有损失的机会,风险不存在;当概率为 1 时,表明风险是一种确定的事件;损失的可能性则意味着损失事件发生的概率为 0~1 之间。企业系统中风险发生可能性的定性、定量评估标准及其相互对应关系如表7-1 所示。

风险发生可能性的定性和定量评估标准及其关系　　　　表7-1

定量方法1	评分	1	2	3	4	5
定量方法2	一定时期发生的概率	10%以下	10%~30%	30%~70%	70%~90%	90%以上
定性方法	文字描述1	极低	低	中等	高	极高
	文字描述2	一般情况下不会发生	极少情况下才发生	某些情况下发生	较多情况下发生	常常会发生
	文字描述3	今后10年内发生的可能性少于1次	今后5~10年内可能发生1次	今后2~5年内可能发生1次	今后1年内可能发生1次	今后1年内至少发生1次

(2) 风险是损失的不确定性

这种不确定性可以分为客观不确定性和主观不确定性。前者是指实际结果与预期结果的偏离,这种偏离可以用数学、统计学工具加以度量;后者是个人对损失的评估,主观不确定性同个人的知识、经验、心理状态等有关,面临相同的风险时不同的人会有不同的评价。企业经营中风险发生后对目标影响程度的定性、定量评估标准及其相互对应关系如表7-2 所示。

风险对目标影响程度的定性和定量评估标准及其关系　　　　表7-2

定量方法1	评分	1	2	3	4	5
定量方法2	企业财务损失占税前利润的百分比	1%以下	1%~5%	6%~10%	11%~20%	20%以上
定性方法	文字描述1	较轻微的	轻微的	中等的	重大的	灾难性的
	文字描述2	极低	低	中等	高	极高

续上表

定性方法	文字描述3	企业日常运行	不受影响	轻度影响（造成轻微的人身伤害情况立刻受到控制）	中度影响（造成一定的人身伤害，需要医疗救援，情况需要外部支持才能得到控制）	严重影响（企业失去一些业务能力，造成严重人身伤害，情况失控，但无致命影响）	重大影响（重大业务失误，造成重大人身伤亡，情况失控，给企业带来致命影响）
		财务损失	较低的财务损失	轻微的财务损失	中等的财务损失	重大的财务损失	极大的财务损失
		企业声誉	负面消息在企业内部流传，企业声誉没有损失	负面消息在当地局部流传，对企业声誉造成轻微损害	负面消息在某区域流传，对企业声誉造成中等损害	负面消息在全国各地流传，对企业声誉造成重大损害	负面消息流传世界各地，政府或监管机构进行调查，引起公共关注，对企业声誉造成无法弥补的影响

(3) 风险是实际结果与预期结果的偏差

例如，用10万元人民币进行一年的证券投资，预期收益率为6.5%，而实际收益率仅为5%，这种实际结果与预期结果的偏差即是风险，这种偏差可以用统计学中的标准差进行衡量。

(4) 风险是实际结果偏离预期结果的概率

例如，生命表中不同年龄段的预期死亡率与实际死亡率的差别，这种实际结果偏离预期结果的客观概率就是风险，这一概率可以用数学、统计学公式计算得出。

此外，保险业内人士常把风险这个术语用来指承保的损失原因，如火灾是大多数财产所面临的风险，或者指作为保险标的的人或财产，如把年轻的驾驶人员看作不好的风险，等等。在本书中，如无特别说明，认为风险是"损失发生的不确定性（或称可能性）"，它是不利事件发生的概率及其后果的函数，即：

$$R = f(p, l) \tag{7-1}$$

其中，f 为将风险事件发生概率和损失转换为风险的映射函数；R 为风险；p 为风险事件发生的可能性（概率）；l 为风险事件发生后的后果或损失。

2. 风险的特征

风险的特征是风险本质及其发生规律的外在表现。正确把握风险的特征，对于加深风险的认识和理解、加强风险管理、减少风险损失，具有重要意义。风险的基本特征包括以下五个方面。

(1) 风险具有客观性

风险是一种客观的存在，是客观事物变化过程的特性，是不以人们的意志为转移的、独立于人的主观意识而存在的，也非人为的努力可以完全消除的。

(2) 风险具有突发性

风险事件的发生有一个从量变到质变的过程，但是，由于人们认识的局限性或疏忽，往往并未注意到风险的渐变过程，致使风险事件具有突发性，使人感到措手不及，难以应对。

(3) 风险具有不确定性

风险的不确定性是指风险结果是否会发生是不确定的，不确定性是风险的最基本的特征，主要表现在：空间上的不确定性、时间上的不确定性、损失程度的不确定性。

(4) 风险具有可测性

风险的可测性是指人们对于不确定的风险可以就风险发生的可能性和损失的严重程度进行定量或定性的估计和判断。虽然风险具有客观性和发生的随机不确定性，但是人们可以在概率论和数理统计的基础上，根据以往发生的一系列类似事件的统计资料进行分类，来计算某种风险发生的概率、所造成损失的大小及损失的波动性，从而可以对风险进行预测、衡量和评估。

(5) 风险具有相对性

相对性是指风险事件发生与否和造成损失程度如何是与面临风险的主体的行为及决策紧密相关的，对同一风险事件不同的行为者会产生不同的风险，而同一行为者由于其决策或采取的措施不同会带来不同的风险结果。

实质上，风险事件的发生是受主观和客观条件影响的。对于客观条件，人们无法自由选择，只能在一定程度上施加影响，而主观条件（即行为者的行为及决策）则可由人们自主选择。如果说风险的损失性使人们对风险进行管理成为必要，风险的客观性和不确定性增加了管理难度的话，那么风险的可测量性和主观相对性则为人们对风险进行管理提供了空间和方法。

3. 风险的分类

对风险进行全面的分类研究，对于了解风险特性和本质具有重要的作用。

(1) 经济风险与非经济风险

按照风险是否导致经济损失，风险分为经济风险与非经济风险。经济风险是指在生产和销售等经营活动中由于受市场供求等各种关系的影响、经济贸易条件等因素变化的影响或者经营决策的失误，导致经济上损失的可能性。非经济风险是指没有导致经济损失的风险。

(2) 静态风险与动态风险

按照风险产生的环境是否变化，风险分为静态风险与动态风险。静态风险是指在经济环境未发生变化时发生损失的可能性，如自然灾害、人们因过失而造成损失的风险。动态风险是指由于经济环境的变化造成经济损失的可能性。动态风险的产生有两类因素：一类因素是经济、产业、竞争者及客户等外部环境，这些因素的变化是不可控制的，它们均有可能为企业或系统带来潜在的经济损失；另一类因素是企业内部因素，即影响企业经营人员决策的因素，而某些决策可能会带来经济损失。

(3) 纯粹风险与投机风险

按照风险的性质，风险分为纯粹风险与投机风险。纯粹风险是指只有损失的可能性而无获利的可能性的风险。纯粹风险所导致的结果只有两种：有损失或无损失，如火灾、水灾、车祸、坠机、死亡、疾病和战争等，都属于纯粹风险。投机风险，或称机会风险，是指既存在损失的可能性，也存在获利的可能性的风险。投机风险导致的结果可能有三种：有损失、无损失、获利，如股市的波动、商品价格的变动、赌博等，都属于投机风险。

（4）系统性风险与非系统性风险

根据引起不确定性的原因，风险可以分为系统性风险与非系统性风险。系统性风险，也叫外部风险，指外部经济体的整体变化，包括社会、经济、政治等企业难以控制的事实或事件。这类风险对企业的影响程度不一，但所有的企业都要面对，这是一种不可分散的风险。非系统性风险指企业受自身因素影响的风险，这种风险只造成企业自己的不确定性，对其他企业不发生影响，是可分散的风险，企业针对此类风险进行控制的措施比较多。

4. 风险的效应

效应是事物本身的一种内在机制所产生的效果。正是由于效应机制的存在与作用，才引发了某种形式的行为模式与行为取向。风险的效应是由风险自身的性质和特征决定的，但又必须与外部环境及人的观念、动机相联系才能得以体现。

（1）诱惑效应

诱惑效应的形成是风险利益作为一种外部刺激使人们萌发了某种动机，进而进行了某种风险选择并导致了风险行为的发生。诱惑效应的大小取决于风险利益与风险代价及其组合方式。风险代价的大小又取决于风险对风险成本的损害能力和风险发生的频率。损害能力大且发生的频率高，风险代价就大。

（2）约束效应

风险约束是指当人们受到外界某种危险信号的刺激时，作出回避风险的选择，进而采取回避行为。风险约束所产生的威慑、抑制和阻碍作用就是风险的约束效应。约束效应的大小取决于风险障碍因素出现的概率、风险障碍的损害能力及风险成本投入与变动情况这三种因素的组合方式，同时也受到人们进行风险选择时所处的社会经济条件及对风险障碍出现概率和损害程度的判断力的影响。

（3）平衡效应

风险一方面具有诱惑效应，驱使人们作出某种风险选择；另一方面又具有约束效应，对人们的选择和行为产生某种威慑和抑制作用。每一种风险必然同时存在着这两种效应，它们相互冲突，相互抵消，其结果便中性化了，即平衡效应。

5. 风险管理

风险管理是指各经济单位通过风险识别、风险衡量、风险评价、风险应对等方式，对风险实施有效控制和妥善处理损失的过程。风险管理目标是以最小的管理成本获得最大的安全保障，以减少风险造成的损失和对环境的不利影响。风险管理的基本程序包括风险识别、风险衡量、风险评价、选择风险应对技术、实施风险管理决策和风险管理效果评价六个环节，如图7-1所示。

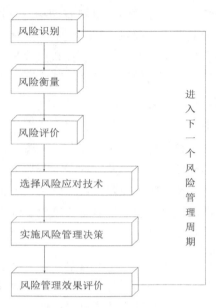

图 7-1　风险管理的基本程序

6. 风险分析

风险分析是系统地运用相关信息来确认风险的来源，并对风险进行估计的过程，主要涉及风险管理中的风险识别、风险衡量和风险评价。

二、物流系统风险与风险分析

物流系统风险是指物流系统在未来发展中面临的可能对其系统目标产生不利影响的所有不确定性。在市场经济环境下，任何企业物流系统或物流企业系统，无论其经营规模多大、经营结构如何，在其经营活动中都要面临来自系统外部或内部的各种各样的风险，这些风险在不同程度上影响着物流系统的生存、发展和竞争力。物流系统风险分析同样包括风险识别、风险衡量和风险评价。

物流系统风险可以分为内部风险和外部风险。内部风险包括运营风险、财务风险和项目风险，外部风险主要包括市场风险、法律风险和政治风险。

1. 运营风险

运营风险是指企业物流系统或物流企业系统在运营过程中，由于外部环境的复杂性和变动性以及主体对环境的认知能力和适应能力的有限性，而导致的运营失败或使运营活动达不到预期目标的可能性。运营风险并不是指某一种特定的风险，而是由一系列具体风险组成的。不同行业、不同规模、不同性质的物流系统，其运营过程可能相差甚远，因而运营风险的内容构成也存在较大的不同。运营风险作为一种主要源于系统内部失效或失败的系统战略管理决策、业务管理流程，人为或系统错误而产生经济损失的可能性，包括战略风险、流程风险、人力资源风险、内部技术风险等类别。

战略风险是指影响系统实现战略目标的各种事件或可能性，战略风险与系统战略管理密切相关，它蕴含于系统战略管理的各个步骤中。流程风险是指物流系统在业务流程中出现错误而引致损失的可能性，比如很多物流运输企业规定货运车辆在高速公路上行驶时，每连续行驶200km或2小时，必须进行停车检车的流程，如果检查不到位或没有检查，则有可能出现交通安全事故。人力资源风险是指因员工缺乏知识和能力，或缺乏诚信，或缺乏道德操守而引致企业损失的风险，它通常缘于员工约束不足、专业胜任能力不足、不诚实或者由一个无法培养风险意识的企业文化造成。内部技术风险同系统内部所开发或使用的技术或信息系统相关，随着技术在企业中日益变得必不可少，在越来越多的商业领域，内部技术风险已经变得日益突出。

2. 财务风险

财务风险是指企业因未来财务状况不确定而产生的实际财务结果与预期财务结果发生偏离，从而蒙受损失的可能性。按财务活动的主要环节，可分为流动性风险、信用风险、筹资风险、投资风险等；按可控程度，可分为可控风险与不可控风险；按能否通过多角化的方式分散风险，可分为不可分散风险和可分散风险；按风险可能产生的结果，可分为静态风险和动态风险；按风险涉及的层次和范围，可分为微观风险和宏观风险；根据财务风险是否与现金有关，可分为现金性风险和非现金性风险。财务风险管理重在关注外部环境的不利变化，例如，持续的通货膨胀，可能使企业资金供给持续发生短缺，货币性资金持续贬值，实物性资金相对升值，资金成本持续升高，原材料价格上涨等。

3. 项目风险

项目风险是指可能导致项目不良后果的不确定性。项目一般具有一次性的特点，实施过程中常会出现随机干扰因素。项目风险是一种过程风险，它与不确定性 p、产生的后果 l 和时间 t 相关，f 为将风险事件发生概率、风险损失和风险发生时间转换为风险的映射函数，其函数关系为：

$$R = f(p, l, t)$$

在项目的整个生命周期内，不同阶段的项目风险会发生质和量的变化。并且，在前一个阶段和时期的风险得到控制时，后一个阶段和时期的风险又开始出现。重大项目的规模宏大，研究和建设的周期长，投资巨大，牵涉的风险领域较多。例如，技术风险、管理风险、环境风险、人力资源风险、质量风险等。

4. 市场风险

市场风险是指未来市场价格（利率、汇率、股票价格和商品价格）的不确定性对企业实现其既定目标的影响。根据引发市场风险的市场因子不同，市场风险可分为利率风险、汇率风险、股票价格风险、商品和服务价格风险，这些市场因素可能直接对企业物流系统或物流企业系统产生影响，也可能是通过对其竞争者、供应商、投资者或者消费者从而间接对系统产生影响。所有的企业物流系统都面临着某些形式的市场风险。不同行业以及同一行业中的不同物流系统所面临的市场风险的大小和形式也会有所不同。例如，一家国际物流企业的离岸收入和费用是按照不同的货币来结算的，就存在汇率变化的市场风险。即使这些收入和费用是用同一种货币来结算的，当它把离岸收益兑换成本土货币时，仍然存在汇率风险。

5. 法律风险

法律风险是指在法律实施过程中，由于行为人具体法律行为的不规范而导致与其所期望达到的目标相违背的法律不利后果发生的可能性。法律风险并不是违法风险。违法风险是指违反法律规定而使预期权益得不到实现的可能性，是法律风险最常见的一种表现形式。法律的专业性决定了法律风险具有很强的专业性。

（1）法律风险的识别具有专业性。判断某种行为是否具有法律风险及法律风险的损害结果的大小，依赖于对法律本身的把握程度及法律的实践经验。法律风险虽然具有可认知性，但并不是每个人都具有这种识别能力。

（2）法律风险解决方案具有专业性。法律风险一旦形成，就需要采用积极的方式予以解决，但法律方案的设计、方案实施步骤的把握，需要有非常强的专业性。

（3）法律风险的防范具有专业性。企业运作中的大量法律风险是可以防范的，但这种防范最好是由专业人士来实施，这样可以收到"事半功倍"的效果。

法律风险几乎都会给企业造成损失，无论企业经营能从承担法律风险的行为中获利多少，一旦法律风险发生实际损害时，这些利益都是微不足道的。

6. 政治风险

政治风险是指一个国家或地区在政治方面发生的可能造成企业或投资者经济损失的不确定性。例如，政治风险表现为政府征收、政府违约和延迟支付等。

政治风险来源于一些拥有政治力量团体的有目的的行为。拥有政治力量的团体包括一国政府、一国重要党派组织、重要国际组织等，企业通常无力与之抗衡。这种力量上的不可比，往往给企业造成重大经济损失甚至人员伤亡。不仅如此，很多政治突发事件难以预料，甚至毫无征兆，更加加大了政治风险的不确定性。

第二节 物流系统风险识别

一、风险识别的概念和内容

1. 风险识别的概念

风险识别是指在风险事故发生前，系统管理者运用各种方法系统、全面、连续地认识生产经营过程中所面临的各种风险及风险事故发生的潜在原因。风险识别实际上就是收集有关风险因素、风险事故和损失暴露等方面的信息，发现导致潜在损失的因素。对于风险识别的概念，可以从以下几个方面进行理解。

（1）风险识别具有系统性

系统性是指风险识别不能局限于某一部门和环节，而应对整个物流系统各个方面的风险进行识别和分析。不仅包括识别实物资产风险、金融资产风险，还包括识别客户资产、雇员/供应商资产和组织资产的风险。同时，风险识别不仅是风险管理部门的工作，还需要其他职能部门，如生产部门、财务部门、信息处理部门、人事部门等的密切配合，否则，难以准确、全面地识别风险。

（2）风险识别具有连续性

风险识别是一项连续性的工作。连续性是指风险识别不可能是一成不变、一劳永逸的。随着企业及其经营环境的不断变化，风险经理必须时刻关注新出现的风险和各种潜在的风险。例如，企业从其他渠道中撤出进入新的商业渠道，企业被收购或破产，企业经营的环境发生变化等，都会使企业面临旧风险消失、新风险出现的状况。企业要发展，就必须不断识别各种风险，分析其对本企业的各种风险暴露的影响。风险识别是一个长期的过程，不能偶尔为之，更不能一蹴而就。此外，政府法令和行政管理条例的变化，也会导致企业出现新的风险。例如，政府对职工权益保护法律法规的变化，会使企业面临法律诉讼风险。

（3）风险识别的目的是衡量风险和应对风险

风险识别是否全面、深刻，直接影响风险管理的质量，进而影响到风险管理的成果。识别风险的目的是为衡量风险和应对风险提供依据。例如，风险调查员的风险调查报告，是保险企业确定承保决策和保险费率的依据。

2. 风险识别的内容

风险本质上是由风险因素、风险事项和风险损失三者构成的统一体，这三者之间存在着一种因果关系：风险因素增加可能产生风险事项，风险事项则引起损失。换句话说，风险事项是损失发生的直接与外在原因，风险因素为损失发生的间接与内在原因。三者的串联构成了风险形成的全过程，因此，风险的识别主要包括风险因素的识别、风险事项的识别和风险损失的识别。

（1）风险因素的识别

风险因素是指促使和增加损失发生的频率或严重程度的条件，它是事故发生的潜在原因，是造成损失的内在或间接原因。

根据风险因素的性质，可以将其分为有形风险因素和无形风险因素。有形风险因素是指直接影响事物物理功能的物理性风险因素。例如，建筑物的结构及灭火设施的分布等对于火灾来说就属于有形风险因素。无形风险因素是指文化、习俗和生活态度等非物质的、影响损失发生可能性和受损程度的因素。无形风险因素主要与人的行为有关，所以也常将其称为人为风险因素。在对风险因素进行识别时，不仅要注意那些有形风险因素，更要严密防范无形风险因素。

根据风险因素的来源，可以将其分为外部因素和内部因素。外部因素主要包括：经济因素、自然环境因素、政治因素、社会因素、技术因素等；内部因素主要包括组织结构、人员、流程等。

（2）风险事项的识别

风险事项是造成风险损失的偶发事件，又称风险事件或风险事故。风险事项是造成损失的直接或外在的原因，它是使风险造成损失的可能性转化为现实性以至引起损失结果的媒介，是从风险因素到风险损失的中间环节，风险只有通过风险事项的发生才有可能导致损失。例如汽车刹车失灵造成的车祸与人员损伤，其中刹车失灵是风险因素，车祸是风险事项。如果仅有刹车失灵而未发生车祸，就不会导致人员伤亡。又如，一段河堤年久失修，经不起洪水的冲击，但如果这个区域没有大暴雨也不会导致水灾。

有时风险因素与风险事项很难区分，某一事件在一定条件下是风险因素，在另一条件下则为风险事项。如冰雹，使得路滑而发生车祸，造成人员伤亡，这时冰雹是风险因素，车祸是风险事项；若冰雹直接击伤行人则它就是风险事项。因此，应当以导致损失的直接性与间接性来区分，导致损失的直接原因是风险事项，间接原因则为风险因素。

（3）风险损失的识别

风险损失则是指非故意的、非预期的和非计划的经济价值的减少或消失。显然，它包含两方面的含义：一方面，损失是经济损失，即必须能以货币来衡量；另一方面，损失是非故意、非预期和非计划的，上述两方面缺一不可。如折旧，虽然是经济价格的减少，但它是固定资产自然而有计划的经济价值的减少，不符合第二个条件，不在风险损失之列。

损失可以分为直接损失和间接损失两种，前者指直接的、实质的损失，强调风险事项对于系统本身所造成的破坏，是风险事项导致的初次效应；后者强调由于直接损失所引起的破坏，即风险事项的后续效应，包括额外费用损失和收入损失等。

按照风险事项（风险事故）发生后果的严重程度，可以将风险因素划分为以下四类：第一类是事故后果可以忽略，可以不采取控制措施的风险因素；第二类是事故后果比较轻，暂时还不会造成人员伤害和财产损失，应该考虑采取控制措施的风险因素；第三类是事故后果严重，会造成人员伤亡和系统损坏，需要立即采取措施加以控制的风险因素；第四类是可以造成灾难性后果的风险事故必须立即采取措施予以排除的风险因素。

3. 物流系统常见风险

（1）物流风险因素

与一般风险因素的分析结果类似，物流系统风险的因素包括供应因素、需求因素、运作过程因素、环境因素、制度因素以及预防计划措施失败因素等。

①供应因素是指来自于物流系统上游的风险因素，它来源于上游企业在提供的产品、信息方面存在的潜在性和实际的不确定性。

②需求因素是来自于物流系统下游的风险因素，通常是指与潜在销售或实际销售相关的物流、信息流、资金流和网络发生的风险因素，存在于企业物流系统和市场的连接之中。

③运作过程因素通常是指物流系统运作过程引发的物流配送的延迟，甚至导致供应物流中断等不稳定因素。物流活动的执行依赖于企业物流系统功能，一旦物流系统不能发挥正常的功能，就会造成数量和质量水平的波动，从而产生风险。

④环境因素来自于企业物流系统之外的不可控因素。这类风险因素通过供应商和客户或直接影响企业物流系统的运作表现出来。

⑤制度因素通常是指控制物流系统运作的一系列规章制度、系统和程序步骤。

⑥预防计划措施失败因素。缺乏对不可控因素的抵御措施和预警计划本身也会成为一种风险。

（2）物流环节风险

①采购物流风险。采购是物流与供应链管理活动中的重要一环。采购过程包括了采购计划制订、采购审批、供应商选择、价格咨询、采购招标、合同签订与执行、货物验收、核算、付款、物资领用等诸多环节。由于受上述不同因素的影响，在采购中存在各种不同的风险，如表7-3所示。

采购风险分类　　　　　　　　　　　　　　　　表7-3

风险目录	风险小类
不可抗力风险	自然灾害（洪水、地震、台风、海啸等），战争、骚乱、罢工、政变等
采购物资风险	采购物资数量风险、品质风险、供货时间风险、运输风险
金融风险	汇率变化、通货膨胀等
政治和环境	工程所在国法律法规的变化，宗教，社会治安等
与施工有关的采购风险	运输状况、劳务争端、工期变化、设备缺陷

②运输物流风险。货物的运输根据运输方式不同，可以分为水上、陆上和航空运输三种。在运输过程中可能遭遇的风险主要包括自然灾害、意外事故以及外来风险，外来风险又分为一般外来风险和特殊外来风险。

自然灾害指恶劣气候、雷电、海啸、地震、山洪及人力不可抗拒的灾害；意外事故是指运输工具遭遇外来的、突发的、非意料中的事故；一般外来风险是指货物在运输过程中遭遇意外的外来因素导致的事故；特殊外来风险是指与政治、军事、社会动荡以及国际政治、政策法令有关的风险。

③仓储物流风险。仓储物流风险是指储存在仓库中的货物、仓储基础设施、仓储设备，由于各种因素包括其自身物理化学性质，外界各种自然、社会、人为因素等的影响，使其在储存期间面临着许多不确定的情况致使其物理化学性质发生变化，使仓储物资、仓储基础设施、仓储设备等遭受损失的不确定性。

仓储物流风险按风险的来源划分为：由于自然界的运动和变化给生命和财富造成伤亡和损失的自然风险；由于集团和个人的某些违法行为、破坏行为造成的人员伤亡和财产损失的社会风险；由于国家政权变动、政治斗争、法律和政策的改变而造成的社会不安定以及人身伤亡和财产损失的政治风险和由于经营不善、信息不通、市场变化等给经营者造成的收入减少、经营亏损、企业破产等的经济风险。

（3）物流责任风险

物流企业责任风险可以分为合同履行风险、第三者责任风险、自身费用支出风险三类。其中，合同履行风险包括对客户责任与分包商责任，具体分析如下。

①对客户的责任风险。物流业对客户的态度和服务尤为重要，关系到企业的发展壮大，对客户的责任是物流企业面对的主要风险。物流企业需要将客户的委托产品安全无损地运达客户指定的位置。比如，在物流运输中，物流企业必须保证货物的安全性，否则需要对货主按照签订的合同进行赔偿。

②对分包商责任风险。除了对客户的责任，物流企业还应对分包商的责任进行负责，对其赔偿。多数情况下由于二者的合作关系，分包商不一定提出索赔。该类风险主要由于物流企业提供了错误的、不完整的信息导致分包商增加了成本，如错误提供运送的目的地导致延误物流时间及行驶损耗，或者其他因素导致了运输车辆的受损等。

③第三者责任风险。对社会公众的责任风险即为第三者责任风险，包括第三者财产损失及第三者人身伤亡。第三者财产损失包括：承载的危险品发生泄漏导致周围环境污染损害，造成了财产损失；运输途中发生交通事故，导致他人或物品损伤，如造成的民事责任由物流企业承担。第三者人身伤亡则是在物流各个环节都有可能发生，如装卸搬运造成他人损伤，操作不当等导致周边附近人员受伤，或者运输时交通事故导致他人伤亡等。

二、风险识别的方法

风险识别的方法有许多，主要有标准化调查法、财务报表分析法、流程图法、因果图法、事件树分析法和故障树分析法等。这些方法各具特色，都具有自身的优势和不足。以流程图法为例，对一个涉及许多产品或原料在不同环节上流动的生产过程来说，流程图是一个合适的风险识别方法。而在一个不是以流动为主要特征的地方，如办公室，使用其他形式的风险识别工具可能会更好。风险识别的方法可以以不同的方式分类。按工作方式分类，可以分为案头工作和现场调查工作；按时间先后分类，可以分为损前的风险识别和损后的风险识别；按分析的方式分类，可分为定量分析的风险识别和定性分析的风险识别。下面介绍几种主要的风险识别方法。

1. 标准化调查法

标准化调查法是一种常用的识别风险的方法。这种方法通过直接观察风险管理单位的设备、设施和操作等，了解风险管理单位的活动和行为方式，发现潜在的风险隐患。标准化并不是指这些调查表格或报告具有标准格式，而是指它们所提出的问题具有共性，对所有企业或组织都有意义并普遍适用。这种调查报告文件从一两页到上百页不等。标准化调查法一般包括以下几方面的工作。

(1) 调查前的准备工作

风险管理人员在进行调查前，应该做好充分的准备工作：确定调查的时间、调查的地点、调查的对象，编制调查表，预先确定需要询问的一些问题，尽量避免忽略、遗漏某些重要事项。

(2) 现场调查和访问

现场调查和访问应该密切注意那些经常引发事故的环境和工作方式。例如，风险管理部门发现高架梯经常引发事故，这时，风险管理人员会仔细调查这些架子的性能和工人使用高架梯的方法，最后的调查结果是使用高架梯的工人违规操作，整改的方式是对使用高架梯的工人进行培训，这是现场调查和访问。

(3) 调查报告

现场调查和访问结束后，应该写调查报告。调查报告是了解系统风险等级的依据，也是保险人承保的依据。对此,风险管理人员应将调查时发现的情况报告委托调查的企业,调查报告应该指出系统的危险点和整改方案。

标准化调查法一般可分为以下几类:面谈采访法、在线调查法、书面调查法、查阅文件法、专题研讨会法和目标明确的专项审核法。

调查法优缺点明显,其优点在于风险经理通过现场调查可以获得第一手的资料,而不必依赖别人的报告。现场调查还有助于风险经理与基层人员以及基层负责人建立和维持良好的关系。缺点则是现场调查耗费时间多,这种时间成本抵减了现场调查的收益。而且,定期的现场调查可能使其他人忽视风险识别或者疲于应付调查工作。

2. 财务报表分析法

财务报表分析法通过分析企业资产负债表、利润表和现金流量表及其相关明细记录,识别企业的财产风险、法律责任风险和人力资源风险。财务报表分析识别风险的方法主要有以下三种。

(1) 趋势分析法

趋势分析法是指根据企业连续数期的财务报表,比较各期有关项目的金额,以揭示本期经营成果与财务状况变化之趋势。会计报表的趋势分析通常采用的方法有横向比较法和纵向比较法。横向比较法又称水平分析法,是在会计报表中用金额、百分比的形式,对各个项目的本期或多期的金额与基期的金额进行比较分析,以观察企业经营成果与财务状况的变化趋势。纵向比较法又称垂直分析法,是对会计报表中某一期的各个项目,分别与其中一个作为基本金额的特定项目进行百分比分析,借以观察企业经营成果与财务状况的变化趋势。

例如,某企业某年利润总额为 1000 万元,同期销售收入为 10000 万元,销售利润率为 10%,该指标表明该企业销售的获利能力。但是,单独计算这一指标是没有意义的,需要将这指标同以往各年的可比指标进行对比,如上年度销售利润率、计划销售利润率、行业平均销售利润率等对比,才能揭示出企业盈利能力的变化趋势,才能确定企业本期的经营效益和管理水平,才能分析是否存在着经营风险。同样,企业的成本率、费用率也可以运用趋势法进行分析。

(2) 比率分析法

比率分析法是在两个金额之间计量其相对比率关系的一种分析方法,这些金额或数据可以选自一张会计报表,亦可以选自两张会计报表。比率分析可以在报表中两个不同小项目的金额之间进行,可以在一个小项目的金额对一个大类项目的总额之间进行,也可以是在两个大类项目的总额之间进行,还可以在两个相对数之间进行。比率分析法可以分析财务报表所列项目与项目之间的相互关系,运用得比较广泛。

一般而言,财务报告分析中为人们普遍关注的财务比率指标主要有三类:偿债能力比率指标、营运能力比率指标和盈利能力比率指标。偿债能力比率指标主要有流动比率、速动比率、现金比率、资产负债率、产权比率等。营运能力比率指标主要有应收账款周转率、存货周转率、流动资产周转率、固定资产周转率、总资产周转率、营业周期等。盈利能力指标主要有销售毛利率、销售净利率、资产净利率和净资产收益率等指标。

(3) 杜邦分析法

在企业财务分析中,仅仅观察财务报表无法洞察财务状况的全貌,同时仅观察单一的财务比率，也难以了解企业财务状况的全面情况。为此，需要把各种财务比率结合起来，杜邦财务分析体系就是一种综合分析法。由于这种分析法在美国杜邦公司首先使用，故称之为杜邦分析法。这种方法从评价企业绩效最具综合性和代表性的指标——权益净利率出发，层层分解至企业最基本生产要素的使用，成本与费用的构成和企业风险，从而满足经营者通过财务分析进行绩效评价的需要。杜邦财务分析体系为改善企业内部经营管理提供了有益的分析框架。

权益净利率是一个综合性最强的财务分析指标，其计算公式如下：

$$权益净利率 = 资产净利率 \times 权益乘数$$

资产净利率是影响权益净利率的最重要的指标，具有很强的综合性，取决于销售净利率和总资产周转率的高低，计算公式如下：

$$资产净利率 = 销售净利率 \times 总资产周转率$$

权益乘数表示企业的负债程度，反映了企业利用财务杠杆进行经营活动的程度，计算公式如下：

$$权益乘数 = 1/（1 - 资产负债率）$$

资产负债率高，权益乘数就大，这说明企业负债程度高，企业会有较多的杠杆利益，但风险也高；反之，资产负债率低，权益乘数就小，这说明企业负债程度低，企业会有较少的杠杆利益，但相应所承担的风险也低。

财务报表是基于风险管理单位的资料编制的，这些资料用于风险识别，具有可靠性和客观性的特点。财务报表分析法的缺点是专业性强，缺乏财务管理的专业知识，就无法识别风险管理单位的风险。财务报表分析法识别风险的基础是风险管理单位的财务信息具有真实性，如果财务报表不真实，就无法识别风险管理单位面临的潜在风险。

3. 流程图法

根据生产条件和工作目的的不同，可以将风险主体的生产经营活动制成不同的流程图，以便于识别风险。一般来说，风险主体的经营规模越大，生产工艺越复杂，流程图分析就越具有优势。下面以产品生产销售流程图（图7-2）为例进行说明。

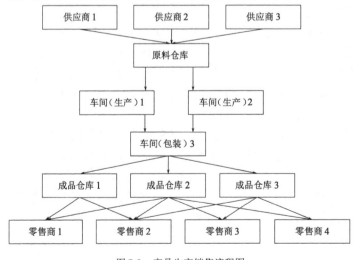

图7-2 产品生产销售流程图

图 7-2 比较清楚地显示产品生产销售各个环节的风险。原材料的来源、生产、包装、存储、销售等产品生产的不同阶段都可以反映在流程图上。在产品生产销售流程中，一个环节出现问题，就会引发企业生存的危机。如果原材料供应不上或者遭遇意外损失，会导致生产的中断；生产过程中的意外事故，也会导致生产的中断，还会引起企业财产和人员的损失；成品仓库的事故，会引起企业财产和人员的损失，导致企业利润的损失；产成品销售不出去，会引发企业利润的损失和经营的危机。

流程图只是生产、经营过程的简单概括，其目的是揭示生产、经营过程中的所有风险。通常，对流程图进行解释的常用方法是填写流程图解释表，如表 7-4 所示。在图 7-2 中，在采购原料阶段存在的潜在风险事故及其可能造成的后果，可以通过表 7-4 解释。通过流程图解释表，产品生产销售每一环节可能发生的事故，导致事故的原因和后果，都得到了较为详细的说明。风险管理人员可以查看流程图解释表，识别在不同的阶段可能发生的事故（风险事项），预见发生损失的原因（风险因素）和后果（风险损失）。

流程图解释表（采购原料阶段） 表 7-4

阶段	采购原材料
可能发生的事故	原材料供应不及时
导致事故发生的原因	供货商无法供应原材料、采购员出现意外
可能产生的结果	企业减产、支付工伤费用

流程图是识别风险比较有效的办法。但是，流程图在识别风险方面存在着一定的缺陷，比如流程图法不能识别企业面临的一切风险，更不可能全面揭示导致风险事故的所有因素；制作企业生产、销售等方面的流程图，需要准确地反映生产、销售的全貌，任何部分的疏漏和错误都有可能导致风险管理部门无法准确地识别风险；流程图由具有专业知识的风险管理人员绘制，需要花费的时间较多，其管理成本也比较高。企业的生产工序、经营活动越复杂越能够体现出流程图识别风险的优势。

4. 因果图法

因果图法从导致风险事故的因素出发，推导出可能发生的结果，是一种用于分析风险事故与影响风险事故原因之间关系的比较有效的分析方法，又称为特性要素图、树枝图、鱼刺图等。

由于风险事故是许多因素综合作用的结果，这些因素主要包括：物、环境、人、管理四方面，也称之为 4M 因素。它们与风险事故的关系是复杂的，且彼此之间的关系也很复杂。当我们分析发生事故的原因时，应将各种原因进行归纳、分析，用简明的文字和线条加以全面表示。用这种方法分析事故，可以使复杂的原因系统化、条理化，把主要原因搞清楚，也就明确了预防对策。因果图法如图 7-3 所示。

（1）因果图的绘制步骤

①确定风险事故。因果图中的风险事故是根据具体的风险管理目标确定的，因果图分析有助于识别风险事故。

②将风险事故用方框画在图的最右边，从左至右画一个箭头，作为风险因素分析的主骨，接下来将影响主骨的主要原因作为大骨，即风险分析的第一层次原因。

③列出影响大骨（主要原因）的原因作为中骨，作为风险分析的第二层次原因；用小

骨列出影响中骨的原因，作为风险分析的第三层次原因，依此类推。

④根据影响风险事故各因素的重要程度，将对风险事故产生显著影响的重要因素标示出来，有助于识别导致风险事故的原因。

⑤记录必要的相关信息。在因果图中，所有的因素与结果不一定有紧密的联系，将对结果有显著影响的风险因素做出标记，可以比较清楚地再现风险因素和风险事故的内在联系。

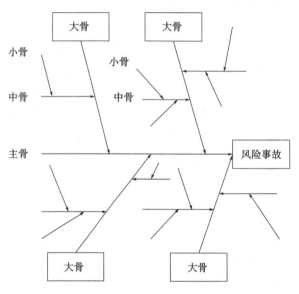

图 7-3　因果图法

从图 7-3 可以看出，导致风险事故的因果图中，风险事故与主骨、大骨、中骨和小骨之间存在着逻辑上的因果关系。其中，主骨在引发风险事故的过程中起决定作用，大骨、中骨和小骨在因果图中起次要作用。但是，就具体的大骨、中骨和小骨等来说，每一骨所起的作用是不同的。尽管如此，这些因素会引起主骨的变化，最终导致风险事故的发生。

（2）因果图绘制注意事项

在绘制因果图时，应该注意以下几个方面的问题。

①分析的风险事故只能有一个，主骨箭头要指向这个风险事故（要解决的问题）。如果风险事故有多个，则应分别绘制因果图。例如，同一批产品的长度和重量都存在问题，这需要绘制两张因果图来分析长度和重量波动的原因。若许多结果用同一张因果图来分析，势必使因果图庞大而复杂，难以找到解决问题的对策。

②重要原因不遗漏。确定引发风险事故的原因时，需要充分调查引发风险事故的各种原因，尽可能找出影响结果的重要原因，以免遗漏。在引发风险的各种原因中，确定重要原因对结果造成的影响，是因果图分析的关键。确定的原因为非重要原因的，可以不绘制因果图。

③确定原因应尽可能具体。如果确定的导致风险的原因很抽象，分析出来的原因只能是一个大概，尽管这种因果分析图不会出现太大的错误，但是，对于解决问题的作用不大。

④因果图的验证。如果分析的导致风险事故的原因无法采取措施加以解决，说明问题还没有得到解决，需要进一步细分原因，直到能够采取相应的措施为止；不能采取措施的图形，不能称之为因果图。因果图在使用的过程中，需要不断地加以改进。例如，有些因素需要删减，

有些因素需要修改,还有些因素需要增加,在反复改进因果图的过程中,得到对于识别风险有用的因果图。

(3) 因果图分析的优缺点

因果图分析主要有以下几方面优点。

①可用于事前预测事故及事故隐患,亦可用于事后分析事故原因,调查处理事故。

②可用来建立安全技术档案,一事一图。这样便于保存,为以后的设计审查、安全管理及技术培训积累资料。

③指导实践。因果图来源于实践又高于实践,它使存在的问题系统化、条理化后,再返回到生产实践中去,检验和指导实践,以改善工作。

然而,因果图在识别风险的过程中也具有以下几方面的局限。

①对于导致风险事故原因调查的疏漏,会影响因果图分析的结论。从某种意义上说风险原因调查是否充分,影响着因果图分析的结论。

②不同风险管理者对风险因素重要度的认识不同,会影响因果图分析的结论。由于风险管理主体的不同,对风险因素重要度的认识也不同,因此,风险管理者对于风险因素重要度的认识是否合乎逻辑,会影响因果图分析的结论。

③风险管理者的观念影响因果图识别的结论。风险管理者的主观想法或者印象,影响着风险管理的结论。

5. 事件树分析法

事件树是一种从初始原因事件起,分析各环节事件正常、失败及发展变化过程,并预测各种可能结果的方法。事件树包括初因事件和系统事件,初因事件是引起事故的起因事件,一个事件树只有一个初因事件。系统事件是由初因事件引起的事件,一个事件树可有多个系统事件。事件序列是表示事件发生过程的一系列符号。图7-4是最简单的事件树的基本结构,该事件树由初因事件、两层系统事件和事件序列组成。如果知道 I、S_1、S_2 的发生概率,就可求出每种后果事件的发生概率。

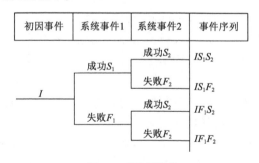

图7-4 事件树模型

事件树分析的步骤归纳如下。

(1) 确定或寻找可能导致系统严重后果的初因事件,并进行分析,对于那些可能导致相同后果的初因可归纳为一类。

(2) 构造系统事件树。

(3) 事件树的简化。

（4）事件序列的定量化。

事件树简便易行，但受分析评价人员的主观因素影响较大。

6. 故障树分析法

故障树分析法是从某一事故出发，运用逻辑推理的方法寻找引起事故的原因，即从结果推导出引发风险事故的原因。它能对各种系统的危险性进行辨识和评价，不仅能分析出事故的直接原因，而且能深入揭示出事故的潜在原因。该方法描述事故的因果关系直观、明了、思路清晰、逻辑性强，既可定性分析，又可定量分析。

故障树法的理论基础是，任何一个事故的发生，必定是一系列事件按照时间顺序相继出现的结果，前一事件的出现是随后事件发生的条件，在事件的发展过程中，每一事件有两种可能的状态，即成功或者失败。

故障树中的逻辑关系说明如下。

"非"：输入事件不发生，输出事件就发生。

"条件与"：输入事件同时发生且满足某条件，输出事件才发生。

"条件或"：在满足某条件下，输入事件中至少有一个发生，输出事件就发生。

"顺序与"：输入事件都发生，但满足一定先后顺序，输出事件才发生。

"排斥或"：输入事件中仅有一个发生，输出事件才发生。

"单事件限制"：输入事件仅一个且满足某条件，输出事件发生。

以上关系都有代表符号。若知各个基本事件的概率，则所有组合情况下，上一层事件的发生概率可以求得。

下面以食品冷链物流断链故障树为例进行说明，如图7-5所示。

图7-5中，"⌒"表示"或门"，意为只要有一个输入（下方）事件发生，输出"上方"事件就会发生；"⌂"表示"与门"，意为当输入事件同时发生时，输出事件才发生；X1～X26为原因；M1～M16为中间结果；T为最终结果。图7-5清晰地反映了食品冷链物流断链的原因。

①加工环节断链。由于加工方式落后、缺乏预冷设备、操作不规范、缺少消杀防疫措施的原因，加工和预冷不达标，冷链食品品质下降。若质检工作疏忽，也会造成断链现象。

②仓储环节断链。仓库缺乏制冷设备，或是由于温控系统失效、堆码混乱、没有达到特定温度造成的冷库环节断链，缺少入库消杀防疫措施、出入库交接不到位、缺乏封闭式月台造成的出入库环节断链。

③包装环节断链。冷链食品的包装需要符合耐温、保温、安全的特点，包装材料性能不达标和工作人员装卸不当，都会导致冷链食品品质受损。

④运输环节断链。运输车辆缺乏制冷设备或制冷设备落后、温度设置达不到冷链要求，无法保证低温运输环境；工作人员装卸搬运效率低、交接工作不到位导致冷链食品长期暴露在室温下，温度波动；监测设备缺乏或技术水平低，综合管控系统失效，都会使得实时监控管理工作不到位，温控效果不佳。

⑤配送环节断链。末端配送过程中常温配送或缺乏有效温控措施，温控效果差；订单管理不科学、不合理的路径规划导致运输配送时间过长，影响冷链食品质量。

⑥销售环节断链。消费者频繁拿取破坏低温存储环境，温控效果差或销售人员操作不规

范，温度没有达到要求，导致冷链食品的损坏。

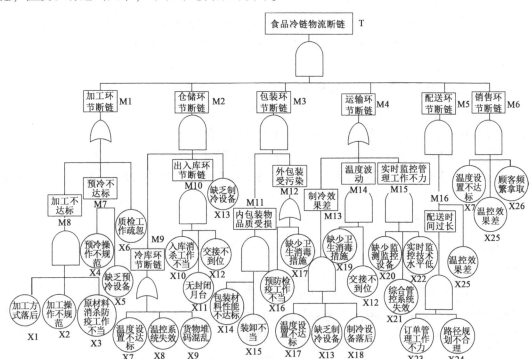

图 7-5　食品冷链物流断链故障树

故障树分析法能详细找出系统各种固有的、潜在的危险因素，为安全设计、制定安全技术措施和安全管理要点提供依据，同时也能简洁、形象地表示出事故和各种原因之间的因果关系及逻辑关系。在风险识别中，故障树的绘制需要专门的技术，这也是风险管理人员较少使用故障树法分析问题的重要原因。只有风险事故造成的损失较大或者存在很深的安全隐患时，才会采用故障树对系统进行整体分析。

第三节　物流系统风险衡量

一、风险衡量的概念和理论基础

1. 风险衡量的概念

风险衡量是在对过去损失资料分析的基础上，运用概率论和数理统计的方法对某一特定或者几个风险事故发生的损失频率和损失程度做出估计，以此作为选择风险应对技术的依据。风险衡量是在风险识别的基础上对风险进行定量分析和描述，风险衡量是对风险识别的深化。对风险衡量的概念可以从以下几个方面进行理解。

(1) 风险衡量的基础是充分有效的数据资料

为了使风险衡量的结果客观地反映过去发生的风险事故的状况,预测未来可能发生的状况,需要风险管理人员掌握完整的、一致的、有关主题的和有组织的相关资料,以增强风险衡量结果的准确性。

(2) 风险衡量是对损失发生的频率和程度量化分析的过程

在占有大量数据资料的基础上,衡量风险需要做好两方面的工作:一是估计损失发生的次数,即损失频率。损失频率测量的是在单位时间内损失事件发生的平均次数。例如,某种损失的损失频率为每年0.5次,说明该损失平均每两年发生一次。二是估计损失程度,风险的严重性与损失程度密切相关。例如,某损失的平均成本为每年40万元,就是对损失程度的估计。

(3) 风险衡量是风险管理的重要手段

风险衡量是风险管理的一个重要环节,但是风险衡量不是风险管理的目的,风险管理的目的是选择防范和处理风险的有效办法。

(4) 风险衡量有助于降低不确定性的层次和水平

不确定性是人的主观感受,是无法直接预测的、无法准确计算的,是复杂的,掺杂着人们对风险因素的评价和风险出现概率的认识,其分类如表7-5所示。

不确定性水平的等级分类　　　　　　　　　　　　　　　　表7-5

不确定水平	特征	例子
无(确定)	结果可以精确预测	物理定理,自然科学
水平1(客观不确定)	结果确定和概率可知	概率游戏:硬币、抓阄儿
水平2(主观不确定)	结果确定但概率不可知	火灾、车祸
水平3	结果不完全确定,概率不可知	太空探测、基因研究

水平1是不确定性的最低水平,结果是确定的,结果发生的概率可知,如扔硬币,结果要么是正面,要么是反面,而且出现正面和反面的概率都是50%。水平2是结果确定、概率不可知的不确定性。例如,汽车的拥有者可以预测的结果是汽车遭遇车祸或者不遭遇车祸,但是对于绝大多数车主来说,没有办法准确预测结果发生的概率,更无法估计车辆的损失程度。水平3是结果不完全确定,概率不可知的不确定性。这一水平的不确定性在人类早期的原子能研究和太空探测中非常明显。

2. 风险衡量的理论基础

(1) 大数法则

大数法则为风险衡量奠定了理论基础,即只要被观察的风险单位多,就可以对损失发生的频率、损失的严重程度进行衡量。被观察的风险数量越多,预测的损失就越可能接近实际发生的损失。

(2) 概率推理原理

单个风险事故是随机事件,事件发生的时间、空间、损失严重程度都是不确定的。但是，就总体而言，风险事故的发生又会呈现出某种统计的规律性。运用概率论和数理统计方法，可以推断出风险事故出现状态的各种概率。

（3）类推原理

数理统计学为从部分去推断总体提供了非常成熟的理论和众多有效的方法。利用类推原理衡量风险的优点是，能够弥补事故统计资料的不足。在风险管理实务中，进行风险衡量时，往往没有足够的损失统计资料，而且由于时间、经费等许多条件的限制，很难甚至不可能取得所需要的足够数量的数据资料。根据事件的相似关系，从已经掌握的实际资料出发，运用科学的衡量方法而得到的数据，可以基本符合实际情况，满足风险衡量的需要。

（4）惯性原理

在风险事故发生作用的条件等大体相对稳定的条件下，利用事物发展的惯性原理，可以预测未来风险事故发生的损失和损害的程度。值得注意的是，风险发生作用的条件并不是不变的，风险衡量的结果会同实际发生的状况存在一定的偏离，这就需要风险衡量不仅要考虑引发事故的稳定因素，还要考虑引发事故发生的偶然因素。

二、风险衡量的方法

1. 损失频率的估计

在衡量损失频率时，需要考虑三项因素：风险单位数、损失形态、损失事件（或原因）。这三项因素的不同组合，会使风险损失频率的大小不同。下面举例说明风险单位数、损失形态、损失事件不同组合下的损失频率估计。

（1）一个风险单位遭受单一事件所致单一损失形态的损失频率

如果估计一幢建筑物（风险单位）遭受火灾（风险事件）所致财产损失的损失频率是0.05，则这幢建筑物不发生火灾的损失频率是0.95。

（2）一个风险单位遭受多种事件所致单一形态的损失频率

这是估计一幢建筑物同时遭受火灾和飓风所致财产损失的损失频率。如果该建筑物遭受火灾所致财产损失频率为0.02，遭受飓风所致财产损失的频率为0.05，则该建筑物同时遭受火灾和飓风所致财产损失的频率为 0.02×0.05，即为0.0001。

（3）一个风险单位遭受单一事件所致多种损失形态的损失频率

这是估计一幢建筑物遭受火灾所致财产损失和责任损失的损失频率。假设建筑物遭受火灾所致财产损失的频率是0.05，导致每人发生工伤的频率是0.1，两人都发生工伤的频率是0.02，那么，两人中至少有一人发生工伤的概率是 $0.1 + 0.1 - 0.02 = 0.18$，则火灾引起财产损失和责任损失的频率是 $0.05 \times 0.18 = 0.009$。

（4）多个风险单位遭受单一事件所致单一形态的损失频率

①风险单位相互独立的情形。

[例7-1]　假设某单位有5座相独立的仓库，由经验损失资料可知，其中任何一座仓库在一年内发生火灾的概率为0.01，并假设一座仓库在一年内发生两次或两次以上火灾的

可能性很小,求下一年该企业有两座以上(含两座)的仓库发生火灾的概率。

根据已知条件,这些风险单位是相互独立的,发生火灾次数这一随机变量 E 服从二项分布 B(5,0.01),运用二项分布公式:

$$P(E=x) = \frac{n!}{x!(n-x)!}P^x(1-p)^{n-x} \quad (x=0,1,2,\cdots,n) \quad (7-2)$$

x 从 0 到 5 取值时的概率如表 7-6 所示。

仓库火灾发生次数的概率估计 表 7-6

x	0	1	2	3	4	5
$P(E=x)$	0.95099	0.04803	0.00097	0.0000098	0.000000495	0.0000000001

由表可知,下一年不发生火灾的概率是 0.95099,有一座仓库(发生一次)发生火灾的概率是 0.04803,有两座及以上仓库(发生两次及以上)发生火灾的概率是 0.00098。

应用二项式模型不用局限在所考虑的财产上,而是可以关注失火趋势与所考虑的财产相近的数量众多的其他财产,根据其损失数据找到规律。例如,假设在全国范围内,上年同类仓库每 10 万座就有 10 座失火,这样就可以估计出 $P=10/100000=0.0001$。

②风险单位是相关的情形。

如果风险单位不相互独立,那么计算多风险单位遭受一个风险事件的损失概率,就需要考虑条件概率。

[**例 7-2**] 假设有两座相邻的仓库,单独考虑时,两座仓库发生火灾的概率分别是 0.05。但是,一座仓库发生火灾会使另一座仓库发生火灾的概率上升到 0.1。根据条件概率公式:

$$P\{A|B\} = \frac{P\{A,B\}}{P\{B\}} \quad (7-3)$$

两座仓库都发生火灾的概率应该是:$0.05 \times 0.1 = 0.005$。

第一座仓库发生火灾,而第二座仓库不发生火灾的概率是:$0.05 \times (1-0.1) = 0.045$。

第一座仓库不发生火灾,而第二座仓库发生火灾的概率是:$0.05 \times (1-0.1) = 0.045$。

两座仓库都不发生火灾的概率是:$1-0.045-0.045-0.005 = 0.905$。

至少有一座仓库发生火灾的概率是:$0.05+0.05-0.05 \times 0.1 = 0.095$。

根据上面的计算可以得出:条件概率越大,风险单位都发生风险事故的概率越大;一个风险单位发生事故,另一个风险单位不发生事故的概率越小。如果两个风险单位完全相关,则一个风险单位发生事故,就意味着另一个风险单位发生事故。例如,在完全相关的情况下,两座仓库都发生火灾的概率是 0.05。

(5)多个风险单位遭受多种损失事件所致多种损失形态的损失频率

例如,某企业有 6 座仓库,要估计这 6 座仓库遭受火灾、爆炸、台风等损失事件所致财产损失、责任损失和人身伤亡的损失频率。

损失频率估计的常用方法有两种。

第一种:根据经验损失资料建立损失概率分布表。

利用经验损失资料构造概率分布的首要任务是使收集的资料足够多,并且具有相当的可靠性。当企业自身缺乏经验数据时,可以利用来自保险公司、同业公司、统计部门等的经验数据进行补充。风险管理人员应该系统地、连续地收集相关的经验损失资料,包括风险单位的特性和数量、事故发生的日期、造成事故损失的原因、每次损失金额、每次损失事故涉及的风险单位等数据。当风险管理人员掌握了大量在相同条件下风险单位发生的损失资料后，可以通过统计整理和分析，获得经验损失概率分布，并以此预测未来发生的损失情况。根据大数法则，随着观察样本量的不断增加，实际观察结果与客观存在的结果之间的差异将逐渐减小，估计精度不断提高。

第二种：应用理论概率建立损失概率分布表。

在风险管理实践中，通常没有足够多的观察资料来建立损失概率分布，但是可以从中发现某些类型的损失结果呈现出某些统计规律。比如，损失事件发生的次数可以视为离散型随机变量，其概率分布服从二项分布或泊松分布，损失金额是连续型随机变量，其概率分布通常服从正态分布或对数正态分布等。由此，利用经验数据来拟合模型的待定参数后，就可以得到损失概率分布表，进而预测未来一定时期内的损失情况。

2. 损失程度的估计

风险损失程度是指风险事故可能造成的损失值，即风险价值。在衡量风险损失程度时，除了需要考虑风险单位的内部结构、功能、安全设施等以外，还需要考虑以下几方面的因素：损失形态、损失单位、损失时间和损失金额。

（1）损失形态

同一原因导致的多形态的损失，不仅要考虑风险事件所致的直接损失，而且还要考虑风险事件引起的其他相关的间接损失。一般来说，间接损失比直接损失更严重。例如，汽车碰撞因责任诉讼所致的责任损失往往大于汽车因碰撞所致的直接损失。

（2）损失单位

单一风险事件所引起损失的单位越多，其损失就越严重，损失程度和风险单位数大多呈正相关关系。例如，一次地震造成10人受伤和造成1000人受伤的损失程度是不同的，显然造成1000人受伤比造成10人受伤的损失程度大。

（3）损失时间

一般来说，风险事件发生的时间越长，损失频率越大，损失的程度也就越大。例如，在30年里，每年损失5万元，连续发生30年的损失程度，显然比30年内某一年发生5万元的损失程度大。估计损失程度不仅要考虑损失的金额，还要考虑损失的时间价值。例如，某单位在5年内弥补100万元的损失显然比在5个月内补100万元的损失容易得多。

（4）损失金额

损失金额直接显示损失程度的大小，损失金额越大，损失程度就越大。在一些特殊的情况下，损失金额的大小使损失频率、损失时间的估计变得微不足道。比如运输高价值的商品，发生交通事故导致货物损失，尽管发生频率不高，但仍然属于很重大的风险。损失金额的估计分为单次风险事故损失金额、一定时期的总损失金额。

①单次风险事故损失金额。单次风险事故所致的损失金额一般来说不能全部列举出来，它可以在某一区间内取值，因此它是连续型随机变量。对于损失金额的概率分布，很多经验数据表明可以利用正态分布、对数正态分布、帕累托分布等来进行拟合估计。

②一定时期总损失。一定时期总损失是指在已知该时期内损失次数概率分布和每次损失金额概率分布的基础上所求的损失总额。

[**例 7-3**]　假设某企业一定时期发生的损失次数和一次损失中损失额的概率分布如表 7-7 所示。

损失次数和损失额的概率分布　　　　　　　　　　　表 7-7

损失次数分布		一次损失中损失额分布	
损失次数	概率	损失额	概率
0	p_1	L_1	q_1
1	p_2	L_2	q_2
2	p_3		

根据表 7-7，可以计算一定时期总损失额的所有可能结果。当损失次数为 0 时，总损失额为 0，概率为 p_1；损失次数为 1 时，有 2 种可能的损失结果，损失额分别为 L_1 和 L_2，概率分别为 p_2q_1 和 p_2q_2；当损失次数为 2 时，有 4 种可能的损失结果：两次损失均为 L_1，两次损失均为 L_2，第一次损失 L_1 且第二次损失 L_2，第一次损失 L_2 且第二次损失 L_1。总损失额分别为 $2L_1$，$2L_2$，L_1+L_2，L_2+L_1，对应的概率分别为 $p_3q_1^2$，$p_3q_2^2$，$p_3q_1q_2$，$p_3q_2q_1$，如表 7-8 所示。

总损失额的概率分布　　　　　　　　　　　表 7-8

年总损失额	概率	年总损失额	概率
0	p_1	$2L_1$	$p_3q_1^2$
L_1	p_2q_1	$2L_2$	$p_3q_2^2$
L_2	p_2q_2	L_1+L_2	$2p_3q_1q_2$

第四节　物流系统风险评价

一、风险评价的认识

1. 风险评价的概念和特点

风险评价是在风险识别和风险衡量的基础上，运用概率和数理统计的方法对系统整体风险发生的概率、风险的影响范围、风险后果的严重程度和风险的发生时间进行估计和评价，确定风险水平，明确关键风险，并依照风险对系统目标的影响程度进行项目风险分级排序的过程，是对系统风险的状况进行的综合评价。

风险评价按照不同的分类标准可以划分为不同的类型。按照风险评价的阶段划分，风险评价可以分为事前评价、事中评价、事后评价。按照评价的角度划分，可以分为技术评价、经济评价和社会评价。按照评价的方法划分，可以分为定性评价、定量评价和定性定量相结合的评价。

风险评价具有以下四个特点。

（1）风险评价是对风险事件的综合评价

在引起损失的各类风险中，有些风险是相互联系的。不同风险之间的联系可能提高或者降低这些风险对风险主体的影响。在风险评价的过程中，需要综合考虑各种风险因素的影响，对可能引起损失的风险事件进行综合评价。

（2）风险评价需要定量分析的结果

随着风险管理越来越复杂，很多企业试图更准确地评价风险。运用数学模型进行定量分析，为风险评价提供了重要的依据。

（3）风险评价离不开特定的国家和制度

风险主体往往以发生损失的频率和程度来评价风险，但是，对风险单位的风险评价又离不开特定的国家、社会经济和政治制度。例如，对正在经历恶性通货膨胀的国家进行风险评价就面临很大的挑战，因为对这些国家财产价值的评估会迅速失效；政局不稳定的动态风险使风险管理面临着很大的挑战。

（4）风险评价受到风险态度的影响

风险评价者的风险态度也会影响风险评价的结果。例如，风险评价者对自然风险、社会风险和经济风险的反应不同，对风险评价的结果有很大影响。

2. 风险评价的原则

风险评价需要遵循以下四个的原则。

（1）整体性原则

整体性原则是风险评价的最基本原则。风险造成的损失往往是多方面的，风险评价必须考虑整体，系统地考虑造成损失的各种因素，并研究这些因素之间的相互联系和相互作用，因此，在评价潜在损失程度时，由同一事件所引起的各方面的财务损失必须一起考虑。例如，某集团的一个分公司办公室发生火灾，火灾会使企业财产遭受损失、员工受伤、重要文件遗失，其他分公司需要提供一些重要物资设备，以保证该分公司维持最低程度的运转。因此，在评价风险时，不仅要考虑直接损失，还要考虑由此而带来的间接损失和责任损失。

（2）统一性原则

风险评价是针对某一风险事件或者风险单位进行的，这就要求风险评价要保持统一性的原则，不能加入与风险因素或者风险单位无关的材料。例如，考察某建筑物发生火灾的概率，与该建筑相邻的单位发生火灾风险的概率是考察这幢建筑发生火灾的因素；相反，与该建筑不相邻的单位发生火灾的概率不在风险评价的范围内。只有坚持统一性的原则，才能客观、准确地评价风险。

（3）客观性原则

风险评价的方式和方法是多种多样的，不同的衡量和评价风险的方法可以获得不同的结果，这是不可避免的。风险评价的原则是尽可能使风险预测、评价的结果与实际发生的损失相一致，尽可能反映客观存在的风险。偏差过大，会造成不必要的损失。例如，风险管理者对某风险评价过高，会提高管理成本，造成风险管理单位不必要的浪费；评价过低，会忽略风险，造成未预见的财产和人身的损失。

（4）可操作性原则

风险评价是涉及面广、管理难度较大的项目。这就要求风险管理人员灵活运用风险评价方法，对风险的评价要具有可操作性和通用性，避免使用高深繁杂的评价方法。

二、风险评价的标准

1. 风险评价标准指标

随着风险管理越来越复杂，很多企业试图更加准确地评价风险，由此引入了正常损失期望、可能的最大损失、最大可能损失来作为评价的标准。

（1）正常损失期望

正常损失期望是指风险管理单位在正常的风险防范措施下，遭受损失的期望值。例如，某一建筑物在私人、公共消防设施都能够正常启用的条件下，遭受损失的期望值。在风险衡量中，根据过去发生的损失数据进行加权平均计算的期望损失，就是风险评价中的正常损失期望指标。风险衡量中的期望损失指标侧重于损失程度的计算和测量，而风险评价中的正常期望损失偏重于对风险的评价，侧重于对风险管理决策提供对策建议。例如，评价风险造成的损失风险管理单位是否可以承受；建议如何加强风险管理降低损失等。

（2）可能的最大损失

可能的最大损失是指风险管理单位在某些风险防范措施出现故障的情况下，可能遭受的最大损失。例如，某一建筑物在消防系统出现故障时（如自动喷水枪故障），遭受最大损失的程度。可能的最大损失评价可以矫正风险管理人员未曾预见的风险因素带来的损失，是风险管理的重要依据。

（3）最大可能损失

最大可能损失是指风险管理单位在最不利的条件下，估计可能遭受的最大损失额。例如，某一建筑物在所有私人消防设施和公共消防设施都不起作用的情况下，大火可能把一切可燃物烧光，直到遇到防火墙或者直到消防队赶到现场扑灭大火为止。最大可能损失为风险管理部门提供了评价损失造成最坏影响的依据，也是风险管理单位可能遇到的最大损失。一般来说，超过最大可能损失的风险事故很可能不会发生，但是，也不是绝对不可能发生的。

2. 确定风险评价标准需要考虑的因素

预测正常期望损失、可能的最大损失和最大可能损失，需要考虑以下几方面的因素。

（1）财产的物质特性和财产对损害的承受力

财产的物质特性和财产对损害的承受力是确定正常期望损失、可能的最大损失和最大可能损失的依据。例如，保险公司风险经理认为，某幢楼房在装有喷水装置和防火墙的情况下，发生火灾的正常期望损失将不超过大楼价值的10%，而在喷水装置发生故障的情况下，楼房可能的最大损失是其价值的30%，最大可能损失是其价值的60%。如果这幢楼房没有安装防火墙和喷水装置，那么楼房的正常期望损失、可能的最大损失和最大可能损失就会更高一些。

（2）损失评价的主观性

正常期望损失、可能的最大损失和最大可能损失的确定具有主观性。在多数情况下风险经理和保险公司对于正常期望损失、可能的最大损失和最大可能损失的估计，会受到主观因素的影响，同时借用一些复杂的模型化方法，来帮助估计正常的期望损失、可能的最大损失和最大可能损失。如果有些风险经理不能容忍实际损失超过最大可能损失，那么风险经理确定的最大可能损失就比较大；有些风险经理对实际损失超过最大可能损失持较宽容的态度，那么风险经理确定的最大可能损失就可能小一些。

（3）损失的管理成本

确定正常期望损失、可能的最大损失和最大可能损失是估计风险管理成本的依据。例如，某保险公司在给某个地区的居民楼签发保单时，需要估计单个事件如风暴、地震等带来的最大损失。在这种情况下，最大可能损失是一种灾害对许多财产造成的损失逐项累计估算出来的，而不是许多灾害对单个财产造成的损失。正常期望损失、可能的最大损失和最大可能损失不仅是保险公司核定风险管理成本的依据，也是保险公司确定保险费率的依据之一。如果以年作为衡量损失的时间单位，就可以得到年度正常损失期望、年度可能的最大损失和年度最大可能损失。

三、风险评价的方法

风险评价对风险管理决策的影响比较大，科学地分析和准确地评价风险是至关重要的，采用适当的风险评价方法具有重要意义。风险评价可以采取简单的方式，也可以通过数理测算的方式进行评价。目前，比较流行的方法主要有以下几种。

1. 风险图评价法

制作风险图是目前为止最实用和应用最广泛的风险评价工具。风险图是根据风险的严重性和发生的可能性来绘制的。严重性是公司管理层根据其能理解和接受的标准来确定风险对于其业务的重要性。可能性是指风险性事件发生的可能性有多大。假如不采用统计手段来分析，那么管理人员必须知道所选定的可能性是否合理。当然在刚开始的初期阶段，可以不采用统计学方法，但是应对风险进行优先排序。风险图可以根据部门、过程、关键性业绩指标，或根据主要风险类别（把风险事件分门别类）来制定或编制，如图7-6所示。

管理层自然倾向于把注意力集中于"高严重性、高可能性风险"及"高严重性、低可能性风险"上，如上述风险图中的第Ⅰ区和第Ⅱ区。

风险图中的Ⅰ区，其风险处于"红灯区"，因为没有任何业务在这样的风险状况下能长时间存在，因此，企业对这些风险的管理是一种战略性需要。这一战略应通过特定行动计

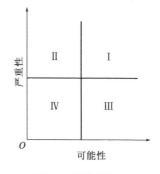

图7-6 风险图法

划明确指定风险责任人对此负责。对于这些风险，所采用的风险管理方案取决于风险的属性和公司管理风险的愿望及选择的方式。然而，如果一个企业不能够长期地、有效地管理这些风险则应考虑采取避免风险的战略（如退出、禁止、停止等）。

风险图中的Ⅱ区，其风险虽不像Ⅰ区中的风险那样危急，但有理由加以注意。因为Ⅱ区包括非常事件，例如，地震、暴雨、山洪、政治事件和其他事故，这些因素可能严重影响企业活动。Ⅱ区属于"黄灯区"。对于这些风险，可供选择的措施是有限的，因为所有这些风险可能是由超脱于管理控制的环境力量导致的。应急计划比较适用于应对此类风险。

风险图中Ⅲ区的风险（低严重性/高可能性）往往与日常经营和遵守法律方面的问题有关。它们是"黄灯区"的一部分，因为这些风险的期望值，即它们的潜在严重性乘以发生可能性得到的结果可以和Ⅰ区中的风险一样大。如果对此不加以管理，这些风险事件的聚积力量，能够达到不可接受的水平——危及经营效果、效率及对法律、法规的适应性。因此，应采取相应的步骤将它们发生的可能性降到可接受的水平。

风险图中的Ⅳ区（低重要性/低可能性）中的"绿灯区"风险，是指那些不那么重要的风险，因为它们或者与公司业务不相关，或者无意义，并且通常在目前的水平上可以接受。公司可以取消与此风险相关的，多余的风险控制措施，以减少成本和资源消耗来管理更重要的风险。但要注意这些风险的决定因素可能随着时间和外部条件的变化而变化。

风险图无法显示不同风险之间的关系，但它可以显示特定风险发生频率和严重程度。风险图也不能给出分散风险的方法，但它可以把风险划分为不同的等级。风险图在某种程度上提供了80/20规则，即在风险管理过程中，要把80%的努力投入到20%的风险中。

2. 风险度评价法

风险度评价是指风险管理单位对风险事故造成损失的频率或者损害的严重程度进行评价。风险度评价可以分为风险事故发生频率评价和风险事故造成损害程度评价，以及两者的结合。表7-9是风险度的评价标准和评价分值样表。表中分值越大，风险越大；反之则风险越小。

风险度的评价标准和评价分值（样表） 表7-9

后果	风险度评价标准	风险度评价
无警告的严重危害	可能危害财产或设备操作者。风险可以严重影响系统安全运行或者不符合政府法规，风险度很高，事故发生时无警告	10
有警告的严重危害	可能危害财产或设备操作者。风险可以严重影响系统安全运行或者不符合政府法规，风险度很高，事故发生时有警告	9
很高	生产线严重破坏，可能100%的产品报废，系统无法运行，丧失基本功能	8
高	生产线破坏不严重，产品需要筛选部分（低于100%）报废，系统能够运行，性能下降	7
中等	生产线破坏不严重，部分（低于100%）产品报废（不筛选），系统能运行，舒适性或方便性项目失效	6
低	生产线破坏不严重，产品需要100%返工，系统能运行，舒适性或方便性项目性能下降	5

续上表

后果	风险度评价标准	风险度评价
很低	生产线破坏不严重，部分（少于100%）需要返工，装配、涂装或尖响、咔塔响不符合要求，产品有缺陷	4
轻微	生产线破坏较轻，部分（少于100%）产品需要在生产线上原工位返工，装配、涂装或尖响、咔塔响不符合要求，部分产品有缺陷	3
很轻微	生产线破坏较轻，部分（少于100%）产品需要在生产线上原工位返工，装配、涂装或尖响、咔塔响不符合要求，极少部分产品有缺陷	2
无	没有影响	1

3. **指数矩阵法**

指数矩阵法是一种基于专家对风险发生的可能性和严重性打分结果进行评价的方法。表 7-10 是基于风险危险严重性等级和风险发生频率等级的组合，用半定量打分法的思想构成的风险评价指数矩阵表。

风险评价指数矩阵表　　　　　　　　　　　　　　表 7-10

可能性	灾难的	严重的	轻度的	轻微的
频繁	1	2	7	13
很可能	2	5	9	16
有时	4	6	11	18
极少	8	10	14	19
几乎不可能	12	15	17	20

其中，风险危害严重性和风险发生可能性的分类标准分别如表 7-11 和表 7-12 所示。

风险危害严重性等级表　　　　　　　　　　　　　　表 7-11

分类等级	危险性	破坏	伤害
一	灾难性的	系统报废	死亡
二	危险性的	主要系统报废	严重伤害、严重职业病
三	临界的	次要系统报废	轻伤、轻度职业病
四	安全的	系统无损坏	无伤害、无职业病

风险发生可能性等级表　　　　　　　　　　　　　　表 7-12

分类等级	特征	项目说明	发生情况
一	频繁	几乎经常出现	连续发生
二	容易	在一个项目使用寿命内将出现若干次	经常发生
三	偶尔	在一个项目使用寿命中可能出现	有时发生

续上表

分类等级	特征	项目说明	发生情况
四	很少	不能认为不可能发生	可能发生
五	不易	出现的概率接近于零	可以假设不发生
六	不能	不可能出现	不可能

用矩阵中指数的大小作为风险分级准则。指数为 1~5 的为 1 级风险，是风险单位不能接受的；6~9 的为 2 级风险，是不希望有的风险；10~17 的是 3 级风险，是有条件接受的风险；18~20 的是 4 级风险，是完全可以接受的风险。

复习思考题

1. 简答题

（1）什么是风险？
（2）风险有哪些特征？
（3）风险识别的内容有哪些？
（4）常用的风险识别方法有哪些？
（5）风险衡量的内容有哪些？
（6）风险评价标准的指标有哪些？
（7）风险评价的方法有哪些？

2. 案例分析

2021 年 7 月 14 日，青岛市山海通物流园的大型仓库突发火灾，过火面积约 900 平方米。山东省应急管理厅突发情况专报称，起火仓库位于青岛市保税区莫斯科路 35 号山海通物流园内，仓库为单层钢结构，无毗邻建筑，总建筑面积约 8000 平方米，过火面积约 900 平方米。起火物主要为橡胶、聚乙烯颗粒，燃烧后产生较大浓烟，仓库内无危化品和爆炸物，无人员伤亡，火势可控。据了解，青岛保税区享有"免证、免税、保税"特殊政策，具有国际贸易、进出口加工、保税仓储、物流分拨等特殊功能，是我国橡胶等商品的重要仓储点之一。早在 2013 年 3 月 7 日，保税区就发生过一起橡胶仓库起火事件。着火面积达到 1500 平方米，经过近 10 个小时才扑灭。烧毁的橡胶价值人民币 4730 万余元。

仓库事故的发生是由多方面因素造成的，仓库一旦发生事故，就会带来不应有的损失或产生不良的社会影响。主要表现为：物品直接受损（爆炸、设备损坏）、人员伤亡、信息失控等。仓库事故的发生具有一定的规律性，包括内部原因和外部原因。从火灾原因看，电气火灾、生产作业是厂房和仓库火灾的最大诱因，占比均在 30% 左右。

受新业态快速发展影响，厂房仓库火灾经济损失明显增加。由于各类高新企业和新行业涉及众多精密仪器，加之仓储物流趋于大型化、集中化，且仓库内物资集中、经济价值高、危险性大。火灾发生及扑救过程极易造成昂贵设施受损，经济损失巨大。厂房仓库火灾扑救风险和扑救难度逐渐增加。高架仓库体量大，纵深较大，一旦内部发生火灾，即便及时发现火灾也难以进入仓库内部，消防力量需要临时破拆，加大处置难度。同时，仓库内部货物存量大、堆垛高，火灾荷载大，发生事故后火势蔓延迅速，易造成大面积火灾。

思考题：
（1）仓库火灾风险因素有哪些？
（2）请对仓库火灾风险进行评价？

第八章 物流系统问题分析

本章导读

2018年12月,国家发展改革委、交通运输部会同相关部门印发《国家物流枢纽布局和建设规划》(发改经贸〔2018〕1886号)指出:与发达国家相比,我国物流枢纽发展还存在一定差距。一是系统规划不足,现有物流枢纽设施大多分散规划、自发建设,骨干组织作用发挥不足,物流枢纽间协同效应不明显,没有形成顺畅便捷的全国性网络。二是空间布局不完善,物流枢纽分布不均衡,西部地区明显滞后,部分地区还存在空白;一些物流枢纽与铁路、港口等交通基础设施以及产业集聚区距离较远,集疏运成本较高。三是资源整合不充分,部分物流枢纽存在同质化竞争、低水平重复建设问题,内部缺乏有效分工,集聚和配置资源要素的作用没有充分发挥。四是发展方式较为粗放,一些已建成的物流枢纽经营方式落后、功能单一,无法开展多式联运;有的枢纽盲目扩大占地面积,物流基础设施投入不足,服务质量有待提高。

思考:

(1) 我国物流枢纽发展存在哪些问题?
(2) 这些问题是如何出现的?

第一节 物流系统问题的认识

1. 问题的定义

在《现代汉语词典》中对问题的解释有四类：要求回答或解释的题目；须要研究讨论并加以解决的矛盾、疑难；关键，重要之点；事故或麻烦。在英语表达中，有三个含义不同的词表示问题，即 problem、question 和 query，这三个词在含义上存在本质差异。problem 一方面可指一般的问题以及待解的习题等，也可指难解之题或令人困惑的事情。question 则强调为了得到某种信息而进行询问，是指等待答复的问题。query 则指关于某个特殊事物的问题，不仅表明提问者的怀疑和反对倾向，也表明其提问的目的在于供他人考虑和解决。

对于问题的深层次定义，主要有以下五种代表性的观点。

①困难说。问题即困难，只要是目前难以解决的事物都可称之为问题。
②差距说。问题是主体追求与目标之间的差距。
③矛盾说。问题就是矛盾和冲突。
④张力说。问题是已知与未知之间的张力。
⑤障碍说。问题是在给定的信息和目标状态之间存在某些障碍时的情境，问题产生于当问题解决者不知道如何扫除两种状态之间的障碍之际。

问题一般由给定、目标和障碍三个部分构成。给定是指已明确知道的关于问题的已知条件和信息，即问题的初始状态。目标是指问题要求的答案或欲达到的终极状态，是有关构成问题结果的描述，即问题要求达到的目标状态，问题解决就是要把问题的给定状态转化为目标状态。障碍是指介于问题初始状态和目标状态之间，问题从给定信息到解决问题过程中的阻碍因素，是在解决问题的过程中所遇到的各种亟待克服的因素。也就是说，在问题解决过程中，我们很可能会遇到一些错误和曲折，要经过许多的步骤。

2. 问题的分类

问题定义的范畴较大，从不同的角度，问题可以划分为不同的类别，如图 8-1 所示。

（1）按问题水平分类

按照问题水平，将问题分为呈现型问题、发现型问题、创造型问题三大层次。呈现型问题是由教师或课本已经给定的问题，具有现成的标准答案和求解思路，只需要问题主体按照固定的方法和步骤去解决问题即可。发现型问题是由问题主体自己所发现或提出的问题，这些问题没有固定不变的解题方法，也没有唯一固定的答案，需要主体灵活地探究问题。创造型问题是最高层次的问题类型，是人们从未提出过的新问题。

（2）按提问目的分类

从人们提问目的或问题与寻求知识的关系角度来分类，问题有测试型问题、修辞型问题和实在型问题三种。测试型问题是指提问者在已知问题答案的情况下,通过提问方式来考查被问者关于问题的知识或技能水平,提问的目的主要在于对他人的测试。学校教育中的问题大多属于此类型。该问题的条件和结果都是已知的,对问题的探究只是一个从已知到已知的过程。修辞型问题从严格意义上说不属于真正意义上的问题,只是借用问题的形式表达提问者的意见或观点以加强语气修辞效果,并不需要被问者回答。实在型问题强调提问者是在本人并不知道或不能确切知道问题答案的情况下进行提问,提问是为了寻求答案,获取相关的知识,这是一种需要提问者从已知走向未知,只有通过研究和探索才能找到答案的问题。

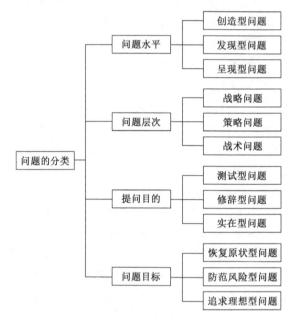

图 8-1　问题的分类

(3) 按问题层次分类

按问题层次不同分类,问题从低层次到高层次可以分为战术问题、策略问题、战略问题。战术问题是在策略指导下需要立即解决的实际问题,属于构成要素层面问题,一般以天为单位,企业日常需要进行的小型决策一般都属于战术问题。战术问题针对具体的微观问题,必须是具体地针对个别情况而制定的。策略问题是在战略目标下单一项目的解决问题,属于子系统层面的问题,一般以月为单位,一般是针对企业某个中短期项目进行的决策。战略问题一般是全局性、长远性、综合性的问题,属于系统整体层面的问题,一般以年为单位,多是即将出现的,也可以是已经存在和发现的问题,且这些问题会给企业的经营管理带来重大的影响。处于企业经营战略层面的问题,应该受到经营者的重点关注。

(4) 按问题目标分类

按问题目标分类可分为恢复原状型问题、防范风险型问题、追求理想型问题,如图 8-2 所示。

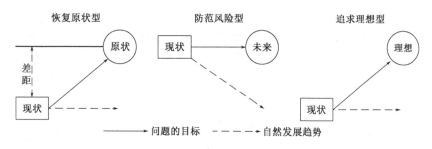

图 8-2 问题按目标分类

恢复原状是指恢复成原本的状态，遇到这种类型的问题时，要将原本的状况视为期待的状况。恢复原状型问题的思考方式是，现状与过去的状况之间出现落差，要从落差中找出问题。防范风险型问题是指现阶段并未发生损害，但未来可能显在化的问题。所谓"显在化问题"是指眼可见其形、或大或小、已发生不良状态的问题。追求理想型问题之所以发生，是因为现在的状况未满足期待。因此，追求理想型问题的思考方式是，虽然目前没有重大损害，但由于现状未满足期待的状况，于是把它视为问题。

此外，根据问题本身的属性和现状，问题还可划分为困难型问题、差距型问题和矛盾型问题。困难型问题即在系统分析中存在的难题，差距型问题即造成现状与期望状态之间差距的问题，矛盾型问题即造成系统中需要调节矛盾的问题。

第二节 物流系统的常见问题

本书主要从困难和差距的角度定义物流系统问题。物流系统问题是指物流系统现状与物流系统目标之间的差距，以及阻碍物流系统目标实现的主要难点。问题的解决就是要通过困难的解决缩短系统现状与目标之间的差距。比如，在 2022 年 12 月发布的《"十四五"现代物流发展规划》指出：存量物流基础设施网络"东强西弱""城强乡弱""内强外弱"，结构性失衡问题亟待破局；当前我国物流体系组织化、集约化、网络化、社会化程度不高，国家层面的骨干物流基础设施网络不健全，缺乏具有全球竞争力的现代物流企业，与世界物流强国相比仍存在差距，大而不强问题有待解决。其中，"结构性失衡问题""大而不强问题"显然是从差距的角度定义的，而"组织化、集约化、网络化、社会化程度不高"可以理解为是实现物流强国目标的困难。

按照问题内容的差异，可以将物流系统问题分为成本方面问题、服务质量方面的问题、绩效方面的问题、风险方面的问题等。按照物流系统的功能要素或环境，可以将物流系统问题分为运输、储存、装卸搬运、包装、配送、流动加工、信息流动等方面的问题。下面重点介绍各功能要素或子系统存在的典型问题。

1. 物流运输典型问题

物流运输的典型问题主要有运输方式选择、运输路线选择以及承运人选择等。

(1) 运输方式选择问题

铁路、公路、水路、航空和管道运输等多种运输方式组成了现代社会的运输系统，它们各具运营特性和优势，在一定的地理环境和经济条件下具有各自的合理使用范围，各运输方式的优缺点及适合的模式如表 8-1 所示。运输方式的选择对物流系统的成本、服务质量、绩效、风险等都有重要的影响。

各运输方式的优缺点及适合的模式 表 8-1

运输方式	优势	缺陷	适合的运输模式
铁路运输	运量大，运价低，安全准时，稳定性强	固定投资大，受轨道限制，灵活性差	远距离大宗货物运输
公路运输	灵活性强，设备要求低，可实现门到门运输	运量小，资源消耗较多，安全性差	短距离小批量运输，门到门运输
水路运输	运量大，运价低，占地少	速度慢，受航道限制和季节影响大	时间要求低的大宗货物运输
航空运输	速度快，机动性强，基本建设期短且投资较小	运价高，运量小，易受气象条件影响	鲜活类货物和单位价值较高货物的运输
管道运输	运量大，投资省，速度快，全天候运输	运输品类受限	天然气、石油、化学制品等的运输

根据各种运输方式的运营特征，一般常用定性和定量方法进行运输方式选择。

定性方法主要是分析各种运输方式的技术经济特征，以此确定其适用的运输对象。铁路运输适合大宗货物和一般货物的中长途运输、城市间运输。公路运输适合绝大多数货物的中短途运输，以及铁路、水路和不发达的边远地区、山区的货物运输，特别对鲜活易腐货物如水果、蔬菜、鲜鱼、肉等，公路运输更具优越性。水路运输一般适用于大宗、低值、笨重和各种散装货物的中长距离运输。航空运输适合单位体积价值高、时效性要求高的货物的中长距离运输。管道运输适合原油和成品油、天然气等液态、气态物资的运输。

定量的方法可以有多种，但由于运输问题影响因素复杂，很难用一种计算结果来决定，因此计算结果仅作为决策的重要参考依据。其中，对不同运输方式的评价是采用定量方法的关键。评价运输方式包括以下几方面。

①经济性。主要表现为费用（运输费、装卸费、包装费、管理费等）的节省；在运输过程中，总费用支出越少，则经济性越好。

②迅速性：指货物从发货地到收货地所需要的时间，即货物在途时间，其时间越短，迅速性越好。

③安全性：安全程度通常指货物的完整程度，以货物的破损率表示；破损率越小，安全性越好。

④便利性：各种运输方式的便利性的定量计算比较困难，一般情况下，可以近似地利用发货人所在地至装车（船、飞机）地之间的距离来表示。其距离越近，便利性越好。

现代物流要求运输企业能够实现门到门的运输，仅靠一种运输方式不可能实现客户的需求，常常要将各种运输方式组合起来形成更为成熟的运输体系，如驼背运输、公铁联运、陆海联运、陆空（海空）联运、大陆桥运输等方式，并在这样的基础上发展为对承运人要求更高的多式联运方式，满足客户更高层次的服务需求。

(2) 运输路线选择问题

运输路线选择问题即找到运输网络中的最佳路线,以尽可能缩短运输时间或运输距离,达到降低运输成本、改善运输服务的目的。该问题可以归纳为车辆路径问题(Vehicle Routing Problem,VRP),它是指一定数量的客户,各自有不同数量的货物需求,配送中心向客户提供货物,由一个车队负责分送货物,组织适当的行车路线,目标是使得客户需求得到满足,并能在一定的约束下,达到诸如路程最短、成本最小、耗费时间最少等。

车辆路线问题按照起讫点不同分为三种基本类型:一是单起点、单终点且起讫点不同的单一路径规划;二是多个起点和终点的路径规划;三是起讫点相同的路径规划。

①单起点、单终点且起讫点不同的单一路径规划问题。

对于一般货物运输,此类问题可以描述为在一个已知交通运输网络中,如图 8-3 所示,寻找从出发地到目的地的最佳路线。这里的最佳指距离最短、时间最省或费用最少。这类问题类似于运筹学分支之一网络理论中的最短路问题(Short-path Problem),其定义是:若网络中的每条边都有一个数值(长度、成本、时间等),则找出两节点之间总权和最小的路径。最短路不仅仅指一般地理意义上的距离最短,还可以引申到其他的度量,如时间、费用、线路容量等。Dijkstra 算法是求解该类问题较为经典的方法,其主要特点是从起始点开始,采用贪心算法的策略,每次遍历到始点距离最近且未访问过的顶点的邻接节点,直到扩展到终点为止。

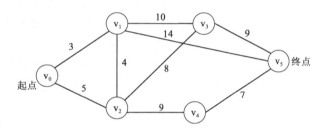

图 8-3 单起点、单终点运输路线选择问题

②多个起点和终点的路径规划。

该问题可以描述为在一个已知交通运输网络中,如图 8-4 所示,有 m 个产地和 n 个销地,产地的产量不同,销地的需求也不同,需要通过合理的规划实现所有产销地之间的产销平衡,并寻找实现距离最短、时间最省或费用最少的最佳路线组,即确定各供求地点之间的最佳供应关系。如果运输问题的总产量不等于总销量时,出现"供大于求"或"供不应求"的情况,称为产销不平衡运输问题。我们可以采取表上作业法求解该问题,将各元素列成表格,作为初始方案,然后采用检验数来验证这个方案,可采用闭合回路法、位势法等方法进行调整,直至得到满意的结果,其实质也是运筹学中的单纯形法。

③起讫点相同的路径规划问题。

起点和终点相同的路径规划问题是物流配送业务中的常见问题,如图 8-5 所示。由于要求车辆必须返回起点,使问题的难度提高了。解决这类问题的目标是找出途中经过的点的顺序,使运输工具依次经过所有送货点并满足各点对送货时间的要求,且总出行时间或总距离最短。随着问题中包含节点个数和约束条件的增加,求解问题的复杂程度增加,要找到最优路径非常困难。即使用最快的计算机进行计算,求最优解的时间也非常长。各类启发式求解法是求解这类问题的好方法。

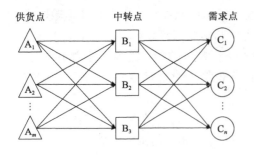

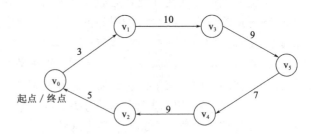

图 8-4 多个起点和终点的路径规划　　　　图 8-5 起讫点相同的运输路径规划问题

（3）承运人选择问题

承运人是指本人或者委托他人以本人名义与托运人签订货物运输合同的人。在货运合同中，承运人的责任一般来说主要是保证所运输的货物按时、安全地送达目的地。因此，承运人应对货物在运输过程中发生的货物灭失、短少、污染、损坏等负责。一旦发生此种情况，应按实际损失给予托运人赔偿。注意这种损失必须发生在承运人的责任期间内。承运人的责任期间一般是从货物由托运人交付承运人时起，至货物由承运人交付收货人为止。

承运人选择的总原则是运输成本与服务能力的平衡，需要考虑运输成本、运送时间、可靠性、市场覆盖程度（提供用户服务的能力）、柔性（处理多种产品及满足特殊要求运输货物的损耗）等。在这样的原则和选择因素下，有三个选择承运人的角度。

①服务质量比较法。即比较运输质量（运输工具、装卸作业的服务质量、货物流程控制）、比较服务理念［运输的准班（点）率、发车班次的密度、信息查询的方便程度、货物纠纷处理］。

②运输价格比较法。市场同质化严重时，价格成为竞争手段，选择价格更具优势的产品。

③综合因素法与层次分析法。分析包括服务质量、运输价格、服务商的品牌和口碑、经济实力、服务商网点数量等因素，选择综合水平最合适需求的承运人方案。

2. 储存典型问题

储存最基本的要求是做到储存合理化。储存合理化的含义是用最经济的办法实现储存的功能。但是，储存的不合理又往往表现在对储存功能实现的过分强调，过分投入储存力量和其他储存劳动，所以，合理储存的实质是在保证储存功能实现的前提下尽量少投入。储存合理化评判的主要标志包括质量、数量、时间、结构、分布、费用等。典型的问题主要包括仓库选址问题、仓库设计问题、仓库运营问题、库存控制问题等。

（1）仓库选址问题

仓库选址是指运用科学的方法决定仓库的地理位置，使之与企业的整体经营运作系统有机结合，以便有效、经济地达到企业的经营目的。

仓库选址首先应考虑的问题是仓库数量的问题，根据不同的仓库数量又需要解决单仓库选址问题或多仓库选址问题。仓库数量的多少主要受成本、客户要求的服务水平、运输服务水平、中转供货的比例、单个仓库的规模、计算机网络的运用等因素的影响。

环境参数是决定仓库选址的重要因素,仓库选址一般需要考虑自然环境因素(气象条件、地质条件、水文条件、地形条件等)、经营环境因素(经营环境、商品特性、物流费用、服务水平等)、基础设施状况(交通条件、公共设施状况)以及其他重要因素(国土资源利用、环境保护要求、周边状况)。根据选址问题中的环境参数是否随时间而改变,可以分为静态选址问题和动态选址问题。根据环境参数是确定性的还是随机性的,可以分为确定选址问题和随机选址问题。

由于仓库选址问题经常涉及实际的库存与运输路径选择问题,常将仓库选址问题与储存子系统问题中的其他问题组合考虑,衍生出选址-库存问题、选址-路径问题、选址-库存-路径问题等,如图8-6所示。

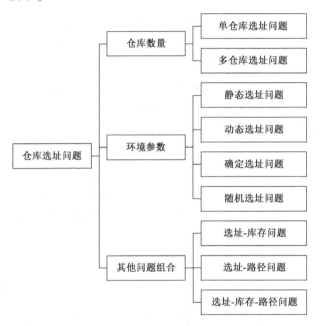

图8-6 仓库选址问题的分类

(2)仓库设计问题

仓储管理最基本的作用是保障产品的使用价值和价值在产品使用前得到较为完好的保存,才能及时供货,以实现储存的意义。因此,仓库设计时,首先需要规划仓库总平面图,并根据功能需求的规模确定仓库和内部各功能区几何尺寸。之后需要根据用户的使用要求,设计合理的物流作业动线和货物堆放方式。在设置不同功能的货区后,对储存的商品进行合理的储存规划,根据商品类别选择合适的存储和拣货策略。为了更好地实现仓储功能,对仓储设施设备的选择提出了更多现代化的要求。仓库设计的相关问题如图8-7所示。

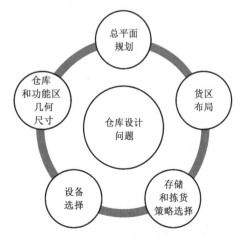

图8-7 仓库设计的相关问题

(3) 仓库运营问题

仓库作业与运营流程关系到日常的工作效率。仓库的作业与运营过程，大体上可分为入库、存储、拣货、发货四个阶段。按其作业顺序可具体分为：物资提运（或接运）、卸车、搬运、检验、入库、保管保养、拣货、包装、出库集中、装车、发运等作业环节，而这些环节容易因人为导致问题。

入库时需要根据订单中货物数量的不同，分配车辆及相对应的入库月台，分配得当才能顺利地进行入库操作。货物正常入库后，需要确定最小存货单位（Stock Keeping Unit, SKU），即库存进出计量的基本单元，每种产品均对应唯一的 SKU 号。一般来说，当其品牌、型号、配置、等级、花色、包装容量、单位、生产日期、保质期、用途、价格、产地等属性相同时，称为一种单品。确定 SKU 后，需分配拣选区以及拣选工人。产品经拣选后进入存货区，根据拣选时的储位分配情况，将货物送至相应的存货区存放。

货物储存时，需要做好相应的维护保养工作。物资的维护保养工作也会根据商品属性不同有着不同的要求。货物的维护保养工作包括创造适合于物资储存的环境条件（温度条件、湿度条件、密封隔离条件等）、对部分所存物资进行个别技术处置（封装、表面的喷涂防护或施加化学药剂、防锈处理、降温增湿处理等）以及在储存过程中不断调整环境条件和对变质损坏产品的及时处理等。

当订单到达时，根据订单情况进行出库前的拣选工作，需要确定拣选批量、拣选产品的位置并分配出库路径或通道。拣选结束后，进行相应的包装处理后，即可进行出库操作。出库与入库操作类似，需分配车辆及相对应的出库月台，分配完成后才能进行装车与发车操作。

仓库运营相关问题如图 8-8 所示。

图 8-8　仓库运营问题的分类

(4) 库存控制问题

把库存量控制到最佳数量，用尽量少的人力、物力、财力把库存管理好，获取最大的供给保障，是很多企业、经济学家追求的目标，甚至是企业之间竞争生存的重要一环。过量的库存会导致大量的库存成本，库存不足则会导致商品流通环节供货不足。

库存控制系统要素有需求、补充、费用分析和存储策略。需求是市场对商品的需要而产生的要求，存储是为了满足未来的需求，随着需求被满足，存储量减少，需求可能是间断或连续发生的，也可以是确定型的或随机型的；补充即库存的补充，相当于存储系统的输入，由于需求的发生，库存量不断减少，为保证以后的需求，必须及时补充库存物品；费用分析即储存系统使用时需要考虑的成本费用，在一般的存储模型中经常考虑的费用是订货费、生产费、存储费和缺货损失费；确定补充量以及补充时机的办法称为存储策略，这是企业与学者最常研究的问题,存储策略需根据实际背景和成本策略等决定。库存控制问题的分类如图 8-9 所示。

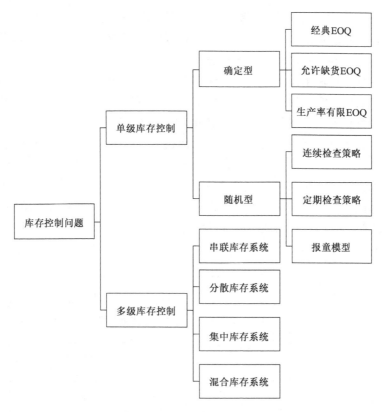

图 8-9　库存控制问题的分类

单级库存控制系统是库存控制的基础。根据需求情况是否能确定,可分为确定型和随机型存储模型。确定型存储模型又被称为经济订货批量(Economic Order Quantity,EOQ),即通过平衡采购进货成本和保管仓储成本核算,以实现总库存最低的最佳订货量。经典的 EOQ 模型假设需求连续均匀,当库存降为 0 时立刻补货,每次订货量相同,且订购费不变、单位储存费不变。在经典 EOQ 模型的基础上,学者们根据实际情况又提出诸如允许缺货的 EOQ 模型、生产率有限的 EOQ 模型等。随机型存储模型的情况较为复杂,一般根据实际情况构建不同的模型,或采取相应的订货与库存管理策略,如根据检查库存策略的不同可以分为连续检查策略和定期检查策略。其中,报童模型是较为经典的随机型存储模型,它描述了一个零售商在销售某种时效性只有一周期的货物,为了使脱销和滞销损失最小,根据需求量的分布制订进货计划的情境。

3. 配送典型问题

配送是物流系统的一个缩影,是物流系统中一种特殊的、综合的活动形式,是商流与物流的紧密结合,既包含了商流活动和物流活动,也包含了物流中若干功能要素。配送业务管理中,编制并实施配送计划、选择合理的配货及配装方法、优化配送路径以及评价配送业务的效果是其中的关键内容,其中货物配载问题和车辆路径问题是学者研究较多的问题。

(1) 货物配载问题

配送的主要特点之一是所送货物一般品种多，但每种货物的数量不大，总数量较大（单品种、大数量的物资往往采取干线直送），常常需要安排许多车辆才能满足客户的需求。因此充分利用车辆的容积和载重量，尽量做到满载满装，是降低成本的重要手段。

配载指充分利用运输工具（如货车、轮船等）的载重量和容积，采用先进的装载方法，合理安排货物的装载。物流配送中心的货物配载问题可以描述为：配送中心拥有若干车辆，根据客户的需求有若干货物需要配送，要求合理安排这些货物的装车顺序以及货物在装载空间的位置，使得在满足一定要求的情况下目标函数达到最优。配送所运货物种类繁杂，不仅表现为包装形态、储运性能差异，而且表现在重度方面，往往相差甚远。重度大的货物往往是达到了载重量，但容积空余甚大；重度小的货物则相反，看起来装得满满的，但实际上并未达到车辆载重量，两者实际上都形成了浪费。所以，实行将重度大小不同的货物搭配装车，不但可以在载重方面达到满载，而且可以充分利用车辆的有效容积，取得最优效果。货物配载问题的分类如图8-10所示。

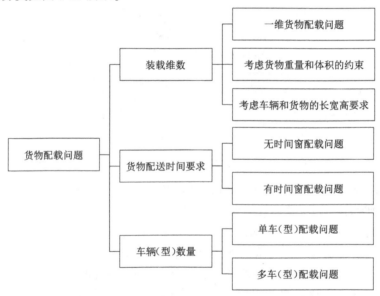

图8-10 货物配载问题的分类

一维货物配载问题是上述问题中最简单的问题，其基本描述是：设有许多具有同样结构和负荷（负荷可为长度、重量、体积等）的箱子，其数量一定且可供所达目之用，每个箱子的负荷固定，需将一定负荷量的产品装入箱中，目标是最大化利用各箱子负荷，减少配送费用。该问题为一个整数线性规划问题，约束条件为箱子数和各个箱子负荷量的上限。当同时考虑多种负荷时，诸如货物重量和箱子体积等常在规划时考虑的因素，该问题就可以转换成多维货物配载问题。考虑实际情况，将箱子换成车辆时，由于车辆具有固定的结构，则在规划时除了需要考虑车辆数及结构和容积、货物的长宽高要求等负荷之外，还需要考虑货物在车辆内的堆放问题。此外，不同的配送车型有着不一样的车辆参数，在考虑车辆数量问题时需要考虑是单车（型）配载问题还是多车（型）配载问题。

车辆配载调度问题中，每辆车给多个客户送货，运输途中需要多次停靠、卸货，调度人员不但要将多项运输任务分组，为每组指派运输车辆，还要确定每辆车的运输路线（客户停靠顺序），并涉及装卸搬运问题，因此需要考虑时间窗问题。根据有无时间窗将配载问题分为无时间窗配载问题和有时间窗配载问题。时间窗约束是指客户对货物送达的时间要求，用客户允许送货车辆最早到达和最迟到达的时间范围来描述。由于客户较多且每个客户的时间窗约束不同，在解决配载车辆的调度问题时要考虑到车辆配送路径的安排问题。

（2）车辆路径问题

在运输路线的选择问题中，我们介绍了车辆路径问题（Vehicle Routing Problem，VRP），选取恰当的车辆路径，可以加快对客户需求的响应速度，提高服务质量，增强客户对物流环节的满意度，降低服务商运作成本。车辆路径问题在运输路线选择和配送路径选择中运用的区别主要体现在两方面。一方面，两者活动范围与空间不同，运输问题中节点的分布范围比配送要更大，一般是大通道下运输路线的安排，而配送则是区域范围内的配送路径指派。另一方面，两者的承载主体和技术要求有很大区别。运输一般是长距离、大批次、跨区域的货物运送，而配送则一般是供应链末端的货物分配问题，并且有着送货频率高、配送路线更复杂的特点。因此，VRP 在配送中的应用更加重要与频繁。

VRP 在配送中与运输路线选择类似，但分类有着较大区别。根据研究重点的不同，VRP 有多种分类方式，如图 8-11 所示。如按任务特征分类有纯送（取）货问题和送取一体化问题；按车辆载货状况分类，有满载问题和非满载问题；按车场数量分类，有单车场问题和多车场问题；按车辆类型分类，有单车型问题和多车型问题；按车辆对车场的所属关系分类，有车辆开放问题（车辆可不返回车场）和车辆封闭问题（车辆必须返回车场）；按已知信息的特征分类，有确定性问题和不确定性问题；按优化目标数来分类，有单目标问题和多目标问题。由于情况的不同，车辆路径问题的模型构造及算法有很大差别。

在 VRP 中，最常见的约束条件有以下十个。

①容量约束。任意车辆路径的总质量不能超过该车辆的能力负荷，引出带容量约束的车辆路径问题。

②优先约束。引出优先约束车辆路径问题。

③车型约束。引出多车型车辆路径问题。

④时间窗约束。包括硬时间窗和软时间窗约束，引出带时间窗（包括硬时间窗和软时间窗）的车辆路径问题。

⑤相容性约束。引出相容性约束车辆路径问题。

⑥随机需求。引出随机需求车辆路径问题。

⑦开路。引出开路车辆路径问题。

⑧多运输中心。引出多运输中心的车辆路径问题。

⑨回程运输。引出带回程运输的车辆路径问题。

⑩最后时间期限。引出带最后时间期限的车辆路径问题。

求解 VRP 的常用理论和方法有分支定界法、割平面法、线性规划法、动态规划法、匹配理论、对偶理论、组合理论、线性搜索技术、列生成技术、拉格朗日松弛算法、Benders 分解技术、次梯度优化技术概率分析、统计分析、最差情况分析、经验分析等。

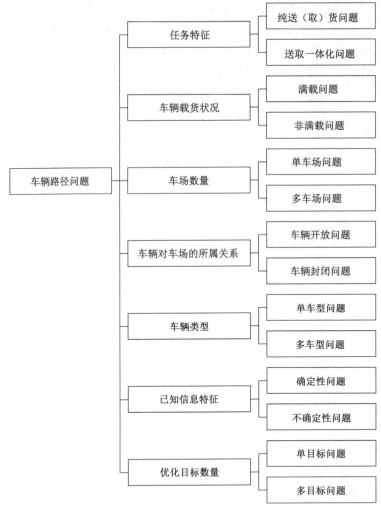

图 8-11　车辆路径问题的分类

第三节　物流系统问题的发现

一、问题发现的原则

1. 发现问题的一般原则

解决问题的原点在于发现问题的存在。换句话说，就是发现期待的状况与现状之间的落差，因此发现问题最重要的是对变化要够敏感。不管问题的真实性如何，被动的态度不可取，解决问题的出发点就是要积极发掘出问题所在。同时，要拥有大格局的视点，但不得超过自己的权责范围，要以当事者的身份脚踏实地解决问题。总结来说，问题发现的原则如下。

①发现问题越早越好。
②发现问题必须积极主动。
③优先在自己权限内发现问题。

2. 发现物流问题的原则

对于物流系统来说，问题是推进物流系统革新的驱动力。因此，物流问题的发现应坚持以下基本的原则：

（1）以物流合理化为目标的原则

发现物流问题最根本的指导原则或出发点是实现物流合理化的目标。所谓物流合理化，就是对物流设备配置和物流活动组织进行调整改进，实现物流系统整体优化的过程。它具体表现在兼顾成本与服务上，即以尽可能低的物流成本，获得可以接受的物流服务，或以可以接受的物流成本达到尽可能高的服务水平。物流活动各种成本之间经常存在着此消彼长的关系，物流合理化的一个基本的思想就是"均衡"的思想，从物流系统的角度权衡得失。不求极限，但求均衡，均衡造就合理。

（2）可持续性原则

任何一个物流系统都要考虑其自身发展的可持续性。每个物流系统首先考虑的是可持续经营，它包括长期理念、与时俱进和稳健决策三个方面。

长期理念是指系统需要以"长期利益的最大化"为最高战略原则，发现问题应从长远角度出发而不只是当前形势。与时俱进则在于从变化的角度看系统发展，时代趋势、历史条件的变化虽不影响企业战略的初衷，即企业战略要具有长期性，但要考虑时代性、时机性，随时调整不符合时代的问题。稳健决策是指组织在进行决策时，要尽可能考虑所有的选项，避免主观臆断，从而实现科学决策。

（3）持续改善原则

物流水平的提升没有终点，企业的管理永无止境。持续改善是任何企业管理所需要遵循的原则。问题的反馈并不等于问题得到解决，经营方式的改变并不等于经营效益的改善。持续改善是企业管理者必须要有的一种态度。具体的改善则可能会涉及流程的改善、组织架构的改善、现场操作的改善等。

（4）价值导向原则

物流扮演的是承载商品价值传递的角色，实现商品价值的传递是物流存在的意义。解除物流过程中一切阻碍商品价值传递的因素，以实现商品价值的高效传递，这就是寻找物流问题的价值导向原则。价值导向原则是从货主和消费者的角度来看物流，物流活动的最终意义是要实现货主和消费者的价值。所谓物流服务本质就是尽可能地实现商品价值传递效率的最大化。

二、问题发现的方法

问题发现存在一些可能、有效的途径或一些有启发性的视角和方法。下面介绍几种常用的问题发现方法。

1. 直接提问法

在发现问题前，可以通过以下六个问题帮助发现问题。

①现状与期待的状况之间有无落差？
②现状有没有发生什么变化？
③是否觉得哪个部分进行得不顺利？
④是否有些事情未达标准？
⑤有没有哪些事情不是你原先期待的状态？
⑥若置之不理，将来是否会发生重大的不良状态？

2. 系统评价法

系统评价是指按照一定的标准，对特定系统的价值或优劣进行评判比较的一种认知过程。评价可分为终结性评价和过程性评价。终结性评价一般是指对结果的评价，其目的是评价系统在多大程度上达到预期效果，为下一步系统的改进提供决策依据。过程性评价的目的是揭示系统运行过程中存在的问题，以促进过程的改进。无论是终结性评价还是过程性评价，都可以发现系统的现状与期望目标之间的差距。因此，系统评价法是发现系统问题的重要方法。

物流系统是一种复杂的多目标系统，因此对其评价一般采用多指标综合评价方法。多指标综合评价的一般步骤如下。

(1) 确定被评价对象

当需要同时对多个对象进行评价时，评价对象应该是同一类或同一层次的，且具有一定的可比性。

(2) 确定综合评价的目的

可以是对物流系统的某一方面进行评价，比如成本、服务质量、绩效、风险等，也可以是综合多方面的整体评价。

(3) 建立评价指标体系

对于每一个评价对象来说都应该有能够充分反映其现状的若干项指标，每项指标都是从不同角度反映评价对象优劣的程度，这些指标统称为综合评价系统的指标体系。评价指标体系的建立还包括收集评价指标的原始数据和对评价指标数据的若干预处理等。

(4) 确定与各项评价指标相对应的权重系数

在实际问题中，对于不同的评价目的，各项评价指标之间的相对重要程度是不同的，评价指标之间的相对重要性的大小，通常用权重系数来描述。当评价对象及评价指标确定之后，综合评价的结果则完全依赖于权重系数，即权重系数的合理与否将关系到综合评价结果的正确性和可信度。因此，权重系数的确定应按一定的方法和原则来进行。

(5) 选择或构造综合评价模型

基于评价对象的多项评价指标和权重系数，利用适当的数学方法"合成"为一个整体性综合评价指标值，用于合成整体性综合评价指标的表达式（或算法）称为综合评价模型。

(6) 计算各被评价对象的综合评价指标值

综合评价的方法很多，包括线性综合法、几何综合法、混合综合法等常规方法，以及数据包络分析法、灰色关联度分析法、模糊综合评价法等模型综合法。

3. 变换系统环境条件的问题发现法

环境是物流系统外部的约束条件，也是影响物流系统的重要因素。任何物流系统都存在于特定环境条件之中，而客观的环境条件是经常变化的。因此，客观环境条件还没有发生变化或变化不大时，我们就要主动思考，一旦环境条件变化了，将会导致什么结果，比如：

①宏观环境、微观环境的变化会导致物流系统结构、目标有什么样的变化？

②面对这些变化，应该采取的态度是什么？

③现在应该为这些变化做哪些准备工作？

变换系统环境条件的问题发现法容易发现防范风险型问题。

4. 变换思考角度的问题发现法

有些问题，不转变角度发现不了问题，而站在新的角度上来看，则可以发现问题。通过变换角度思考的方法对原有系统进行进一步分析，可以更加全面客观地评价原有系统，以求更准确系统地发现现存的问题。

变换思考角度不是把思维指向原有的结论，否定原有结论，而是摆脱原来的思维定式和已有知识，从与原有结论不同的角度或不同层次来认识原有的研究对象，以形成关于对象的新认识。思考角度的转换有多种类型：一是在同一层次的转换，从思考问题的一个方面转向另一个方面；二是在不同层次上的转换，既可以是从较抽象层次的研究转化到较具体层次的研究，也可以是从较具体层次的研究转向较抽象的层次；三是把研究的重点放到事物与事物之间或同一事物不同发展阶段之间的接合部；四是通过比较来发现新问题。虽然变换思考角度有不同类型，但它们都是在转向研究较少、较薄弱的方面。

以下是变换思考角度的几种思路。

（1）变换主体

对于物流系统，不同的主体包括政府、行业、供应商、制造商、零售商、消费者等。例如，快递企业在寻找物流系统问题时，常常从企业自身发展的角度出发，通过规模效应来压低配送价格，但往往会造成快递行业配送服务水平降低。从消费者的角度，注重服务水平的消费者可能会在得到不好的服务后选择更高质量的快递企业，即使有价格优势，企业也可能会失去收益更高的市场部分。

（2）变换方向

比如逆向思维方法，如结构逆向思维、状态逆向思维、因果逆向思维等。传统物流企业在改革时经常以企业供应能力为导向，通过提高自身物流服务能力来提升市场占有率，但往往会产生不符合市场发展的问题，这种思路对于现在的市场已不适用。企业此时应从反向角度思考这个问题，以需求为导向改革物流服务，这样才能更好地提高服务水平，顺应物流市场从供应为主到需求导向的转变。

（3）变换目标

比如经济目标、环境保护目标、文化目标等。例如，物流企业在成立初期，一般都以生存目标为主。在占有一定市场后，物流企业开始寻求合适的经济目标，以提高企业的市场地位和明确企业的目标市场。当规模不断壮大后,企业可能会以实现社会目标和环境保护为目标而努力。

(4) 变换视野

大型物流企业的服务区域可能涉及多个国家甚至是全球市场,为了实现更长远的发展,每个区域层次的发展目标都是不同,看待问题的角度也不同。全球层面的问题大多是战略角度,而区域层面的问题大多只涉及策略或战术问题。

第四节 物流系统问题分析的一般框架

发现物流系统问题后,需要对问题进行分析才能有效地找到问题的解决方案。所谓的问题分析是指人们在思维中把问题整体分解为若干部分进行研究、认识的过程。借助问题分析,可以对问题的认识由表到里、由浅入深、由难到易、由繁到简,从而把握问题的本质,为科学决策打下基础。

系统问题分析的一般框架可以借助 5W1H 分析法,如图 8-12 所示。5W1H 分析法是对所提出的问题,从描述(What)、重要性(Why)、地点(Where)、时间(When)、相关方(Who)、原因(How)六个方面进行分析的思考方法。

图 8-12 系统问题分析的一般框架

一、问题描述和重要性分析

1. 问题描述方法

问题的描述方法有多种,在实际中常用的有故事性描述法和结构化描述法。

(1) 故事性描述法

故事性描述法由情景(Situation)、冲突(Complication)、疑问(Question)三部分组成。情景通常是大家都熟悉的事情,普遍认同的事,或问题发生的背景。冲突是描述对当前的情景产生影响并导致与人们的要求不一致的事件。疑问是针对特殊事件带来的状态改变,所产生的对相关主体而言最重要的问题。

（2）结构化描述法

结构化描述法是从问题的构成要素来描述。问题一般由初始状态、目标状态和阻碍因素构成。初始状态指现已明确知道的关于问题的已知条件和信息。目标状态指问题要求的答案或欲达到的终极状态。阻碍因素是介于问题初始状态和目标状态之间，从给定信息到解决问题过程中的困难或障碍。在进行问题的结构化描述时，往往需要借助图、表、数字等定量化工具增强描述的效果。

2. 问题的重要性分析

发现的问题可能不止一个，但并不是所有的问题都要去解决。在有限的资源约束下，必须优先选择重要的问题进行解决。因此，问题的重要性分析就显得非常重要。问题重要分析的关键是找出问题如果不解决对"谁"有影响，以及这种影响有多大。如果这个"谁"的数量很大，则是一个影响范围很大的问题。如果这个"谁"数量是一定的，但问题的现状与理想状态之间的差距很大，则是一个影响程度很深的问题。如果一个问题同时满足范围大、程度深，则该问题一定是一个要优先解决的重大问题。反之，如果一个问题影响范围不大，影响程度也不深，则该问题就不是一个急需解决的重要问题。

二、问题发生的时间和地点或环节分析

1. 问题发生的时间分析

明确知道一个问题发生和持续的时间并不是一件容易的事情。对于容易量化的问题，可以借助时间序列分析方法。

所谓时间序列就是一组按照一定的时间间隔排列的一组数据，其时间间隔可以是任意的时间单位，如小时、日、周、月等。这一组数据可以表示各种各样的含义，比如物流系统的成本、物流系统的服务水平、物流系统的绩效、物流系统的收入、物流系统的利润等。通过时间序列分析，可以对系统进行客观的描述，发现系统关键测度指标随时间的变化和趋势。当测度问题的指标数值在某个时间点突然发生变化时，往往可能就是问题发生的时间。

一般来说，我们将一个问题的时间序列分解成以下四种变动因素。

①趋势变动，是指在较长时期内受某种根本性因素作用而形成的总的变动趋势。例如物流设备会随着使用时间的增长而逐步损耗。

②季节变动，是指现象在一年内随着季节或特定时期的变化而发生的有规律的周期性变动。例如，某种商品的快递量会随着"双十一"等购物节的到来而激增，而其他时期则无明显波动。

③循环变动，是指现象以一段时间为周期所呈现出的波浪起伏的有规律的变动。例如某种周期性产品的销售呈现周期性的变化，其物流成本也相应发生周期性变动。

④不规则变动，是指一种无规律可循的变动，包括严格的随机变动和不规则的突发性影响很大的变动两种类型。例如，突发性的自然灾难导致一段时间的物流成本激增。

确定问题的发生时间，一般要排除正常的趋势变动、季节变动、循环变动，重点关注不规则的变动。

下面我们以"我国社会物流系统的效率并没有持续提高"这个问题为例进行说明。假设我们用"社会物流总费用占 GDP 的比值"来衡量我国社会物流系统的效率，在保持总体产业结构变化不大的情况下，该比值越小，说明社会物流系统的效率越高。随着产业结构中第三产业占比的增加、科学技术的进步、物流系统管理水平的提高等，社会物流系统总费用占 GDP 的比值应该是逐渐降低的。图 8-13 是 2016 年到 2021 年中国社会物流总费用占 GDP 比值的时间序列。从图中可以看出，该比值在 2018 年达到低点后，在 2019 年突然增加，并持续到 2020 年，然后又降低。这说明"我国社会物流系统的效率并没有持续提高"主要发生在 2019 年，并持续到了 2020 年。

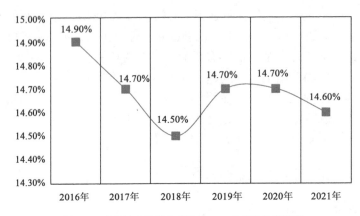

图 8-13　我国社会物流总费用占 GDP 比值的时间序列

2. 问题发生的地点或环节分析

物流系统是一个具有时空分布结构的系统，分析问题发生的地点或环节，一般需要借助于物流系统流程图或物流系统空间结构图。通过对问题发生环节的分析可以判断出问题是全局型问题还是功能要素型问题。全局型问题一般会涉及多个物流子系统或环节，解决方案也需要从全局性考虑。功能要素型问题则需要针对某部分出问题的功能，提出针对性的解决方案。例如，由于仓库动线设计不合理和堆码方式不合理造成的仓储系统效率低下问题，一般只需要对仓储子系统进行单独的整改就可以解决问题。

三、问题的相关方和原因分析

1. 问题相关方分析

问题的相关方包括直接利益相关方、间接利益相关方和其他感兴趣者。其中，明确直接利益相关方对问题的有效解决非常重要。对以下问题的回答可以帮助识别直接利益相关者。

①需要让谁满意？
②谁会对问题的解决做出判断？
③如果问题没有解决，将导致谁的失败？
④谁拥有权去执行问题的解决方案？
⑤谁来买单？

⑥向谁汇报？

在分析问题的相关方时，除了要明确直接利益相关方、间接利益相关方和其他感兴趣者的姓名、职务等基本信息外，还要明确他们对于问题及问题解决方案的关注点，如表8-2所示。

问题相关方分析内容 表8-2

姓名	身份	兴趣、目标、关注事项
列出直接利益相关方、间接利益相关方和其他感兴趣者的姓名或头衔	C—客户 S—利益相关者 O—其他感兴趣者、影响者，以及在某些方面受影响的人	每一个人对问题及解决方案的兴趣、动机、目标或关注事项

2. 问题产生的原因

找出问题产生的根本原因是问题分析最重要的内容，直接关系到问题解决方案的提出与设计。发现导致问题的可能因素并进行因果验证是原因分析的主要内容。

（1）发现导致问题的可能因素

寻找问题产生的潜在原因，可以从系统的构成要素着手或根据问题的特点借用一些已有的分析框架。常用的分析框架有以下五种。

①物流系统一般构成要素分析框架。物流系统一般构成要素包括"人、财、物、信息"。因此，寻找问题潜在原因可以从"人、财、物、信息"这个四个角度去假定。

②物流系统环境构成要素分析框架。物流系统环境构成要素包括宏观环境和行业环境构成要素，比如物流相关的体制、制度，法律、法规，行政、命令、标准化体系等。很多物流系统问题产生的原因都来自于这些环境构成要素。

③物流系统功能要素分析框架。物流系统的功能要素包括运输、储存保管、包装、装卸搬运、流通加工、配送和物流信息等。现代物流的特征之一就是这些功能要素的有机整合，也就是说任何一个功能要素出现了问题，都可能导致物流系统整体发生问题。

④分析物流系统管理组织问题的7S模型。7S模型指出了企业在发展过程中必须全面地考虑各方面的情况，包括结构（Structure）、制度（System）、风格（Style）、员工（Staff）、技能（Skill）、战略（Strategy）、共同的价值观（Shared-values）。其中，战略、结构和制度被认为是企业成功的"硬件"，风格、人员、技能和共同价值观被认为是企业成功经营的"软件"，两方面结合才能更好地实行企业管理。

战略是企业根据内外环境及可取资源的情况，为求得企业生存和长期稳定的发展，对企业发展目标、达到目标的途径和手段的总体谋划，它是企业经营思想的集中体现，是一系列战略决策的结果，同时又是制订企业规划的基础。

战略需要健全的组织结构来保证实施，组织结构是企业的组织意义和组织机制赖以生存的基础，它是企业组织的构成形式，即企业的目标、人员、职位、信息等组织要素的有效排列组合方式，就是将企业的目标任务分解到职位，再把职位综合到部门，由众多部门组成垂直的权利系统和水平分工协作系统的一个有机的整体，组织结构是为战略实施服务的，不同的战略需要不同的组织结构与之对应，组织结构必须与战略协调。

企业的发展和战略实施需要完善的制度作保证，而实际上各项制度又是企业精神和战略思想的具体体现。所以，在战略实施过程中，应制定与战略思想相一致的制度体系，要防止制度的不配套、不协调,更要避免背离战略的制度出现。

风格主要指企业文化,就是企业在长期的生产经营过程中形成的,并为全体员工共同认可和遵循的价值观念、职业道德和行为规范的总和。

企业成员共同的价值观念具有导向、约束、凝聚、激励以及辐射作用,可以激发全体员工的热情,统一企业成员的意志和欲望,齐心协力地为实现企业的战略目标而努力。这就需要企业在准备战略实施时,要通过各种手段进行宣传,使企业的所有成员都能够理解和掌握,并用它来指导自己的行动。

战略实施还需要充分的人力准备,有时战略实施的成败确系于有无适合的人员去实施。实践证明,人力准备是战略实施的关键。

在执行公司战略时,需要员工掌握一定的技能,这有赖于严格、系统的培训。企业的一切生产经营活动都是由具有一定技术能力的员工利用相应的生产要素来实现物质财富和精神财富的创造过程。

⑤分析物流营销问题的4P分析框架。4P营销理论被归结为四个基本策略的组合,即产品(Product)、价格(Price)、促销(Promotion)、渠道(Place)。需要注意的是,物流企业的产品是无形的物流服务。

(2)因果关系的验证

因果关系的成立一般要满足以下三个条件。

①视为原因的因素(X)与结果(Y)之间有相关性;
②视为原因的因素(X)发生在结果(Y)之前;
③没有其他干扰因素。

其中,相关性是指因素X与因素Y同时发生的概率非常高。如果有干扰因素(Z)让视为原因的因素(X)与结果(Y)同时发生,就必须注意避免出现误将因素(X)视为原因的情况,因为,即使X与Y之间没有直接的因果关系,Z也有可能让人误认为X与Y之间有相关性。当现象具有"因果连锁"情况时,避免将没有直接关系的因素误认为有因果关系。当原因是复合式的时候,避免将最后一个因素误认为是引发问题的原因。当因素有多个时,应把最能解释不良状态发生原因的因素作为原因。判断问题中的因果关系如图8-14所示。

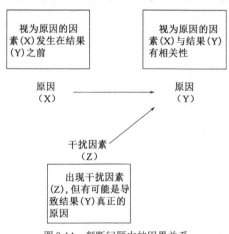

图8-14 判断问题中的因果关系

对因果关系的验证,可以采用对每一个潜在原因(假设)构建一个问题清单,然后再通过资料收集和调查回答这些问题的方法。对这些问题的回答将为是否接受假设提供充足的证据,如表 8-3 所示。横向各行罗列有关的所有假设和问题,纵向各列包含所确认的数据来源或调查对象,表中空格要确认计划采用的数据收集方法。尽量避免过分集中于某种单一的信息获取方式或按照喜好决定收集方法。纵向表格的内容展示了将用每一来源的数据去回答的所有问题。横向表格的内容能够确保拥有足够的来源去确定问题回答的有效性,同时不至于采集过多的数据。

问题原因验证表　　　　　　　　　　表 8-3

假设和问题		总经理	业务主管	客户	行政人员	培训人员	记录文件
假设 1	Q1				I		D
	Q2	I		S	I		D
	Q3		I		MR		D
假设 2	Q1				I		MMR
	Q2			S		I	
	Q3	I				I	D
	Q4			S			O
假设 3	Q1		I		MR		
	Q2	I		S	I		
	Q3	I				I	
	Q4				I		MR

注:I = 访谈;O = 观察;D = 文件查找;S = 调查;MR = 管理报告。

(3) 确定问题原因的常用方法

确定问题原因的常用方法有差异分析法、标杆学习法、前后对比法等。

① 差异分析法。差异分析法是指将发生问题的系统与其他没有发生问题的系统进行比较,找出彼此之间的差异。差异分析法的原理是将衡量系统绩效的总体指标,按照可能造成变动的因素分解成不同的部分,并且以假设检验的方法来判断这些因素是否确实能解释总体指标的变动。

② 标杆学习法。标杆学习法是指从同行业中选出几家被称为"实务典范(best practice)"的系统,与自身进行比较,找出必须改善的地方(问题的原因),是差异分析的特例。

③ 前后对比法。前后对比法是指比较同一系统发生不良状态前后的差异。

复习思考题

1. 简答题

(1) 问题的定义有哪几种?
(2) 描述一个问题的方法有哪些?

(3) 发现问题的方法有哪些？
(4) 分析问题的5W1H框架具体含义是什么？
(5) 如何找到问题产生的原因？

2. 案例分析

由于连锁餐饮业使用的原料价格相差不大，物流成本是企业成本控制的焦点。据有关研究显示，在一家连锁餐饮企业的总体配送成本中，运输成本占到60%左右，而运输成本中的55%~60%又是可以控制的。然而，连锁餐饮业靠物流手段节省成本并不容易，餐饮业种类繁多，涉及多种食品、饮料等，决定了餐饮连锁业在物流配送方面的要求很高，如冷冻食品在运输和仓储过程中要有严格的卫生和保温措施。由于一些企业的实力不足以及地区的限制，往往使很多服务不能达到顾客的要求。

同时，由于餐饮企业的订单多而杂，往往很多订单来自不同的地区，统一配送的能力很低，缺乏高效率的物流配送，导致物流配送的成本大大增加，商品物流成本占销售额的比例在百分之十几甚至更高。餐饮连锁业的销售受随机因素和其他因素的影响较大，造成配送量的波动大，致使运作难度增加。此外，我国餐饮连锁企业普遍存在配送设施落后的问题，一些企业不能在规定时间内将产品送至客户手中，造成了企业信誉的损失。因此，如何解决这些物流成本问题，一直是很多大型连锁餐饮集团经常考虑的问题。

思考题：
(1) 连锁餐饮业的物流系统中主要存在的主要问题以及问题的类型是什么？
(2) 请查阅资料，用5W1H框架对这些问题进行分析？

第九章

物流系统方案分析

本章导读

2021年8月20日，国务院办公厅发布了《关于加快农村寄递物流体系建设的意见》，提出："加快农村寄递物流基础设施补短板。各地区依托县域邮件快件处理场地、客运站、货运站、电商仓储场地、供销合作社仓储物流设施等建设县级寄递公共配送中心；整合在村邮政、快递、供销、电商等资源，利用村内现有公共设施，建设村级寄递物流综合服务站。鼓励有条件的县、乡、村布设智能快件（信包）箱。推进乡镇邮政局（所）改造，加快农村邮路汽车化。引导快递企业总部加大农村寄递网络投资，规范管理农村寄递网点，保障网点稳定运行。统筹用好现有资金渠道或专项政策，支持农村寄递物流基础设施改造提升。"

思考：

(1)《关于加快农村寄递物流体系建设的意见》提出了哪些方案？
(2) 这些方案是如何设计出来的？

第一节 物流系统方案的认识

一、方案的定义与类型

1. 方案的定义

方案是从目的、要求、方式、方法、进度等方面进行具体、周密的设计,并有很强可操作性的计划。在本书中,方案主要是指针对某一问题制订的行动计划,也叫解决方案。所谓解决方案是指针对已经表现出来或者可以预期的问题,所提出的解决问题的系列策略、方法、计划。好的解决方案具有实用性、可达成性,实施后可以取得特定的收益。

物流方案是为解决物流系统存在的问题,实现物流系统目标的一系列的技术、方法、手段、措施等的集成,是解决物流系统问题的方法和具体措施的描述。物流系统运作之前,要针对物流系统进行全面的分析和研究,确定物流系统所要达成的目标,按照资源配置合理化和优化的要求对物流系统进行理论上的分析和规划,提出满足系统要求的物流运作模式,确定物流系统的功能环节,对理论研究的结果进行修正,使其成为操作性强的业务流程,并制定实施执行的标准,这个过程称之为物流方案的策划和设计。

物流方案设计要有明确的目标、原则、整体思路和构成内容,这样才能对具体问题提出切实合理的解决办法,有利于问题的彻底解决。提出解决方案过程中,需要综合考虑背景、需要解决的问题、可用资源、管理思想和方法等各种因素,需要创造性思维,提出针对性的方案。

2. 方案的类型

按照问题和解决策略的差异,方案可以分为紧急处理型、根本解决型和预防风险方案。

(1) 紧急处理方案

突发事件极大的破坏性决定了当突发事件发生后,决策人员必须果断采取措施,阻止灾害的发展和蔓延。随着时间的推移,决策者需要根据得到的新信息对事件发展重新进行动态评估,重新判断或修正先验概率以进行新的决策。

在大多数情况下,如果找不到发生不良状态的原因,那么任何应对策略其实只是一种紧急处理。

(2) 根本解决方案

紧急处理方案治标不治本,在大多数情况下,真正解决策略并不是处理表面问题。提出根本解决方案的本质是找出问题的根本原因,然后提出解决办法。比如当大型立体仓库采用人工分拣作业出库时,容易出错,根本解决方案就是成品出库采用自动化作业、自动分拣,实现成品出库作业流水化、自动化,提高出库效率,减少差错。

（3）预防风险方案

多数风险事故都有一定的成因和规律，有针对性地采取各种预防措施能够起到控制风险发生的作用。预防风险的目的就是要尽可能地采取各种控制风险发生的措施，以使发生风险的频率及其损失程度降到最低。预防风险通常分为防损和减损两类。防损是指通过对风险因素的分析，采取预防措施，以防止损失的发生；减损则是尽量减少风险造成的损失。防损的目的在于努力减少发生损失的可能性，而减损的目的则在于尽量减轻损失的程度。

另外，根据方案是否涉及重大基础设施建设，可以分为物流基础设施投资建设方案和运营管理优化方案。比如，运输线路、运输场站、物流园区、物流中心、仓库、物流信息等基础设施的建设，属于物流基础设施投资建设方案；物流运输线路优化、运输方式选择优化、库存控制策略优化、车辆配载优化等属于运营管理优化方案。

二、方案之间的关系

针对同一个问题，所提出的解决方案往往不止一个。在进行方案比选时，首先要明确方案之间的相互关系。常见的方案关系有互斥型关系、独立型关系、混合型关系、先决型关系、不完全互斥关系、互补关系等。

1. 互斥型关系

互斥型关系是指各个方案之间存在着互不相容、互相排斥的关系。进行方案比选时，在多个备选方案中只选择一个，其余的均必须放弃，不能同时存在。因此，互斥方案具有排他性。

对于互斥方案而言，需要经过分析、评价和比较，才能选择最佳的方案。一般若有 N 个互斥方案，则两两进行比较的次数共有 C_N^2 次，即 $N(N-1)/2$ 次，才能得到决策结果。对互斥型方案进行评价和选择时，具有如下特点。

（1）每个方案不仅要进行单方案的比较，确定自身是否具有可行性，同时还要将方案进行横向对比，以便于选择；

（2）确立各个方案间的可比性原则，若发现各个方案具有不同的寿命，那么，一定要采取有效的处理措施，否则对选取方案的正确性会造成一定的影响；

（3）选择方案时，要么选择一个最佳方案，要么一个方案都不选。

2. 独立型关系

当一系列方案中某一方案的接受并不影响其他方案的接受时这些方案为独立方案。独立型备选方案的特点是诸方案之间没有排他性。各个方案的现金流量是独立的，其中某一方案的采用与否与自己的可行性有关，而与其他方案是否采用没有关系。相互独立方案之间的效果具有可加性（即投资、经营费用与投资收益之间具有可加性）。一般而言，独立型方案的存在有以下五个前提条件。

（1）投资资金来源无限制；

（2）投资资金无优先使用的排列；

（3）各投资方案所需的人力、物力均能得到满足；

（4）不考虑地区、行业之间的相互关系及其影响；

（5）每一投资方案是否可行，仅取决于本方案的经济效益。

符合上述前提条件的方案即为独立方案。例如，某物流企业拟进行几项投资活动，这一组投资方案有：扩建仓库、购置一辆运输汽车、新建办公楼等。这一组投资方案中各个方案之间没有什么关联、互相独立，并不存在的相互比选的问题。企业既可以全部不接受，也可以接受其中一个、接受多个或全部接受。

独立型方案的选择可能出现两种情况：一种是企业可利用的资金足够多，即通常所说的无资金限制条件；另一种是企业可利用的资金是有限制的，在不超出资金限额的条件下，选择出最佳的方案组合。在这种条件下，独立关系转化为一定程度上的互斥关系，可以参照互斥型方案的比选方法选择出最佳方案。

3. 混合型关系

在一组方案中，方案之间有些具有互斥关系，有些具有独立关系，则称这一组方案为混合方案。混合型方案在结构上又可组合成两种形式。

（1）在一组独立多方案中，每个独立方案下又有若干个互斥方案的形式；

（2）在一组互斥多方案中，每个互斥方案下又有若干个独立方案的形式。

例如，在城市物流园区规划设计方案中，物流园区的选址存在若干个互斥方案 A1、A2，而每个互斥方案下又存在若干个独立方案，包括仓储用地规划 B1、B2、停车场地规划 C1、C2 等，如图 9-1 所示。

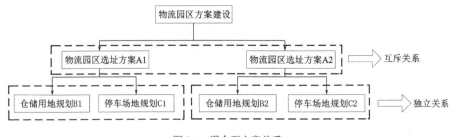

图 9-1　混合型方案关系

4. 先决型关系

先决型关系是指在一组方案中，接受某一方案的同时，就要求接受另一方案。设有 A、B 两个方案，要接受方案 B 则首先要接受方案 A，而接受方案 A 时可以与方案 B 是否被接受无关。此时，方案 A 为方案 B 的先决方案。例如，兴建一座水库（方案 B）的同时，必须修一条公路（方案 A），但修一条公路（方案 A）不一定完全是为了兴建水库（方案 B）。此时，修公路的投资方案就是兴建这座水库投资方案的先决方案。

5. 不完全互斥关系

不完全互斥关系是指在一组方案中，若接受了某一方案之后，其他方案就可以成为无足轻重、可有可无的方案。例如，仓库拣选引进自动化分拣，那么原来的人工拣选就变得可有可无了。

6. 互补关系

互补方案是指在一组方案中，某一方案的接受有助于其他方案的接受，方案之间存在着相互依存的关系。例如，仓库建设方案 A 与消防防火系统 B，消防防火系统的增加使仓库建设方案更加完善，故 B 方案的接受，有助于方案 A 的接受。

第二节 物流系统方案设计

一、方案设计的原则

在进行方案设计时，需要注意遵守以下原则。

1. 逻辑性原则

逻辑性原则是指所设计的方案来自于对物流系统问题的原因分析。建立逻辑示意图是确保解决方案符合逻辑的一种有效方法。逻辑示意图由数据、发现、结论和解决方案构成，如图 9-2 所示。设计解决方案的过程要以事实分析为前提，我们所得出的每一个结论，所设计的每一个方案都必须基于事实。

图 9-2 逻辑示意图

（1）数据

为了找到问题产生的原因，首先需要提出若干关于问题原因的假设，然后对每一条假设构建问题清单，最后通过广泛的资料收集回答这些问题，在验证问题原因的过程中所收集的定性和定量资料就是数据。

（2）发现

发现是从原始数据中提炼出来的总结性陈词，即系统问题原因分析的结果，用来指引问题解决方案或者机会发掘方向。在构建发现时，要去掉不相关信息并反复核对相关信息，用所得的结果来检查、修改关于问题原因的假设。

（3）结论

结论是基于数据和发现，用以解释问题原因的诊断性陈述。假设是未经验证的观点，经过验证并得以证实的假设就成了结论，结论也可以从发现直接得到。

（4）解决方案

解决方案是应该采取的行动的总体描述。解决方案应该完全涵盖结论的所有方面，并追溯到每一个结论的相应发现。

发现都有数据支持，每条结论都有发现支持，每个解决方案都有结论支持，从而确保了整个解决方案的逻辑性。需要注意的是数据与发现、发现与结论并无严格的界限，重要的是从数据到综合到诊断到解决方案的过程的内在一致性。

2. 目的性原则

物流方案设计的目的是追求方案实施后的物流总成本最小、客户服务质量好、总库存最小、运输时间最短等目标。不同物流系统涉及的物流对象产品、环境、目标等不同，方案目标的侧重点也有所不同，但以下基本目标是每个方案都应该追求的。

（1）总成本最小

在物流费用中如仓储费、运输费、库存管理费、简单加工费等，与物流中的其他成本费用是相互联系的，必须将各个物流环节作为一个有机整体考虑，方案设计的根本目标是追求方案实施成本总和为最小。

（2）服务质量好

要设计一个效率高、效果好的物流方案，必须同时考虑总成本与客户服务质量，方案的最终目标要客户满意，但服务质量和服务成本相互制约，因此设计的物流方案就是要在低的物流费用中实现好的客户服务质量。

3. 系统化原则

物流是由运输、储存、包装、装卸搬运、配送、流通加工、信息处理等各个子系统构成的。系统化是指在一定的时间和空间里，将其所从事的物流事务和过程，作为一个整体来处理，以系统的观点进行分析研究，以实现其空间和时间的经济效益。物流系统化管理目标的特点在于，它不是把运输、储存、包装、加工、配送等物流的各个方面分别作为单独的对象来研究，也不是省工、省料、工序机械化等个别技巧性的研究，而是把各个要素按照一定规则构成的物流系统作为一个整体来研究。作为物流整个系统的理想状态，应当使各子系统自身，各子系统之间保持一种均衡和协调的状态，使各子系统之间能在数量、质量、时间、空间上密切配合，以呈现最佳的整体状态，发挥出最佳的物流经济效益。

另一方面，物流系统本身也是整个国民经济中的一个子系统。它自身又必须要同各生产系统、财金系统、商流系统、信息流系统等子系统保持均衡和协调，以求物流取得最佳效益。

4. 创新性原则

物流方案设计本身就是创新思维产物，物流方案设计要坚持创新性原则。创新性要体现在设计方案时敢于突破陈规，不被现有的物流管理方法所束缚，采用新的、更先进的物流理论技术与工具，从新的角度去看原有的物流模式与体系，进行创造性的设计。

5. 规模恰当原则

对物流系统进行投资建设时，其规模的大小是一个很重要的经济因素。对其所处的地理位置、周围环境、服务对象，特别是物流量的多少，包括货物品名、数量、流向等，都要进行详细调查和预测，综合分析研究，以确定物流系统的规模。否则，物流系统规模设计大了，而物流量小了，必然要使一部分物流设施、技术装备闲置起来，不仅白白浪费了投资，而且影响物流的经济效益。反之，物流系统规模设计小了，物流量多了，与其业务活动不相适应，满足不了顾客的需要，同样也是不可取的。

6. 替代方案原则

解决方案可以只选一个，但不能只设计一个，需要准备多个都能实现目标的替代方案。

二、方案目标设置

解决方案的目标是问题的直接利益相关者想要的问题解决方案实施后的结果，既不是问题解决者个人的目标，也不是解决方案自身。通常采用SMART原则判断目标设置的质量。

1. 具体原则

目标必须是具体的（Specific）。目标设置要有衡量标准、达成措施、完成期限以及资源要求，使直接利益相关者能够很清晰地看到系统管理者计划要做哪些事情，计划完成到什么样的程度。

2. 可衡量原则

目标必须是可以衡量的（Measurable）。目标的衡量标准遵循"能量化的量化，不能量化的质化"，使得直接利益相关者和制定人有一个统一的、标准的、清晰的、可度量的标尺，杜绝在目标设置中使用形容词等模糊概念以及无法衡量的描述。可以将完成目标的工作进行细分化、流程化，比如用一组明确的数据，作为衡量是否达成目标的依据。

3. 一致同意原则

目标是让执行人一致同意的（Agreed-to）。目标设置要坚持员工参与、上下左右沟通，使拟定的工作目标在组织及个人之间达成一致。

4. 可实现原则

目标是可实现的（Realistic）。

5. 时间限制原则

目标的时限性就是指目标是有时间限制的（Time-based）。

根据上述原则，良好的目标设置一般包含如下要素：必须有某种行动，必须具体说明拟做的改变，必须包括成功的标准和时间限制。例如，某方案的目标表述为"八周内缩短顾客等候时间25%"，其中，"八周内"为时间限制，"缩短"是行动，"顾客等候时间"是什么将被改变，"25%"是成功的标准。

良好的目标除了符合SMART原则外，目标应该是重要且强制的。如果在方案的设计过程中，意识到目标微不足道、不现实或对解决问题没有意义，可以停止并重新确定更恰当的目标。

三、方案任务制定

为实现目标而构造的任务集决定了方案的内容构成。范围图法和问题树法是确定任务集的两种常用方法。

1. 范围图法

范围图（Scoping Diagram）是通过罗列研究的主题和子主题来设置方案的任务，如图 9-3 所示。最上面一层是方案的目标，下面的主题和子主题即为了实现目标需要完成的任务集。每一个主题和子主题对应某一方面的任务集。需要注意的是，主题与子主题的设置来源于问题的原因分析，不能凭空随意设置。

图 9-3　范围图的主题和子主题

例如，假设某物流方案的目标是"六个月内将顾客投诉率降低 2%"，根据前面问题原因分析，发现导致顾客投诉的原因分别来自"人""流程""技术"三个方面，每一个类别下面又细分出若干的具体原因，设计出来的物流方案任务集如图 9-4 所示。

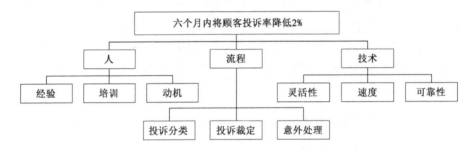

图 9-4　基于范围图法的物流方案任务集

在创建范围图时需要注意四个方面的原则，如表 9-1 所示。

范围图的设计原则　　　　　　　表 9-1

指导原则	描述
七个主题	目标涵盖的主题不要多于七个
水平逻辑	各研究主题要有一定的内在顺序，且每一层所包含的元素具有对目标而言相同的详尽水平和重要性
垂直逻辑	从目标到结果符合逻辑
相互排斥与完全穷尽	各主题间互不重叠，所有主题聚集起来完全穷尽目标范围

（1）七个主题原则

根据心理学的研究，人的短期记忆非常有限，大多数人不能同时记忆 7 件以上的事情。因此，当研究主题超过七个时，对任何人来说都非常难以充分理解。因此，范围图的主题数量最好不要超过七个，如果发现超过七个主题，可以将其进一步归纳，并在图中增加一个层次。

（2）水平逻辑原则

设计研究主题时，要选择一种排列顺序，可以是按地理位置、规模大小、时间先后等。除顺序之外，范围图中居于同一层次的主题或子主题对上一层级主题应当具有同样的规模或重要性。

（3）垂直逻辑原则

所有的子主题必须同主题连接，分子主题必须同子主题连接。连接线不交叉，也不要出现多对一关系，较低层级上的主题必须是较高层级主题的组成部分。图 9-5 是不符合垂直逻辑原则的范围图。

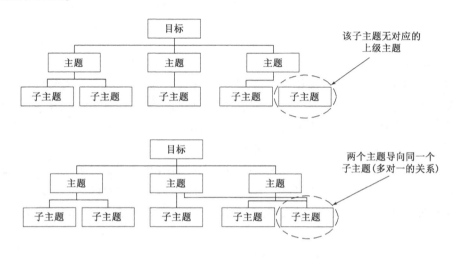

图 9-5　不符合垂直逻辑原则的范围图示例

（4）相互排次与完全穷尽原则

相互排斥与完全穷尽又叫 MECE（Mutually Exclusive, Collectively Exhaustive）原则，是一个具有挑战性的原则。需要判断主体是否完整地覆盖目标，是否有多余的主题。为了使所列举的主题和子主题符合 MECE 原则，可以借用已有的一些分析框架。比如，解决组织问题的 7S 分析框架、拟定营销策略的 4P 分析框架、系统一般构成要素分析框架、物流系统功能要素分析框架等。需要注意的是，为了使方案符合逻辑性原则，分析框架的选择要与问题潜在原因分析所采用的框架一致。

2. 问题树法

问题树又称逻辑树、演绎树或分解树等，是一种以树状图形系统地分析存在的问题及其相互关系的方法。问题树能够帮助我们分析一个特定问题的原因和影响，并看到其中的联系，并将这些结构要素组织成一个树状图，通过树状图便于找出解决问题的途径和方案。

借用问题树法设计方案任务的基本流程是：把目标当成树干，然后开始考虑这个目标和哪些子任务有关。每想到一个子任务，就给这个目标（也就是树干）加一个"树枝"，并标明这个"树枝"代表什么任务。一个大的"树枝"上还可以有小点的"树枝"，以此类推，找出目标的所有相关任务，如"六个月内将顾客投诉率降低2%"，基于问题树法的方案任务设置如图9-6所示。

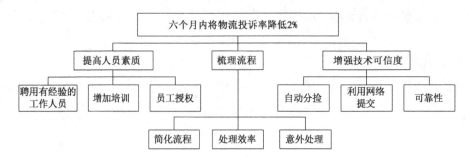

图9-6 基于问题树法的方案任务设置

问题树法有以下主要优点。

①思路简单明了，它将规划者和决策者的思路条理化、系统化，容易被人们所接受；

②形象直观，该方法以树型的形式将目标及实现目标的任务直观地展示给研究者，每一个分支线就代表一个子任务，任务之间的关系十分清楚；

③实用性广，可用于复杂而多层次问题的分析。

问题树在很多方面类似于范围图，主要区别在于所提出的是可能的建议，而非主题。采用问题树要求一开始就思考如何实现目标，给人一种已经知道答案的错觉，导致可能不去验证这些建议的可行性。范围图是在界定解决方案概貌之后再具体地聚焦于每个领域，有助于开阔思路。

四、方案实施计划

方案任务的实施计划又称为进度计划，是表达方案中各项任务或工作活动的开展顺序、开始及完成时间及相互衔接关系的计划。通过进度计划的编制，使方案实施形成一个有机整体，进度计划是进度控制和管理的依据。

1. 方案进度计划制订步骤

为满足方案进度管理和各个实施阶段进度控制的需要，同一方案往往需要编制各种进度计划，如总进度计划、分项进度计划、年度进度计划、季度进度计划、月度进度计划等。这些进度计划的具体内容不同，但其制订步骤却大致相似。

（1）收集信息资料

信息资料是编制进度计划的依据，包括方案背景、方案实施条件及限制、方案实施单位及人员数量和技术水平等。

（2）方案分解

方案分解是将方案按照工作顺序，或者结构层次分解成一层一层的要素，直到具体明确为止。通过方案分解，以明确方案所包含的各项工作或活动。方案分解是编制进度计划，进行项目进度控制的基础。

（3）方案活动排序

方案活动排序是根据活动之间的逻辑关系按照时间先后顺序进行排列。方案活动之间的逻辑关系有四种类型。

①完成—开始。后续工作的开始依赖于前置工作的完成，这是一种最常见到的逻辑关系类型。

②完成—完成。前置工作完成后，后续工作才能完成。

③开始—开始。前置工作开始后，后续工作才能开始。

④开始—完成。前置工作开始后，后续工作才完成，这种关系较少见。

（4）方案活动历时估算

方案各个活动所需要的时间决定了整个方案完成工期的长短，对于活动时间的估算需要考虑以下五方面的情况。

①活动执行人的工作能力、熟练水平；

②活动所获得的资源品质；

③突发事件的影响；

④组织的工作效率；

⑤历史数据。

时间估算的主要方法有以下四种。

①专家评定法。由该活动涉及专业领域的有实际经验的专家进行权威估算。

②类比估算法。以从前类似活动的实际历时为基本依据来估算。

③基于数量的历时法。适用于对单位工作时间固定的工作进行估算，例如安装一排货位用时为 T，若操作人数不变，则安装 N 排货位的活动时间为 N 乘以 T。

④三点法。三点法一般先对活动时间做出三类估计：乐观的完成时间 O、悲观的完成时间 P 和最可能的完成时间 M。在得到这三类估计值后，通过式（9-1）可计算得到活动的平均完成时间 E：

$$E = (O + 4P + M)/6 \quad (9-1)$$

只有比较准确地估算出方案任务活动的时间之后才能对整个方案的进度实现有效的管理。

（5）方案活动逻辑关系图绘制

通过网络图的形式来描述方案活动的逻辑关系，从而为随后的计划编制、进度分析与控制打下基础。网络图的表达方式分为 AOA（activity-on-arc）和 AON（activity-on-node）两种。

①AOA 网络图。

AOA 网络计划图由活动过程、事件和路径三个因素组成，用箭线代表活动的过程、节点代表事件，如图 9-7 所示。图中箭头线 h-i、i-j 表示活动过程，节点 h、i、j 表示事件。

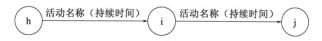

图 9-7　AOA 网络图

②AON 网络图。AON 网络图活动之间的逻辑关系用箭头线表示，而作业过程则用节点表示，如图 9-8 所示。图中的作业过程节点用圆圈或矩形表示，然后将作业名称、编号和持续时间标注在节点内。所有的节点必须编号，编号的原则与 AOA 事件节点的原则一样：每一个节点的号码不能重复，箭线前一个节点的号码 i 应小于箭线后一个节点号码 j。

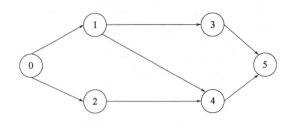

图 9-8　AON 网络图

与 AOA 网络图不同的是，AON 网络不存在虚箭线，但将整个网络的开始节点和结束节点视为虚作业过程，这两个节点不占用时间。

2. 方案进度计划编制方法

方案进度计划编制比较常用的方法包括网络计划图法、网络关键路径法、甘特图法等。

(1) 网络计划图法

在方案网络图上加入项目活动的时间参数，就形成了既表示方案活动逻辑关系，又表示方案活动时间节点的方案网络计划图。

在 AOA 网络图中，存在两组时间参数，分别是事件的时间参数和作业过程的时间参数。其中，事件的时间参数有两个，分别是事件的最早完成时间 ET 和事件的最晚完成时间 LT；作业过程的时间参数有六个，分别是：最早开始时间 ES、最早完成时间 EF、最迟开始时间 LS、最迟完成时间 LF、总时差 TF、自由时差 FF。

在 AON 网络图中节点表示作业过程，箭线表示逻辑关系，因此 AON 项目网络只存在一组时间参数，即作业过程的时间参数。图 9-9 为带有作业过程时间参数的 AON 网络图示例。

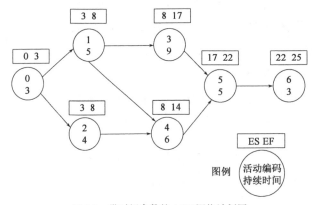

图 9-9　带时间参数的 AON 网络计划图

(2) 网络关键路径法

关键路径法是指为了获得理想的进度计划，对关键路径进行分析和优化的方法。在进行进度计划的安排过程中，要尽可能缩短关键作业过程的持续时间，压缩关键路径的长度，才能缩短工期。

路径是网络图中从网络始点直至网络终点的通道，一个网络图从始点至终点可以有多条路径，每条路径要求顺着箭线的方向，整个路径内的作业过程和事件要求连续不能中断。

一个路径中各项作业过程的时间之和为该路径的总长度，网络图中总长度最长的路径称为关键路径。

在图 9-9 中，从始点到终点存在三条路径，分别是：

路径 1：0→1→3→5→6，路径长为 3 + 5 + 9 + 5 + 3 = 25。

路径 2：0→2→4→5→6，路径长为 3 + 4 + 6 + 5 + 3 = 21。

路径 3：0→1→4→5→6，路径长为 3 + 5 + 6 + 5 + 3 = 22。

所以，图 9-9 网络图的关键路径是路径最长为 25 的粗箭线表示的路径 1 "0→1→3→5→6"。

整个方案的总工期长度就是关键路径的长度，而关键路径上的各个节点也叫作关键节点，关键路径上的事件称为关键事件，关键事件的任何延误都会使整个方案工期延误，因此关键事件、节点在方案进度计划管理中是重点控制对象。

作业过程的总时差 TF 是指在给定方案截止时间的前提下，作业过程可以调整的总余地的大小，因为关键路径上各作业过程时间的任何调整都会影响到整个工期的调整，因此关键路径上各作业过程没有调整的余地，即总时差为零。因此可以通过计算各作业过程的总时差来确定整个方案中的各关键作业过程。

有时候一个网络图中可以存在多条关键路径。相对于关键路径，其他的路径称为非关键路径。关键路径并非一成不变，当作业过程的持续时间或事件的顺序发生变化时，关键路径与非关键路径可相互转化。

（3）甘特图法

尽管网络图能够帮助人们正确分析项目活动之间的联系，又能找出关键路径，但网络图不够直观，在实际项目管理中最常用到的还是甘特图。

甘特图又叫横道图、条状图，是以图示的方式通过活动列表和时间刻度形象地表示出任何特定方案的活动顺序和持续时间。甘特图是在一个二维的平面图上，用 X 轴表示活动时间、Y 轴表示活动，在图中将对应在 Y 轴上的每项活动的开始、完成时间通过 X 轴方向上的条形横道表示出来。传统的甘特图上一般不显示活动之间的逻辑关系，但随着网络计划原理的应用发展，也出现了在甘特图上将这种逻辑关系表示出来的方式，如图 9-10 所示。

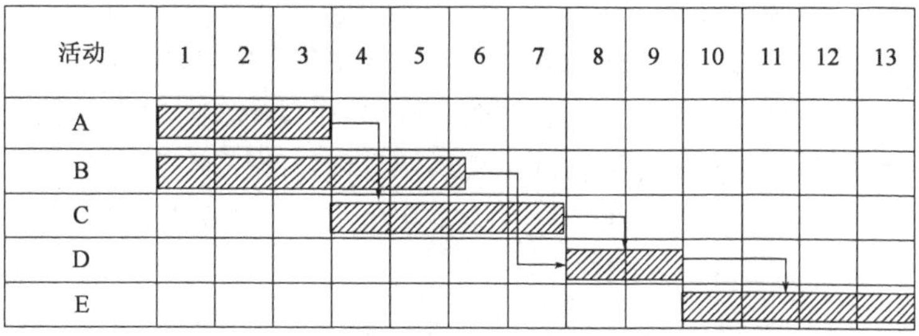

图 9-10 带有逻辑关系的甘特图（单位：天）

甘特图的特点是直观、简单，可用于方案工作分解结构的任何一个层次，既可以表达方案的总进度，也可以表达子任务下的分进度。同时因为甘特图中可以通过横道的长短清楚地观察方案活动时间的长短，再加入实际进度的条形图，就可以对比出进度执行的偏差程度，成为进度计划控制的实用工具。甘特图的绘制流程有以下六个步骤，如图9-11所示。

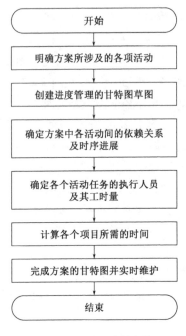

图9-11 甘特图绘制步骤

①明确方案实施过程中的各项相关活动，具体包括各项活动的名称、活动间的依赖关系、活动开展的先后顺序、各项活动的开始时间及工期、活动的类型等。

②创建方案管理的甘特图草图。在明确方案所设计的各项活动的基础上，将各项活动按照开始时间、工期标注到甘特图上，形成方案管理的甘特图草图。

③确定方案实施过程中各相关活动顺序的相互依赖关系及进度顺序。借助甘特图草图，根据各活动的类型将其联系起来，进行编制项目的进度计划。在此步骤中，应确保所有的互相依赖的活动只能在完成相关性活动的基础上按计划实施，以避免项目的关键性路径过长，达到尽可能缩短项目工期的目的。

④确定方案中各个活动任务的执行人员，同时确定各个活动的工时量。

⑤计算方案中各项目的时间，运用甘特图跟踪项目进度实施计划，观察项目进度情况进而对项目进度进行控制，以保证方案在既定项目预算内按时按质完成。

⑥完成项目的甘特图，并实时维护。在方案实施过程中按工时进行调整，及时更新甘特图中的相关信息。

当任务逻辑关系复杂、任务量大时，甘特图就会变得混乱难懂，因此要根据实际情况选择使用何种表达方式。

第三节 物流系统方案可行性分析

一、可行性分析的定义和作用

1. 可行性分析的定义

可行性分析也叫可行性研究，是指建设项目投资决策和拟建前期，根据市场需求和国民经济的长期发展规划、地区及行业发展规划的要求，通过对与项目有关的市场、资源、工程技术、经济和社会等方面的条件和情况进行全面系统的调查研究，对各种可能拟定的技术方案和建设方案进行认真的技术经济分析和对比论证，对项目建成后的经济效益和社会效益进行科学的预测和评价，考察项目技术上的先进性、适用性，经济上的合理性，财务上的盈利性，建设的可行性，继而确定项目是否可行并选择出最佳实施方案的科学分析方法。

通常情况下，可行性研究必须从项目总体角度出发，系统地对与项目有关的经济、技术、财务、法律和环境保护等方面进行深入研究，为科学的投资决策提供准确的依据。项目可行性研究针对的是多因素和多目标的系统，该过程涉及与工程有关的诸多方面，它横跨自然科学、技术科学、经济科学等领域，如建筑工程，将涉及规划建筑、结构选型、供求关系、成本效益等；工业项目将会涉及产品、环境污染、生态、政治、国防安全等；水利水电项目则会涉及水土治理、环境保护、国民经济等；某些重大的项目还会涉及国家经济、社会稳定、政治影响等，这导致论证过程十分复杂，因此需要各方面专业知识的人才进行合作，不断进行分析研究、评价和决策。

2. 可行性分析的作用

可行性研究最终的成果是可行性研究报告，是投资者解决"项目是否可行"和"何种方案最优"的纲领性和指导性文件，也是为其他投资活动做准备工作的主要依据，其基本作用如下。

（1）可行性研究是工程项目投资决策的主要依据

作为投资决策的重要依据，可行性研究是建设前期的至关重要的一项工作，因此项目在决策之前，投资者需要委托具有一定资质和相关经验的咨询机构，联合各方专家对项目进行充分的调研和分析，并得出项目是否可行的结论。虽然可行性研究的成果只是一份纸质报告，但是其内容却是关系到项目决策成败的关键因素。根据国内外经验，可行性研究可以很大程度上提高投资决策的科学性。

（2）可行性研究是投资者筹措资金的依据

投资者筹措资金的方式通常有两种，一种是寻找愿意为项目投资的合伙人，另一种则是直接向银行等金融机构进行贷款。然而无论是何种融资方式，都需要投资者向其合作者或者是金融机构提供可行性研究报告。在招商的过程中，投资者在向潜在合作者提供项目资料和可行性研究报告后，对方经过分析和研究才会决定是否与投资者签订合作意向书。一些金融机构为了能够保证自己放出的贷款能够在合理的时间回收，因此一些项目的投资者或者业主向它们提出贷款申请时，都会被要求提交该拟建项目的可行性研究报告，在经过了详细的审查和论证之后，才会决定是否向该项目提供贷款，并编制项目的评估报告。由此可见，可行性研究还掌握了投资者的"财政命脉"。

（3）可行性研究是工程项目设计、勘察等的基础资料

根据可行性研究报告的内容，如项目的场地选择、总体规划、生产规模、生产工艺、结构选型、设备选型等，以此为依据对项目进行工程设计。

（4）可行性研究是环保部门、地方政府等部门审批项目的重要依据

一个项目在建设以前需要接受地方政府和有关部门对其进行审核和批准，项目使用的土地需要政府来划拨，选址要通过城市规划部门的认同，项目的环保措施也需要接受环保部门的审查，这些均需要在项目的可行性研究中体现。

（5）可行性研究是建设方与相关单位互定协议、签订合同的依据

在项目建设和生产经营的过程中，往往需要同多方相关单位协同合作，完成建设和生产工作。可行性研究报告中包含了建设和生产所需的原材料、燃料、动力的需求货物运输、设备购置、工艺选型和生产技术等内容，这些内容为与各相关单位签订合同提供依据。

二、可行性分析的依据和阶段

1. 可行性分析的依据

可行性研究报告必须依据国家有关的规划、政策、法规，以及相关的各种技术资料进行编制，因此分析依据一般包含以下内容。

①国家有关经济发展的政策和产业方针政策、经济建设的方针和规划以及国家或地方的有关法律法规；

②国民经济和社会发展的长远规划、区域规划和地区规划；

③被批准的初步可行性研究或项目建议书；

④国家或地区被批准的资源报告、工业基地规划、国土开发整治规划、交通网络规划、河流流域规划、建筑工程项目的总体规划；

⑤建设项目当地的自然、经济和社会条件，以及水文地质等基础资料；

⑥对拟建项目的生产产品进行调查的内容；

⑦有关行业的工程技术、经济方面的规范、定额和标准等；

⑧国家颁布的有关项目评价的经济参数及指标，如社会折现率、行业基准收益率、外汇汇率等；

⑨有关论证的程序、组织、审批、内容、经费、合同等文献。

2. 可行性分析的工作阶段

项目可行性研究是一个较长时期的、由浅入深的、不断深化的工作过程，通常我们把可

行性论证的工作过程分为：机会可行性研究、初步可行性研究、详细可行性研究，以及最后的评估与决策如表 9-2 所示。

可行性研究的工作阶段　　　　　　　　　　　　　　　　　　　　　表 9-2

工作阶段	机会可行性研究	初步可行性研究	详细可行性研究	评估与决策
工作性质	项目设想	项目初选	项目拟定	项目评估
工作内容	鉴别投资方向；寻求最佳投资机会；提出建设项目投资方向建议	确定项目的初步可行性；对关键问题进行专题性和辅助性研究	对项目进行深入细致的技术经济论证，对项目进行财务效益和经济效益分析评价，并进行多方案比较，得出结论性意见；确定投资方案的可行性	综合分析各种效益，对可行性论证报告进行评估和审核；分析判断项目可行性论证的可靠性和真实性，对项目进行最终决策
工作成果及作用	提出项目建议，作为制订经济计划和编制项目建议书的基础，为初步选择投资项目提供依据	初步可行性研究报告；确定项目是否值得进行详细可行性研究	可行性研究报告	提出项目评估报告，为投资决策提供最后决策依据；决定项目取舍和选择最佳投资方案
估算精度%	±30	±20	±20	±20
费用占比投资百分比%	0.2～1.0	0.25～1.25	大项目 0.8～1.0 中小项目 1.0～3.0	—
需要时间/月	1～3	4～6	8～12	—

在可行性研究中，任意一个阶段得出的结论是"不可行"，则不用进入下一个工作阶段。

三、可行性分析的主要内容和报告构成

1. 可行性分析主要内容

各类投资项目可行性研究的内容及侧重点因行业特点而差异很大，但一般应包括以下内容。

（1）投资必要性

根据市场调查及预测的结果，以及有关的产业政策等因素，论证项目投资建设的必要性。在投资必要性的论证上，一是要做好投资环境的分析，对构成投资环境的各种要素进行全面的分析论证；二是要做好市场研究，包括市场供求预测、竞争力分析、价格分析、市场细分、定位及营销策略论证。

（2）技术可行性

从项目实施的技术角度，合理设计技术方案，并进行比选和评价。各行业不同项目技术可行性的研究内容及深度差别很大。对于工业项目，可行性研究的技术论证应达到能够比较明确地提出设备清单的深度；对于各种非工业项目，技术方案的论证也应达到目前工程方案初步设计的深度，以便与国际惯例接轨。

(3) 财务可行性

从项目投资者的角度，设计合理财务方案，从企业理财的角度进行资本预算，评价项目的财务盈利能力，进行投资决策，并从融资主体（企业）的角度评价股东投资收益、现金流量计划及债务清偿能力。

(4) 组织可行性

制订合理的项目实施进度计划、设计合理的组织机构、选择经验丰富的管理人员、建立良好的协作关系、制订合适的培训计划等，保证项目顺利执行。

(5) 经济可行性

从资源配置的角度衡量项目的价值，评价项目在实现区域经济发展目标、有效配置经济资源、增加供应、创造就业、改善环境、提高人民生活等方面的效益。

(6) 社会可行性

分析项目对社会的影响，包括政治体制、方针政策、经济结构、法律道德、宗教民族、妇女儿童及社会稳定性等。

(7) 风险因素及对策

对项目的市场风险、技术风险、财务风险、组织风险、法律风险、经济及社会风险等风险因素进行评价，制定规避风险的对策，为项目全过程的风险管理提供依据。

2. 可行性分析报告的构成

可行性研究是根据收集到的各项数据和信息，从经济、技术、社会、环境等方面对建设项目由浅到深、由粗到细、前后连接、反复地进行分析和论证的过程。项目不同，其可行性研究的具体内容也不尽相同，但是一般情况下，项目可行性研究报告包含以下十四项内容。

(1) 总论

总论是综述项目的概况，其中包含项目的名称、承办项目的建设单位、项目拟建地区和地点；承担可行性研究工作的单位和法人、研究工作依据；项目提出的背景、投资环境、研究工作的范围、要求和工作情况、可行性研究的主要结论以及存在的问题情况和建议、汇总报告各个章节中的主要技术经济指标，列出主要技术经济表。

(2) 市场分析与建设规模

在可行性研究报告中，我们必须进行详细的市场调查，调查国内外近期该产品的供需情况，对未来的需求情况进行预测，对生产能力、产品销售及价格、产品的竞争能力以及其进入国际市场的可能进行分析，并对市场需求进行预测，以此确定项目的合理建设规模。

(3) 资源、原材料及公用设施

资源、原材料及公用设施包括按照建议的产品方案来研究资源的数量、内容和利用条件；建设项目需要的原料和材料等的来源及供应条件，材料试验情况等；有害物质和有毒物品的品种、运输方式和条件、隔离储存的方式；公共设施的数量和供应等。

(4) 建厂条件和厂址选择

建厂条件和厂址选择包括项目厂址的地理位置，工程项目生产技术要求，厂址气象、水文、地形、地质灾害等情况；项目产品以及原材料的运输条件，水、电、气及热动力等的现状及发展情况；环境影响；厂区面积、占地范围、总体布置方案、建设条件等，对厂址进行多方案备选。这里的厂址是广义的工厂，包括各种基础设施，比如物流仓库、物流园区、物流中心、运输通道等。

(5) 项目设计方案

项目设计方案包括建设项目的构成内容，主要是单项工程的构成、建设地点的总规划设计、厂区布置和土建优化设计、项目的技术方案设计、生产方式的选择，工艺和设备的选型，引进国外的技术和设备情况，以及备选方案的情况。

(6) 环境保护及劳动安全

环境保护及劳动安全包括项目建成后对环境的影响分析；分析项目"三废"的种类、成分和数量，并预测其对环境的影响以及治理方案；劳动保护、安全生产、城市规划、防震、防洪、防空和文物保护等要求以及相应的措施。

(7) 企业组织、劳动定员的优化组合及人员培训

企业组织、劳动定员的优化组合及人员培训包括项目建成后的管理方案、组织体制、建立组织机构的方式；技术职工和管理员工的配置情况和数量要求，人员培训规划的费用估算。

(8) 投资估算和资金筹措

投资估算和资金筹措包括土建工程及其配套工程的投资，生产流动资金的估算，资金来源、筹措方式及贷款偿付方式等。

(9) 实施进度及建设工期的规划

实施进度及建设工期的规划包括根据勘察设计、设备制造、工程施工、安装、试生产所需的时间与进度的要求，选择项目实施方案和总进度，并用横道图或者网络图来描述项目施工计划和最佳施工方案。

(10) 社会及经济效果评价

社会及经济效果评价包括财务基础数据估算，财务评价指标的计算，以判断项目在财务上是否可行；从国家的角度出发考察项目对国民经济的贡献，并对项目的不确定性进行分析。

(11) 风险分析

风险分析是对工程项目存在的风险进行分析与评估，提出项目抗风险的对策能力。

(12) 综合评价及结论

综合评价及结论是运用各项数据，从技术、经济、社会、财务等方面进行综合评价，推荐可行的方案供决策参考，指出项目存在的问题和改进建议。

(13) 附件

附件是有关的批文文本、调查及预测的资料汇编，试验报告及勘察的各种报告，贷款文件。

(14) 必要的附图和附表

必要的附图和附表包括厂址、总图、工艺流程图，厂房布置方案，各种技术经济及财务分析、资金、费用总表。

第四节 物流系统方案比选

物流系统方案比选是指对根据实际情况所提出的各个备选方案，通过选择适当的评价指标和方法，对各个方案的效益进行比较，最终选择出最佳的方案的过程。物流系统方案比选的方法可以分为以经济分析为基础的费用比选法、效益比选法、最低价格比选法等，以多指标定性定量结合分析为基础的关联矩阵法、价值工程法、层次分析法、网络层次分析法、模糊综合评价法、数据包络分析法等方法，如图9-12 所示。下面选择几种常用方法进行介绍。

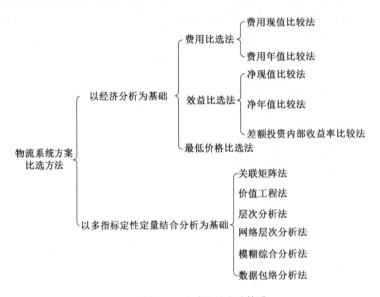

图9-12　方案比选方法体系

一、效益比选法

当方案无资金约束的条件下，一般采用净现值比选法、净年值比较法和差额投资内部收益率法。

1. 净现值比选法

净现值（Net Present Value，NPV）法是把方案在整个寿命期内的净现金流量按预定的目标收益率（也叫贴现率、折现率）全部换算为等值的现值之和。净现值之和亦等于所有现金流入的现值与所有现金流出的现值的代数和。净现值法的应用要点如表9-3 所示，其计算公式如下：

$$\mathrm{NPV} = \sum_{t=0}^{n} (CI - CO)_t (1 + i_c)^{-t} \tag{9-2}$$

其中，CI 是第 t 年的现金流入量；CO 是第 t 年的现金流出量；i_c 是折现率。

净现值法应用的要点　　　　　　　　　　　　　　　表 9-3

决策原则	净现值为正，方案可行，说明方案的实际收益率高于所要求的收益率；净现值为负，方案不可行，说明方案的实际投资收益率低于所要求的收益率；净现值为零时，说明方案的投资收益刚好达到所要求的投资收益，方案也可行；净现值越大，投资方案越好
经济含义	投资方案收益超过基本收益后的剩余收益
贴现率的参考标准	(1) 市场利润； (2) 预期最低投资收益率； (3) 企业平均投资成本率
优点	(1) 适用性强，能基本满足项目年限相同的互斥的投资决策； (2) 能灵活地考虑投资风险
缺点	(1) 采用的贴现率不确定，如果两方案采用不同的贴现率贴现，采用净现值法不能得出正确的结论； (2) 不能用于独立投资方案的决策； (3) 不能直接用于对寿命期不同的互斥方案进行决策

2. 净年值比较法

净年值（Net Annual Value，NAV）是指按给定的折现率，通过等值换算将方案计算期内各个不同时点的净现金流量分摊到计算期内各年的等额年值。净年值法是比较备选方案的净年值，以净年值大的方案为优。计算公式如下：

$$NAV = NPV \cdot (A/P, i_c, n) \tag{9-3}$$

其中，$(A/P, i, n)$ 是资本回收系数，计算公式如下：

$$(A/P, i, n) = \frac{i(1+i)^n}{(1+i)^n - 1} \tag{9-4}$$

净年值 NAV 与净现值 NPV 在方案评价的结论上是一致的，是等效的评价指标，即 NPV≥0 就有 NAV≥0。不同的是在对计算期不同方案进行比选优选时，净年值法可以使方案之间具有时间上的可比性，而不必强求各方案的计算期相同。

3. 差额投资内部收益率法

差额投资内部收益率是使项目的两个方案计算期内各年净现金流量差额的现值累计数等于零的折现率。差额投资内部收益率法是项目方案比较的基本方法之一。当差额投资财务内部收益率大于或等于设定的基准收益率（财务评价）或社会折现率（国民经济评价）时，以投资大的方案为优；否则，投资小的方案为优。在进行多方案比较时，应先按投资大小，由小到大排序，再依次就相邻方案两两比较，从中选出最优方案，计算公式如下：

$$\sum_{i=1}^{n}[(CI-CO)_{大} - (CI-CO)_{小}](1+\Delta FIRR)^{-t} = 0 \tag{9-5}$$

其中，$(CI-CO)_{大}$ 是投资大的方案的财务净现金流量；$(CI-CO)_{小}$ 是投资小的方案的财务净现金流量；$\Delta FIRR$ 是差额投资财务内部收益率；n 是计算期。

该方法适用于原始投资不相同但项目计算期相同的多个互斥方案的比较决策，不能用于项目计算期不同的方案的比较决策。

二、费用比选法

费用比选法包括费用现值比较法、费用年制比较法。

1. 费用现值比选法

费用现值比较法也称为现值比较法，是以社会折现率或基准收益率分别计算各方案的费用现值（PC），并进行比较，以费用现值较低的方案为优的一种比选法，其应用要点如表 9-4 所示。这种方法可视为净现值法的一个特殊情况，它是以各个比选方案的费用现值为对比条件，以所计算出来的费用现值最少的方案为最优方案，其计算公式如下：

$$PC = \sum_{t=1}^{n} CO_t (1+i_c)^{-t} \tag{9-6}$$

其中，CO_t 是第 t 年的现金流出量；n 是计算期；i_c 是表示财务评价时基准收益率或国民经济评价时的社会折现率。

费用现值比选法应用要点　　　　表 9-4

费用现值含义	每年现金流出量折现到 0 点的现值累计值
应用范围	诸方案产出价值相同，或者诸方案同样满足需要但其效益难以计量
比选原则	费用现值最小的方案为优
隐含条件	各备选方案均是合格方案
方案对象	用于互斥方案比选

2. 费用年值比较法

费用年值比较法是指通过计算各方案等额年费用（AC）来进行方案比较和选择的一种方法，其应用要点如表 9-5 所示。该方法将方案计算期内所有的费用现值，按事先选定的基准收益率，折算为每年等额的费用（费用年值）。一般来说，选择等额年费用最少的方案作为最优方案。费用年值比较法的计算公式如下：

$$AC = PC \cdot (A/P, i_c, n) \tag{9-7}$$

式中符号意义与前面相同。

费用年值比较法应用要点　　　　表 9-5

费用年值含义	费用现值分摊到项目寿命期内各年的等额年值，即费用现值年金化
应用范围	同费用现值法，尤其适用于各方案寿命期不等时的方案比选
比选原则	费用年值最小的方案为优
隐含条件	同费用现值法
方案对象	用于互斥方案比选

三、关联矩阵法

关联矩阵法是常用的工程技术方案综合评价法，常用于多目标工程技术方案评价。它主要是用矩阵形式来表示替代各方案有关评价指标及其重要度与方案关于具体指标的价值评定量之间的关系。在关联矩阵中，不同的评估角度由不同的评估指标（维度、属性）加以描述，不同评估指标对于评估目标的重要性（贡献性）程度由权重加以描述，不同方案针对不同评价指标的满足（响应、实现）程度，即为不同方案在该指标分量上的评估结果。

设有：

A_1，A_2，…，A_m 是某评价对象的 m 个替代方案；

X_1，X_2，…，X_n 是评价替代方案的 n 个评价指标或评价项目；

W_1，W_2，…，W_n 是 n 个评价指标的权重；

V_{i1}，V_{i2}，…，V_{in} 是第 i 个替代方案 A_i 关于 X_j 指标（$j=1\sim n$）的价值评定量。

则相应的关联矩阵表如表9-6所示。

关联矩阵表　　　　　　　　　　表9-6

指标	X_1	X_2	…	X_j	…	X_n	v_i（加权重）
权重	W_1	W_2	…	W_j	…	W_n	
A_1	V_{11}	V_{12}	…	V_{1j}	…	V_{1n}	$v_1 = \sum_{j=1}^{n} W_j V_{1j}$
A_2	V_{21}	V_{22}	…	V_{2j}	…	V_{2n}	$v_2 = \sum_{j=1}^{n} W_j V_{2j}$
…	…	…	…	…	…	…	…
A_m	V_{m1}	V_{m2}	…	V_{mj}	…	V_{mn}	$v_m = \sum_{j=1}^{n} W_j V_{mj}$

关联矩阵法就是通过将不同方案针对不同评价指标的满足效果用矩阵的形式加以描述，从而使不同方案可以在根据评价目标具体分解的基础上，被深入地量化评估比较。

应用关联矩阵评价方法的关键，在于确定各评价指标的相对重要度（即权重 W_j）以及根据评价主体给定的评价指标的评价尺度，确定方案关于评价指标的价值评定量（V_{ij}）。确定权重及价值评定量的方法有逐对比较法、古林法等。

1. 逐对比较法

逐对比较法是确定评价指标权重的简便方法之一。其基本的做法是：对各替代方案的评价指标进行逐对比较，对相对重要的指标给予较高得分，据此可得到各评价项目的权重 W_j。再根据评价主体给定的评价尺度，对各替代方案在不同评价指标下一一进行评价，得到相应的评价值，进而求加权和得到综合评价值。

现以某紧俏产品的生产方案选择为例加以说明。某企业为生产紧俏产品制定了三个生产方案，它们是：

A_1：自行设计一条新的生产线；

A_2：从国外引进一条自动化程度较高的生产线；

A_3：在原有设备的基础上改装一条生产线。

通过权威部门及人士讨论决定评价指标为五项，它们分别是：①期望利润；②产品成品率；③市场占有率；④投资费用；⑤产品外观。

根据专业人士的预测和估计，这三种方案关于五个评价项目的结果如表9-7所示。

方案实施结果例表　　　　　　　　　　　　　　　　　　　　　　　　表9-7

方案	期望利润/万元	产品成品率（%）	市场占有率（%）	投资费用/万元	产品外观
自行设计	650	95	30	110	美观
国外引进	730	97	35	180	比较美观
改建	520	92	25	50	美观

首先，用逐对比较法，求出各评价指标的权重，结果如表9-8所示。如表中的期望利润与产品成品率相比，前者重要，得1分，后者得0分，以此类推。最后根据各评价项目的累计得分计算权重，如表9-8最后一列所示。

逐对比较法例表　　　　　　　　　　　　　　　　　　　　　　　　表9-8

评价项目	比较次数										累计得分/分	权重
	1	2	3	4	5	6	7	8	9	10		
期望利润	1	1	1	1							4	0.4
产品成品率	0				1	1	1				3	0.3
市场占有率		0			0			0	1		1	0.1
投资费用			0			0		1		1	2	0.2
产品外观				0			0		0	0	0	0

随后由评价主体（一般为专家群体）确定评价尺度，如表9-9所示，以使方案在不同指标下的实施结果能统一度量，便于求加权和。

评价尺度例表　　　　　　　　　　　　　　　　　　　　　　　　表9-9

指标	5分	4分	3分	2分	1分
期望利润	800以上	701~800	601~700	501~600	500及以下
产品成品率	97以上	96~97	91~95	86~90	85以下
市场占有率	40及以上	35~9	30~34	25~29	25以下
投资费用	20及以下	21~80	81~120	121~160	160以上
产品外观	非常美观	美观	比较美观	一般	不美观

根据评价尺度表及表9-8，对各代替方案的综合评定如下：

对代替方案 A_1 有

$$V_1 = 0.4 \times 3 + 0.3 \times 3 + 0.1 \times 3 + 0.2 \times 3 = 3.0$$

对代替方案 A_2 有

$$V_2 = 0.4 \times 4 + 0.3 \times 4 + 0.1 \times 4 + 0.2 \times 1 = 3.4$$

对代替方案 A_3 有

$$V_3 = 0.4 \times 2 + 0.3 \times 3 + 0.1 \times 2 + 0.2 \times 4 = 2.7$$

以上计算结果可用关联矩阵表示，如表 9-10 所示。

关联矩阵例表（逐对比较法）　　　　　　　　　　　　表 9-10

方案	期望利润	产品成品率	市场占有率	投资费用	产品外观	V_i
	0.4	0.3	0.1	0.2	0	
自行设计	3	3	3	3	4	3.0
国外引进	4	4	4	1	3	3.4
改进	2	3	2	4	4	2.7

由表 9-10 可知，由于 $V_2 > V_1 > V_3$，故 $A_2 > A_1 > A_3$。

在只需对方案进行初步评估的场合，也可用逐对比较法来确定不同方案对具体评估指标的价值评定量（V_{ij}）。

2. 古林法

古林法是将人的主观判断以数量形式表达的一种科学处理方法。当对各评价项目间的重要性可以做出定量估计时，古林法比逐对比较法前进了一大步。它是确定指标权重和方案价值评定量的基本方法。现仍以上述评价问题为例来介绍此方法。

首先按下述步骤确定评价项目的权重。

（1）确定评价指标的重要度 R_j

按评价项目（指标）自上向下地依次比较相邻两指标间的相对重要性，并用数值表示相邻两指标间的重要程度比例，填入指标比较表格中 R_j 列中。从表 9-11 中可以看出，"期望利润"的重要性是"产品成品率"的 3 倍，"产品成品率"的重要性是"市场占有率"的 3 倍。最后，由于产品外观已经没有别的项目与之比较，故没有 R 值。

评价指标相对重要性例表　　　　　　　　　　　　表 9-11

序号	评价项目	R_j
1	期望利润	3
2	产品成品率	3
3	市场占有率	0.5
4	投资费用	4
5	产品外观	—

（2）R_j 的基准化处理

设基准化处理结果为 K_j，以最后一项评价指标为基准，令其 K 值为 1，自下而上计算其他评价项目的 K 值。如表 9-12 所示，K_j 列中最后一个 K 值为 1，用 1 乘上一行的 R 值，得 4，即为上一行的 K 值，如表中箭线所示。然后再以 4 乘上一行的 R 值 0.5，直至求出所有的 K 值。

确定评价指标权重例表（古林法） 表9-12

序号	评价项目	R_j	K_j	W_j
1	期望利润	3	18	0.580
2	产品成品率	3	6	0.194
3	市场占有率	0.5	2	0.065
4	投资费用	4	4	0.129
5	产品外观	—	1	0.032
			31	1.000

（3）K_j的归一化处理

将K_j列的数值相加，分别除以各行的K值，所得结果即分别为各评价项目的权重W_j，比如$W_1 = K_1/\sum K_j = 18/31 = 0.580$，其余可类推。

算出各评价指标的权重后，可按同样的计算方法对各替代方案进行评估。此时，各方案A_i在指标下X_j下的重要度R_{ij}不需要再予以估计，可以按照表9-7中各替代方案的预计结果按比例算出来。如对期望利润（X_1）的R值（R_{i1}），因A_1的期望利润为650万元，A_2的期望利润为730万元，A_3的期望利润为520万元，则在表9-13中，$R_{11} = 650/730 = 0.890$，$R_{21} = 730/520 = 1.404$，以此类推得到其他替代方案的重要度。然后按照计算K_j和W_j的同样方法计算出K_{ij}和V_{ij}。

在表9-13中，有以下两点需要说明：

①在计算投资费用时，希望投资费用越小越好，故其比例取倒数，即$R_{14} = 180/110 = 1.636$，$R_{14} = 50/180 = 0.278$。

②在计算产品外观时，参照表10-9，美观为4分，比较美观为3分，所以，$R_{15} = 4/3 = 1.333$，$R_{25} = 3/4 = 0.750$。

古林法计算方案的价值评定值 表9-13

序号	评价项目	代替方案	R_{ij}	K_{ij}	V_{ij}
1	期望利润	A_1	0.890	1.250	0.342
		A_2	1.404	1.404	0.348
		A_3	—	1	0.274
2	产品成品率	A_1	0.979	1.032	0.334
		A_2	1.054	1.054	0.342
		A_3		1	0.324

续上表

序号	评价项目	代替方案	R_{ij}	K_{ij}	V_{ij}
3	市场占有率	A_1	0.857	1.200	0.333
		A_2	1.400	1.400	0.389
		A_3		1	0.278
4	投资费用	A_1	1.636	0.455	0.263
		A_2	0.278	0.278	0.160
		A_3		1	0.577
5	产品外观	A_1	1.333	1.000	0.364
		A_2	0.750	0.750	0.272
		A_3		1	0.364

综合表9-12和表9-13的结果，即可计算三个替代方案的综合评定结果，如表9-14所示。由表可知，替代方案 A_2 所对应的综合评价值最大。

表9-14 评价结果矩阵表

方案	期望利润	产品成品率	市场占有率	投资费用	产品外观	V_i
	0.580	0.3	0.1	0.2	0	
自行设计	0.342	3	3	3	4	3.0
国外引进	0.384	4	4	1	3	3.4
改进	2	3	2	4	4	2.7

复习思考题

1. 简答题

（1）物流方案设计的原则有哪些？
（2）如何确保所设计的物流方案符合逻辑？
（3）物流方案任务的设计方法有哪些？它们的区别在哪里？
（4）物流方案实施计划如何制订？
（5）物流投资建设方案可行性分析的主要内容有哪些？
（6）物流系统方案常用的比选方法有哪些？

2. 案例分析

中国电信浙江公司是中国电信股份有限公司下属分公司，是中国电信首批在海外上市的四家省级公司之一，是浙江省内规模最大、历史最悠久的电信运营企业。公司旗下拥有11个市分公司、63个县（市）分公司、1个直属单位（省长途电信传输局）、2个专业分公司（省公用电话分公司、省号码百事通信息服务分公司）。

浙江电信原来的仓储物流系统是以行政区划等级为单位分为三级（省、市、县），存在采购集约力度弱、仓库数量众多、库存金额高等问题，具体如下。

（1）自有库存高

浙江电信通用物资库存金额与呆滞物资库存金额居高不下，物资共享及流转效率低，相应库存及呆滞管理指标均在全集团排名靠后。

（2）供应商管理协同难

浙江电信原分散管理模式下，存在对供应商的谈判能力弱，在供应商管理难度大、地市分散检测背景下，送检率低，物资质量管理不足、供应商供货不及时，送货数量稳定性差等问题。

（3）单据流程不规范

各地市自行下单、挂账、付款，存在单据操作标准不统一、流程不规范、付款不及时等问题。例如为了在保证市场响应的同时满足库存指标，分公司存在未及时收货入库、系统外领用等不规范操作，造成库存账实不符，存在较大经营风险。

（4）仓储集中率低

仓储资源较分散，人力、仓库、设施存在交叉冗余。县库数量较多，省库面积不足，存在仓储资源分配不合理、管理优势不突出等问题。

针对这些问题，浙江电信从以下四个方面进行了优化和改进。

（1）仓储集约化

通过建设"4个配送中心+11地市分屯库"二级集中仓储体系，总仓储面积7万平方，比三级仓储体系节约6.3万平方；有效提升配送中心、分屯库物资集中存储率，省市库集中存储物资占比超过80%。仓储体系的调整如表9-15所示。

浙江电信仓储体系优化调整情况　　　　表9-15

仓库	原有三级仓储结构		目前两级仓储构架	
	数量（个）	面积（m²）	数量（个）	面积（m²）
省库	4	3000	4	20000
市库	11	50000	11	50000
县库	79	80000	0	0
合计	94	133000	15	70000

（2）仓库标准化

按照集团星级仓库评定标准，推进全省仓库标准化建设，提升仓库规范化、专业化、标准化管理水平，支撑集约化物流体系顺利运作，如表9-16所示。

浙江电信仓库标准化建设情况　　　　　　　　　　表 9-16

序号	仓库名称	仓库类型	集团要求	浙江目标
1	杭州电信库	省级库	二星	三星
2	宁波电信库	省级库	二星	三星
3	温州电信库	省级库	二星	二星
4	金华电信库	省级库	二星	二星
5	嘉兴电信库	市级库	一星	二星
6	湖州电信库	市级库	一星	一星
7	绍兴电信库	市级库	一星	一星
8	衢州电信库	市级库	一星	二星
9	丽水电信库	市级库	一星	一星
10	台州电信库	市级库	一星	一星
11	舟山电信库	市级库	一星	二星

（3）县库精简化

精简全省所有县库，全部物资由市级及以上仓库配送至支局、施工队或现场。同时，优化末端配送体系，全部地市开展班车制和一站式集成配送。截至2019年末，精简全省79个县库，精简比例100%。

（4）强化省级配送中心

充分考虑浙江电信仓储网络整体布局，结合物流服务水平和物流成本，设置杭州、宁波、金华、温州4个配送中心，实现200km、4小时响应服务圈。

思考题：

（1）案例中所提出的方案任务是否符合 MECE 原则？如果不符合，请对其进行补充完善。

（2）请查阅相关资料对案例中所提出的方案进行可行性分析。

参考文献

[1] 汪应洛. 系统工程 [M]. 5版. 北京：机械工业出版社，2017.
[2] 郝海，踪家峰. 系统分析与评价方法 [M]. 北京：经济科学出版社，2007.
[3] 黎群. 战略管理教程 [M]. 2版. 北京：清华大学出版社，2017.
[4] 舒辉. 企业战略管理 [M]. 北京：人民邮电出版社，2010.
[5] 鲍红礼. 产业经济学 [M]. 北京：中国经济出版社，2018.
[6] 王长琼. 物流系统工程 [M]. 2版. 北京：中国物资出版社，2016.
[7] 水藏玺. 业务流程再造 [M]. 5版. 北京：中国经济出版社，2019.
[8] 毛海军. 物流系统规划与设计 [M]. 2版. 南京：东南大学出版社，2017.
[9] 鲍新中. 物流成本管理与控制 [M]. 5版. 北京：电子工业出版社，2020.
[10] 王海燕. 服务质量管理 [M]. 北京：电子工业出版社，2014.
[11] 方振邦. 绩效管理——理论、方法与案例 [M]. 北京：人民邮电出版社，2018.
[12] 陈正伟. 综合评价技术及应用 [M]. 成都：西南财经大学出版社，2013.
[13] 胡杰武. 企业风险管理 [M]. 北京：清华大学出版社，2009.
[14] 罗云. 风险分析与安全评价 [M]. 2版. 北京：化学工业出版社，2010.
[15] 高杉尚孝. 麦肯锡问题分析与解决技巧 [M]. 郑舜珑，译. 北京：北京时代华文书局，2014.
[16] 细谷功. 高维度思考法 [M]. 程亮，译. 北京：中国华侨出版社，2018.
[17] 郑超予. 建设项目可行性研究的规范化方法探究 [D]. 西南交通大学，2014.